岩 波 文 庫

33-690-4

重 力 と 恩 寵

シモーヌ・ヴェイユ 著
冨 原 眞 弓 訳

岩 波 書 店

Simone Weil

LA PESANTEUR ET LA GRÂCE

1947

凡例

一、本書の断章の区切や表題は Simone Weil, *La Pesanteur et la grâce*, Librairie Plon, 1947 [1948]（以下、ティボン版）に拠るが、最終的な区切や表記等の決定には、ガリマール版「シモーヌ・ヴェイユ全集」（全一六巻）の「雑記帳《カイエ》」全四巻（以下、「カイエ」）を参照し、内容との整合性を鑑みて訳者が決定する。

一、基本方針として、ティボン版断章の不自然な分断・入替・統合は採用しない。

一、各断章の段落・順序・区切・表記・構成等は「カイエ」に準ずる。

一、大文字で始まる原文は訳語では〈　〉で括る。例、Univers：〈宇宙〉

一、全大文字の語は訳語では太字にする。例、UNIVERS：**宇宙**

一、イタリックの語は訳語では傍点を打つ。例、*univers*：宇宙

一、強調の度合は以下の通り。全大文字〔**太字**〕＞イタリック〔傍点〕＞通常の文字

一、原文の“　”は「　」に、(　)は（　）に、«　»は《　》によってあらわす。

一、訳註は全巻通し番号とし、巻末におさめる。

一、訳註に使用したガリマール版「シモーヌ・ヴェイユ全集」の略号対照表は巻末におさめる。

目　次

凡　例　3

一　重力と恩寵……11
二　真空と代償作用……18
三　真空を受けいれる……28
四　執着を断つ……31
五　埋めつくす想像力……39
六　時間を放棄する……43
七　対象なしに欲する……47
八　自我《モワ》……53

九　脱《デクレ》－創造《アシオン》……63
一〇　消えさること……78
一一　必然と従順……83
一二　幻想……97
一三　偶像崇拝……113
一四　愛……115
一五　悪……126
一六　不幸……145
一七　暴力……154
一八　十字架……157
一九　天秤と梃子《てこ》……166
二〇　不可能なもの……170
二一　矛盾……176
二二　必然と善とを分かつ懸隔……185

二三　偶然……188
二四　愛すべきものは不在である……191
二五　浄めるものとしての無神論……198
二六　注意と意志……201
二七　馴致……214
二八　知性と恩寵……222
二九　読み……231
三〇　ギュゲスの指輪……236
三一　宇宙の意味……240
三二　仲介《メタクシュ》……250
三三　美……255
三四　代数学……263
三五　「社会の烙印を……」……267
三六　巨獣……273

三七　イスラエル……283
三八　社会の調和……290
三九　労働の神秘……302
訳　註　309
訳者あとがき　429
略号対照表

重力と恩寵

一　重力と恩寵

1　魂の本性的な(1)動きのいっさいは、物質的な重力の法則に類する法則に支配されている。恩寵のみが例外をなす(2)。

2　つねに覚悟をしておかねばならない。超自然の介入がないかぎり、あらゆる事象は重力にしたがって生起する、と。

3　おなじ苦しみであっても、高邁な動機《モティフ》(3)よりも低劣な動機によるほうが堪えやすい。——冬に、深夜一時から朝八時まで、配給の卵一個を手に入れるためになら、不動の姿勢で苦もなく立って待ちつづける人びと(4)も、人命あるいは国《ペイ》を救うためには、そこまで忍耐づよくなるのに困難をおぼえただろう。これが事実なら、高邁な徳よりも低劣な徳のほうが、いくつかの点において、おそらく、困難や誘惑や不幸などの試練によりよく堪えられるはずだ。ナポレオンの兵士たち(かくて兵士の士気を維持し昂揚するために、残虐行為に訴える必要が生じた)。このことを意気阻喪したときも忘れてはならない。

これは一般に力を低劣さの陣営に配する法則の個別例だ。重力はいわばその象徴である。

ふたつの力が宇宙に君臨する。光と重力[5]。質量としての宇宙に君臨するのだ、さしあたっては。

4 重力。一般に、われわれが他者に期待するものは、自身のうちなる重力の作用により決定される。われわれが現実にうけとるものは、他者のうちなる重力の作用により決定される。

ときに両者は(たまたま)一致するが、たいていは一致しない。

5 ある人間がだれかを多少の差こそあれ必要とする気配をみせるやいなや、そのだれかは遠ざかる。なぜか。わたしもこの関係性のいずれかの立場にあって、かかる状況にしばしば遭遇した。重力。

6　リア王、重力の悲劇。

低劣さと呼ばれるすべて（あるいはほぼすべてか、要検討）は重力の一現象にすぎない。そもそも低劣さという語がそれを示唆する。

7　あることを実行せねばならない。だが、どこからエネルギーを汲みとるのか。高邁な行動も、ひとしく高邁な次元で利用しうるエネルギーを欠くなら、行動する者を低めうる。

ゆえに、場合によっては（修復不能な損害をもたらさずにすむなら）行動を控えるか、低劣なエネルギーでの行動に甘んじるか、のいずれかを選ばねばならない。

行動の目的と、その行動に供されるエネルギーの次元とは、別物である。

8　深い愛はひとつの生を変える。表層的な事象の多くを変える。深遠と表層との関係は、高挙と低俗との関係にひとしい。低俗と表層とはおなじ次元にある。粗暴だが低俗な愛——ありえる言辞。深遠だが低俗な愛——ありえない言辞。

9 食料確保の行列。おなじ行動であっても、原動力《モビル》(3)が低劣なときのほうが高邁なときよりも、たやすく実践できる。低劣な原動力のほうが高邁な原動力よりも、いっそう多くのエネルギーを含んでいるのだ。

課題。低劣な原動力に属するエネルギーを、いかにして高邁な原動力へと転移するのか。

10 頭痛(6)に襲われて痛みがひどくなる途上で、ただしいまだ最悪の状態には達していないときに、だれかの額のきっかりおなじ箇所を殴って、そのひとを苦しめてやりたいという烈しい願望をつのらせたことがあるのを、忘れてはならない。

これに類する願望はじつに頻繁に人びとのあいだに認められる。

こういった状態にあるときのわたしは、ひとを傷つける言葉を吐きたいという誘惑に何度も屈しそうになった。重力への屈従。最大の罪、または最大の罪のひとつだ。かくて言語の機能を、事象と事象との関係をあらわすその機能を貶めてしまう。

11 嘆願の姿勢。必然的に、わたしは自己以外のなにかへと向きなおらねばならない。わたしをわたし自身から解き放つことが問題なのだから。

おのれのエネルギーに頼ってこの解放を試みるのは、足枷を振りはらおうとして膝から崩れおちる牝牛に似ている。

嘆願はそれだけで有効たりうる、充分に執拗であるならば。

自己のなかでエネルギーを力にまかせて解き放つ。すると、力を行使した分だけエネルギーの質は貶められる。熱力学的な意味での代償作用(7)といってよい。高みからの介入なくしてこの悪循環からの解放はかなわない。

12　人間にとっては、(糧食や呼吸といった)身体的エネルギーとおなじく精神的エネルギーの源泉もまた、おのれの外部に存在する。たいてい源泉はみつかる。ゆえに身体的なものもそうだが、おのれの存在が自己保存の原理を内部に擁しているかのごとき錯覚をいだく。困窮をきわめてようやく欠乏(8)を実感する。しかもひとたび困窮するや、食べられるものならなんにでも飛びつかずにはいられない。

唯一の治癒薬は、光を養分に変えうる一種の葉緑素だ(9)。

裁いてはならない。過ちというのはどれも選ぶところがない。ただひとつの過ちしかない。光を糧として身をやしなう能力を欠くことである。というのも、この能力が失われるや、あらゆる過ちが可能となるからだ。

「わたしの糧とはわたしを遣わされたかたの御旨をおこなうことだ」(10)。この能力のほかにはいかなる善もない。

13　重力がいっさい関与せぬ運動によって降りていく。重力は下降させ、翼は上昇させる。二乗の力(11)をそなえた翼であれば、いっさい重力によらずに下降させうるのか(12)。

14　重力の下降運動、恩寵の上昇運動、二乗の力をそなえた恩寵の下降運動、この三様の運動が創造を構成する(13)。

15　恩寵とは下降運動から成る法則である。

16　この放棄がエネルギーを生みだす源泉である。ほかに源泉はありえない。エネルギーに貼りついたもろもろの執着を断たねばならない。神か金銭《マモナス》かのいずれかを選ばねばならない(14)。

わが身を低めることは、精神的《モラル》重力との関連では昇ることを意味する。精神的重力はわれわれを高みへと落とす。

17

重力。あまりに苛烈な不幸に落ちこんだ人間は憐憫(15)の対象にさえならず、嫌悪、恐怖、軽蔑をひきおこす(16)。

憐憫はある水準までは降りていっても、その下へは降りていかない。

いかにして愛徳は、その地点をこえてまでも降りていくのか。

かくも低い地点へと落ちこんだ人びとは、自身にたいして憐憫をいだくものなのか。

二　真空と代償作用

1　人間工学《メカニック》。苦しむひとは自身の苦しみを伝えようとする。苦しみをやわらげるために、だれかを手荒く扱ったり、だれかの憐憫に訴えたりする。そうすれば、じっさいに苦しみはやわらぐ。社会の底辺にあって、だれかの憐憫の対象にもならず、(子どもがいなかったり愛してくれるひとがいなかったりで)だれかを手荒く扱う権限もないとき、苦しみはそのひとの内部にとどまり、そのひとを毒する。

それは重力のごとく逆らいがたく作用する。いかにしてこの作用から解放されうるのか。いかにして重力のごときものから解放されうるのか。

2　悪を自己の外に撒きちらす傾向、わたしにはまだそれがある。いまだわたしにとって、人びとや事物が充分に聖なるものになっていない。たとえこの身が泥の塊になりはてようと、なにひとつ穢《けが》さずにいたい。思考のなかでさえも、なにひとつ穢さずにいたい。最悪の瞬間にあっても、ギリシア彫刻の一体、ジョット[17]のフレスコ画の一枚すら毀損するまい、アッラーのお望みなら[18]。であるなら、なにゆえほかのものを損なうのか。たとえば、幸福な一瞬たりえたであろう、ひとりの人間の生のその一瞬を。

いかにして重力のこの影響からまぬかれうるのか。方途を探すべき。

身体的または心理的苦痛を自己に集中させる（苦しみは増す、不可避的に）。そんなことができるのか。

3　だれかがわれわれに悪をはたらき[19]、そのせいで自分が貶められるとすれば、悪をはたらいた相手を赦すことなどできまい。よって、その悪はわれわれを貶めたのではなく、われわれの本来の水準をあらわにしたにすぎぬ、と考えねばならない。

4　他者の額のおなじ箇所を殴りたいという欲求。自分の苦しみをそっくり他者にもこうむらせたいという願望。（社会が不安定な時期はべつとして、）みじめな境遇の人びとの怨嗟は同類の人びとへとむけられる。

これが社会を安定させる一因である。

5　苦しみを自己の外に撒きちらす傾向。あまりに無力で、だれかの憐憫に訴えることも、だれかを手荒く扱うこともできぬとなれば、自己のうちなる宇宙の表象に悪をはたらくしかない(……である以外は)。

そうなると、美しく善きものすべてが自分への侮辱と思えてくる。

6　だれかがわたしに悪をはたらくとき、守銭奴が財宝からなにかを期待するように、わたしは悪をはたらく相手からなにかを期待する《欲求充足》または《損失補塡》。逆に、他者に悪をはたらく、それは他者からなにかを受けとることだ。なにを。悪をはたらくとき、人間はなにを得るのか(いずれ代価を支払わねばならぬにせよ)。自己[20]を増幅させ、自己を拡張する。他者のうちに真空を穿《うが》つことで、自己のうちなる真空を充たすのだ。

7　罰せられることなく他者に悪をはたらく。たとえば怒りを目下の者にぶちまけ、かつ相手に沈黙を強いる。自身がついやすべきエネルギーを温存する一方で、その分を相手に肩代わりさせるのだ。願望の不当な充足もまた然り。

8　みずから進んで限界点に赴かねばならない。そのとき真空にふれる（天はみずから助くる者を助く）[21]。

赦すこと、ヴァレリー[22]。できるはずもない。だれかがわれわれに悪をはたらくとき、われわれのうちに反作用が生じる。意志的な忘却。報復の願望とは均衡を求める願望である。不均衡を受けいれ、そこに本質的不均衡の形象をみるべきだ。これとは異なる次元もしくはより大きな規模においてこそ、均衡を求めねばならない。

9　頭痛。そんなとき頭痛を宇宙に投げこめば痛みはやわらぐ。だが宇宙に疵がつく。頭痛をもとの場所にもどすと痛みは烈しくなる。だが、なにかは苦しむことなく無疵の宇宙と接触をつづける。もろもろの情念にも同様に対処すべきか。それらを引きおろし、ある一点へと集め、その後は関心をよせない。なかんずく苦痛は例外なくかく扱うべし。それらが事物につきまとい、事物に疵をつけるのを防ぐために。

歓びは、むしろ逆か。

10　均衡を求めるのはよくない。想像上の営みにすぎぬから。報復。たとえ現実に敵を殺害または拷問しても、ある意味で想像上のものにとどまる。

11 生まれ故郷の都市《シテ》(23)、家族、友人のために、あるいは蓄財や社会的地位の上昇、その他のために生きてきた人間がいる。戦争がおきる。奴隷として連れさられる。以後、永遠に、もっぱら生存するためにのみ、朝から晩まで、力を使いはたして疲労困憊せねばならない。

そんな生はおぞましい。不可能である。ゆえに、眼のまえに差しだされ、可能性がありさえすれば、いかにみじめな目的にもすがりつかずにはいられない。たとえば、かたわらで働く奴隷仲間に罰をうけさせるといった目的にさえも。もはや目的をえり好みする余裕はない。なんにせよ溺れる者にとっての藁にひとしいのだから。

12 不幸は品性を高めない。だが、これはわれわれの想像をこえる。われわれが不幸なひとを思うとき、そのひとの不幸を思っているのだが、不幸なひとは自身の不幸を思いはしない。苦痛をやわらげてくれるなら、いかに微々たるものであろうと、およそ望みうるあらゆる慰めで、不幸なひとの魂はいっぱいになっているからだ。

自身が不幸なときに不幸を注視する(24)胆力を得るには、超自然の糧《パン》が必要である。

犯罪者と娼婦にみられる時間の細分化。奴隷にとってもまた然り。細分化とは不幸の一特性なのである。

都市《シテ》を滅ぼされ、わが身は奴隷として連れさられた人びとに、過去も未来もない。その思考をいかなる対象で充たすことができよう。もろもろの虚偽で、あるいはこのうえなく忌まわしく唾棄すべき貪欲で充たすというのか。かつては自身の街《ヴィル》をまもる闘いで死ぬ覚悟だった人びとが、おそらくは磔刑も辞さぬ決然たる覚悟で一羽の鶏を盗むだろう。いや、確実に盗むはずだ。でなければ、磔刑のごとき残酷な処罰は必要なかっただろう。奴隷たちがさらされていた刑罰は魂を浄めることのない厄災であった。

あるいは、思考のなかで真空に堪えつづける気概がなければなるまい。

13　力を使いはたす努力もあれば、あらたな力を生みだす努力もある。後者の源泉はどこにあるか。

あまりに過酷な状況は品位を貶める。その仕組《メカニスム》はこうだ。高邁な感情が供給するエネルギー量には、一般に限界《リミット》がある。状況の要請ゆえに限界を越えねばならないとき、エネルギー量に不足はないが低劣な感情(恐怖、貪欲、記録樹立の嗜好、外的な名誉)に訴えるしかなくなる(なぜかを探すべき)。

この限界の存在こそ、かくも多くの変節を解く鍵である。

14　善への愛にうながされて、途上で苦難の待ちうける道にふみだすも、一定の期間をへて自身の限界に達し、みずから品位を貶めてしまう人びとの悲劇。

15　路上の岩。その岩にわが身をぶつける。あたかも、ある程度まで烈しく願望するなら(努力とは願望でしかない)、岩がもはや存在しなくなるかのように。もしくは岩に背をむけて立ちさる。あたかも、自身がもはや存在しなくなるかのように。

限定された事物としての岩、限定された存在としての自己、両者の関係、これらを同時に思考する。梃子《てこ》。たんに梃子に力を加えてすむなら、努力にはなんの意味もなくなる。

転移することで降下と上昇とのあいだに等価性を認めるには、自身の願望への執着を断たねばならない。

願望にはある種の絶対性が含まれている。ゆえに(ひとたびエネルギーが尽きて)願望を断念せざるをえなくなるとき、絶対性は断念をまねいた障碍に乗りうつる。敗者や抑圧された人びとの魂の状態。

16　(なにごとにも)限界があり、超本性的な援けなくして、この限界を乗りこえることはできない。たとえできてもわずかであって、いずれにせよ、ぞっとするほどの品位の低下という代価を支払わねばならぬと知るべし(すくなくともこれを忘れてはならない)。

17　原動力《モビル》を生みだしていた対象が消滅したことで解き放たれたエネルギーには、きまって低きに赴く傾向がある。
(嫉妬、怨嗟《ルサンチマン》など)低劣な感情は堕落したエネルギーに由来する。

18　善行(または創作活動)のあとの自己満足は、高次のエネルギーの堕落をまねく。ゆえに「右手は知ってはならぬ[25]……」。
いかなる形態であるにせよ、報い《ミストス》[26]はエネルギーの堕落をまねく。

19　純然たる想像上の報い(ルイ一四世のほほ笑み[27])なら、こちらが支払った代価にきっちりと過不足なく釣りあう。支払われた代価をきっちりと過不足なく含みこむからだ。現実の報いだとそうはいかない。現実のものだからこそ、支払われた代価よりも、偶然でもないかぎり多すぎるか少なすぎるかの事態となる。よって想像上の恩恵のみが、際限なき努力を支えるエネルギーを供給する。ただしルイ一四世がほんとうにほほ笑んでくれねばならない。ほほ笑んでくれなければ、言語を絶する喪失感に襲われる。読み[28]――(王はおおむね想像上の報いをもって支払うしかない。さもなければ弁済不能におちいる)。

ある次元における宗教においても然り。ルイ一四世のほほ笑みは期待できぬので、ほほ笑みかけてくれる神をこしらえるわけだ。

もしくは、みずからを褒めあげる。過不足なき報いが求められるのだ。重力とおなじく不可避の傾向。

愛するひとに裏切られる。そのひとに手紙を書く。わたしが相手になりかわって自分自身に語った言葉を、相手がそっくりそのまま返してこないわけがない。

債務者[29]。人びとはわれわれに債務を負っている。われわれが与えられて当然と思いなすものを、われわれへの債務として負うのだ。この債務を免じてやらねばならない。

人びとはわれわれが想像でつくりあげた存在とは別物である。これを受けいれることは神の自己放棄をまねることだ。人びとがあるがままに存在することを受けいれねばならない。

受難、すなわち人間の尺度に転移された、創造の放棄。

わたしもまた、みずからが想像でつくりあげた存在とは別物である。これを知ることが赦しである。

三　真空を受けいれる

1　「あらゆる存在は、つねに変わりなく、本性の必然に迫られて、おのれの手中にある権力をあまさず行使せんと欲することを、われわれは神々については伝承にのっとって信じ、人間については経験にのっとって知っている」(トゥキュディデス)[30]。キリスト者の神はそうではない。超自然的な神だから。他方、ヤハウェは自然的な神である。

2　気体とおなじく魂にも、与えられた空間をくまなく充たそうとする傾向がある。みずから収縮して真空を生みだすがごとき気体は、エントロピーの法則に反する。

3　おのれの手中にある力を行使しつくさずにいる、それは真空に堪えることだ[31]。諸集団との関連において真空を自発的に受けいれる。そんなことが可能か。

4 恩寵は充たす。ただし、恩寵を迎えいれる真空のあるところにしか入りこめない。かつ、この真空を生みだすのもまた恩寵である。

5 報いを得る必要、与えたものに過不足なく釣りあう見返りを受けとる必要。だが、この重力のごとく強力な必要を力づくで抑えこんで真空をつくりだすと、誘いこむような気流が生まれ、超本性的な報いがふいにおとずれる。ただし他の報酬があると、報いはやって来ない。この真空が超本性的な報いをまねきよせる。

だがおそらくは、超本性的な報酬を願っていたのではだめだ。

債務（他者からこうむった悪だけでなく他者におこなった善をも含めて）の帳消しも同様である。ここでもまた自身のなかの真空を受けいれるのだ。

自身のなかの真空を受けいれる。これは超本性的である。見返りなき行為をおこなうエネルギーをどこに求めるのか。エネルギーはよそから来なければならない。しかし、あらかじめ剝奪による絶望に苛まれねばならない。まずは真空が生じねばならない。真空。暗夜[32]。

賞讃と憐憫（なかんずく両者の混淆）等々は現実のエネルギーをもたらす。だが、かかるエネルギーは使わずにすまさねばならない。

一定の期間、本性的と超本性的を問わず、報いをいっさい得てはならない。暗夜。

6 真空が存在しうる世界を表象せねばならない[33]。世界が神を必要とするために。よって悪の存在が前提となる。善に逆らって。

7 真理を愛するとは真空に堪えること、したがって死を受けいれることを意味する。真理は死の側にある。全霊を挙げて真理を愛するには剝奪を経験せねばならない。

8 人間がこの世の法則から逃れうるのは、閃光のひらめく一瞬にすぎない。[34]停止の瞬間、観照の瞬間、純粋直観の瞬間、心的な真空の瞬間、精神的な真空を受容する瞬間など。これらの瞬間を介して人間は超自然へと開かれうる。

一定の期間、真空に堪えうる者は、超自然の糧《パン》を受けとるか倒れるか、そのいずれかだ。怖るべき危険。だが危険はおかさねばならない。まったく希望[35]のない瞬間においてさえも。とはいえ進んで危険に身を投じてはならない(第二の誘惑)。

四　執着を断つ

1　たんなる不幸では足りない。慰めなき不幸が必要である。「富める者は災いだ、慰めを得ているから(36)」。慰めがあってはならない。いかなる表象可能な慰めも。(そのとき筆舌に尽くせぬ慰めが降りてくる。)

債務を免じる(37)。未来に過去の代償を求めることなく、過去を受けいれる。それは死の受容でもある。現在の一瞬に時間をとどめおく。

2　「かれは自身の神性を脱ぎすてた(38)」。われわれもこの世界の残滓を脱ぎすて、奴隷の本性を身にまとわねばならない。わが身を切りつめるのだ、時空のなかで自身が占める一点にまで。すなわち無《リアン》に。

債務を免じるとは、現在にとどまること、永遠の感覚を身につけることだ。そのとき、事実上、もろもろの罪は赦されている。

この世界の想像上の王権をわが身から剝ぎとらねばならない。時空において自己の占める一点へと身を切りつめるべく。絶対的な孤独。そのとき世界の真理にふれる。

3　物質的な豊《ビアン》かさを放棄するふたつの方法。(39)

霊的な善を得るために物質的な豊かさを断念する。

物質的な豊かさを霊的な善の条件として構想し、かつ甘受する(たとえば飢え、疲労、屈辱は知性をにぶらせ、瞑想を妨げる)。そのうえであえて物質的な豊かさを放棄する。

第二の放棄のみが霊的な裸性である。

たとえ物質的な豊かさであっても、霊的な善とむすびつかず単独で現われるなら、さしたる危険をまねかない。

恩寵ならざるものはすべて放棄し、なおかつ恩寵を願わずにいること。

4　ただ、自身の視力をみることができぬのとおなじく、われわれは自身の願望に注意をとどめおくことができない。

同様に、願望をあらゆる善からひき剝がし、ひたすら待つことしかできない。経験が示すように、この待機は報われる。

「煩悩《デジール》の滅却」(仏教)、執着の断念、運命愛《アモール・ファティ》、絶対善への渇望《デジール》、すべておなじものだ。願望からいっさいの内実をからっぽにし、合目的性《フィナリテ》からいっさいの内実をからっぽにする。

5 万事において、例外なく、個別の対象をこえて、欲する。真空にむけて欲する。真空を欲する。表象も規定もできぬ善など、われわれにとっては真空なのだから。だが、この真空はわれわれにとって、いかなる充溢せる善よりも充溢している。

この境地に達するなら窮地は脱したのだ。神が真空を充たすだろうから。

これは今日的な意味で了解された知的な工程《プロセス》とは関係がない。そもそも知性になにかを発見する機能はない。仕分けをするだけだ。独創性を欠く作業にしか向いていないのだから。

善はわれわれにとっては虚無《ネアン》である。いかなる事物も善ではないからだ。だがこの虚無は非在《ノン・エートル》ではなく非実在《イレエル》でもない。この虚無に比するなら、実存《エグジステ》するいっさいは非実在である。

6　真空を埋めつくし、苦渋をやわらげる信心を斥けねばならない。不死への信心。「罪でさえも」(40)に類する罪の有益性への信心。罪があらわになることじたいは有益である。(41)もろもろのできごとを司る摂理的な秩序への信心。ようするに、往々にして宗教に求められる《慰め》をことごとく斥けねばならない。

7　トロイアとカルタゴの壊滅(42)をつうじて慰めもなく神を愛する。愛は慰めではない。愛は光である。

8　世界の実在《レアリテ》はわれわれの執着から成りたっている。それはわれわれが事象のうちに転移した自我《モワ》の実在である。断じて外的な実在ではない。外的な実在は執着のまったき断念なしには知覚できない。たとえ一筋の糸が残っているだけでも、いまだ執着は断たれていないのだ。

9　不幸は執着を否応なく浅ましい対象へとむかわせ、執着の浅ましい特徴をあらわにする。かくて執着を断つ必要性がいよいよ明確になる。それでも執着をやめぬなら堕落する。

10　執着は幻想をつくりだす。実在するものを欲するなら執着を断つしかない。

11　執着とは、実在を感受する能力の欠如以外のなにものでもない。なにかを所有することに執着するのは、自分が所有するのをやめると、そのなにかも存在するのをやめてしまうと思いこんでいるからだ。このまま通りすぎたら、配給されている魚がむだになるとでも思って、配給の行列につい足をとめてしまう女のように。自分や家族の口に入らぬ糧は存在しないと信じているのだ。街《ヴィル》の壊滅と街からの永久追放とはまったくの別物であることを、多くの人びとは魂のすべてで悟ってはいない。なにかが実在すると知った瞬間から、もはやそれに執着できなくなる。

12　人間の悲惨《ミゼール》は、時間のなかで薄められるのでなければ、とうてい堪えられるものではない。

人間の悲惨を堪えがたいままにとどめおくため
に、悲惨が薄まるのを妨げねばならない。

最悪の悲惨でさえ、薄められてしまえば堪えうるものとなる。『イリアス』。「涙にすっかり倦みはてたとき……(43)」。涙もまた、最悪の悲惨を堪えうるものにする方策のひとつだ。

慰められぬためにも泣いてはならない。

13 執着の断念につながらぬ苦痛はことごとく無用の苦痛である。受容されぬすべての苦痛。失われた苦痛。索漠たる冷酷さ、萎縮した魂、かくも無残なものはない。オウィディウス(44)。プラウトゥスの奴隷たち(45)。

14 一般論として、この瞬間、眼のまえに存在しない事物について考えるときはかならず、その事物は破壊されたかもしれぬと想像せねばならない。

こう考えることで、実在の感覚が弱まるのではなく、むしろ強まるのであればよいのだが。

「御旨のおこなわれんことを(46)」と唱えるたびに、ありとあらゆる可能な不幸を余さず思いえがかねばならない。

15　殺すとはすなわち自己を殺すことだ。自己を抹殺するふたつの方法。自殺(アキレウス)[47]、または執着の断念。

第三の抹殺の方法。これから抹殺しようとする相手の実在性を悟らずにいる——せいぜい「殺してもよいなにか」程度の認識しかない(『イリアス』[48]の大半、スペイン[49])。愛する対象のすべてを思考のなかで抹殺する。これが死ぬための唯一の方法だ。ただし抹殺するのはもっぱら愛する対象にかぎられる。

愛する人びとに不死を願ってはならない。

おまえが殺そうとしている人びとは死すべき者たちだ。

ある人間をまえにして、だれであれ、不死であれとか死んでしまえとか願ってはならない。

16　守銭奴[50]は財宝への願望が強すぎて、財宝を享受できない。善のすべてを地中に埋めた事物のなかに留保なくそっくり隠せるのなら、神のなかにだって隠せぬわけがない。

ただし、神が守銭奴の財宝とおなじく充溢せる意味をもってしまったなら、神は実存しないと何度もきっぱりと口にして、自分を説得せねばならない。たとえ神が実存しなくても神を愛していると実感するために。

守銭奴にとっての財宝のようには愛されまいとして、暗夜の作用にまぎれて身を退くのは、神なのである。

17 死せるオレステスを悼んで泣くエレクトラ。われわれが神は実存しないと考え、なおかつ神を愛するなら、神はその実存を現わすだろう。[51]

五　埋めつくす想像力

1　恩寵が入りこみそうな隙間を残らずふさぐべく、想像力はたゆまず精をだす。
真空を埋めつくす想像力、疲れはてさせる際限なき努力（ダナオスの娘たち）。

2　重力。（受容されぬ）真空は、憎悪、苦渋、怨嗟を生じさせる。おのれが憎むものに害を加えたいと望み、そのさまを想像して、均衡をとりもどす。
（制御されぬ）想像力は均衡を生みだし、不均衡と真空をとりつくろう。

3　『スペインの遺書』の民兵たちは死にゆくことに堪えるために勝利をでっちあげた。[52] 真空を埋めつくす想像力の一例。たとえ勝利によって個人的に得るところがなくとも、勝利をもたらす大義のために死にゆくのなら堪えられるが、敗北に終わる大義のために死ぬのは考えられない。力を完全に剥奪されたなにかのために死ぬなど、人間のなせるわざではない。キリストの弟子たちをみよ。(53) 自分が死ぬという考えはこれに釣りあう重みを要請するが、この重みは――恩寵をべつとすれば――虚偽でしかありえない。

4　真空を埋めつくす想像力は本質的に偽るものだ。三つの次元に収まるのは実在する事物にかぎられるのに、想像力は第三の次元を排除し、複数の関係性を破壊するからだ。

実際に生じていながら、ある意味で想像上のものにとどまる事象。その定義を試みねばならない。戦争。犯罪。報復。極限の不幸。

複数の読みを含まぬ諸事象。

スペインでのさまざまな犯罪的行為は、実際におこなわれていながらも、たんなる自慢話に似ていた。(54)

夢想と変わらぬ次元に収まってしまう現実《レアリテ》。平板さ。

夢想とおなじく悪にあっては複数の〈読み〉が存在しない。犯罪者が単細胞である所以だ。最高の徳は複数の読みの至高の一致に起因する。

犯罪者の単細胞とおなじく、大根役者のわざとらしい演技もまた……。

スペインでの犯罪。危害を加える側と加えられる側の両端において[55]、夢想とおなじく平板でつまらない犯罪。悪夢のなかで死ぬ以上のおぞましさがあるか。

5　代償作用。マリウスは将来の報復を想像した[56]。ナポレオンは子孫に思いをはせた[57]。ヴィルヘルム二世は一杯の紅茶を所望した[58]。ヴィルヘルム二世の想像力は、幾星霜をこえて生きのびるほどしっかりと権力に絡みついていなかったので、一杯の紅茶にむかった。

6　一七世紀の民衆による貴顕崇敬（ラ・ブリュイエール）[59]。真空を埋めつくす想像力のなせるわざだ。この効能は金銭に横取りされて消えうせた。いずれも下劣な効能だが、金銭のほうがいっそう下劣である。

7　いかなる状況にせよ、埋めつくす想像力のはたらきが抑止されるとき、真空が生まれる（霊において貧しい者）[60]。

いかなる状況にせよ（ある種の状況にあっては怖るべき堕落とひきかえに）、想像力は真空を埋めつくす。ゆえに凡庸な資質の人間が虜囚となり奴隷となり娼婦となって、ありとあらゆる苦難をくぐり抜けても、いっこうに浄められぬということもありうる。

8 真空を埋めつくす想像力のはたらきを、自身のなかで不断に宙吊りにしておかねばならない。

こちらにあらゆる真空を受けいれる覚悟があれば、いかなる運命の打撃も宇宙にたいするわれわれの愛を妨げることはできまい。

なにが起ころうとも、宇宙が充溢していることを確信していられる。

六　時間を放棄する

1　過去と未来は、想像のなかで自我を底上げする余地を無尽に与えることで、不幸が有益にはたらくのを妨げる。ゆえに過去と未来の放棄が最優先されねばならない。時間は永遠の表象《イマージュ》である(61)。だが永遠の代替物《エルザッツ》(62)でもある。不幸にはまた、自分はほんとうに無《リアン》だと思いこませる効能がある。怖るべき苦悩。地獄にも、楽園への扉にも通ずる。わたしは無である。そんなことはありえない。この意味で、極限の苦しみとはありえないなにかだ。この苦しみは魂を強いて、論理的に排除しあう思考に対峙させる。

2　財宝を盗まれた守銭奴。奪われたのは凍りついた過去だ。過去と未来、人間にとっての唯一の財産。

3　真空を埋めつくす未来。ときに過去もこの役割を演じる（わたしは……だった、わたしは……をした）。虚構の過去か。かかる場合はつねに虚構なのか。わからない。そうでないとき、不幸は過去に思いをはせることを堪えがたくする。かくて不幸なひとから過去を奪う(63)。（未来でも過去でもおなじことなのか。）

4　現在は合目的性《フィナリテ》(64)を受けいれない。未来もまた然り。未来とはやがて現在になるものだから。だが、われわれはそれを知らない。現在にやどる拒否の力はあきらかだ。合目的性に呼応するわれらのうちなる願望の尖端を現在に突きつけるなら、尖端は現在を突きやぶって永遠に達するだろう。

われわれの意識を未来から逸らせる、これが絶望の効用(65)である。

5　心待ちにしていて、ようやく到来した快楽に失望させられる。失望するのは、未来に期待をよせていたからだ。ひとたび到来するや、それは現在に属する。未来が未来であるのをやめずに現前することを願うしかない。不条理だ。永遠だけがこの不条理を癒やす。

6　生成から身をもぎ離す。すなわち自身を未来へと方向づけるのをやめる。
それは《死ぬこと》[66]でもある。

時間は洞窟である。

7　浄めのひとつの様態《モード》。他の人びとに知られず隠れて祈る[67]だけでなく、神は存在しないのだと考えて祈ること。
（善への回心。二種類の回心がある。）

死者にたいする敬虔、形見（エレクトラ）。実存せぬなにかのために全力を尽くす。

（ソフォクレス、つねに限界がすこし踏みこえられる。）

「もはや力は尽きた。やっていけぬ」。『フィロクテテス』「おお、アレキウスの子よ[68]

……」

他者の死がもたらす苦痛、それは真空の、均衡の喪失がもたらす苦痛である。対象なき努力、報いなき贈与。想像力がそこになにかを補塡するなら堕落が生じる。「死者は死者に葬らせておきなさい[69]」。

自身の死についてもおなじではないのか。対象と報いは未来のうちにある。未来の剝奪、真空、均衡の喪失。だからこそ「哲学する、それは死ぬのを学ぶこと[70]」となる。

だからこそ「祈るのは死のようなもの」なのだ（ブリュックベルジェ師[71]）。

8　持続。苦痛と疲労の度合が高まり、果てしなさの感覚が魂のなかに生まれるとき、この果てしなさを受容と愛をもって観照するなら、果てしなさからひき剝がされて永遠へといたる。十字架。

七　対象なしに欲する

1　浄めとは、善と羨望とを分かつことだ。

2　エネルギーをその対象からひき剝がすべく、もろもろの願望の源泉へとおりていく。そこでの願望はエネルギーとしては本物である。贋物なのは対象のほうだ。もっとも、願望をその対象から分かつときに、魂のなかで筆舌に尽くせぬ壮絶な剝離が生じる。この剝離が真理の条件である。

3　自身の内奥におりていくと、欲するものをそっくり所有していることに気づく。(いまは亡き)だれかの存在を欲するとは、個別の、限定された存在を欲することだ。よってそれは死すべき存在である。……をした相手、その相手に……をしてあげた、等々、そういった存在を欲する。ようするに、死んでいるその存在を、ある日、ある時間に、欲することだ。そしてその存在を所有する——ただし死せる状態で。

金銭を欲するのは、(制度としての)貨幣を、あれやこれやの条件下でのみ獲得されるなにかを欲しているからだ。つまり、……のかぎりにおいてのみ、それを欲している。ひるがえって、……のかぎりにおいてなら、それを所有している。

かかる状況にあって、苦しみや真空は、われわれの願望の諸対象がおびる実存様態である。非実在《イレアリテ》の蔽《ヴェイル》い(72)を剝ぎとるなら、願望の諸対象が与えられていることに気づくだろう。

このことを悟るなら、あいかわらず苦しみはするが、幸せでいられる。

4　財宝を盗まれた守銭奴が失ったものを精確に知らねばならない。多くを学べるはずだ。

ローザンと近衛騎兵隊長職(73)。虜囚の身であって近衛騎兵隊長であるほうが、自由の身であって隊長でないよりも、ローザンには好ましかった。

それらは衣服である。「彼らは裸であることを恥じた」(74)。

5　だれかを失う。死者または不在者が想像上または偽りの存在となったことに、われわれは苦しむ。だが、そのだれかにいだく願望は想像上のものではない。自己の内奥におりていくと、そこには想像上のものではない願望がある。飢えるとき、さまざまな食べものを想像するが、飢えそのものは実在する。この飢えを捉えるのだ。

実在との接触を失う。これが悪であり、悲哀である。この喪失をひきおこす状況はさまざまだ。窮乏、苦痛など。癒やされるには、欲求そのものを実在に到達するための仲介とみなせばよい。死者の現前《プレザンス》は想像にすぎなくとも、不在《アブサンス》はまごうかたなき実在だ。この不在は、以後、死者の現われでる様態となる。

6　真空を求めてはならない。真空をみたす超自然の糧《パン》をあてにするのは、神を試みることだから。キリストの第二の誘惑(75)。

真空を避けるのもいけない。第一の誘惑(76)。

7　真空は至高の充溢である。だが人間にこれを知る権利はない。その証拠に、キリストでさえ、一瞬にせよ、このことをまったく知らなかった(77)。わたしのなかのある部分はこのことを知るべきだが、その他の部分は知るべきではない。その他の部分が低劣なやりかたで知ったなら、もはや真空は存在しないだろうから。

8 キリストは人間の悲惨《ミゼール》のすべてを味わいつくした。罪をのぞいては(78)。だが、人間を罪へと走らせる元凶のすべてを知っていた。人間を罪へと走らせる元凶、それは真空である。あらゆる罪は真空を埋めつくさんとする企てである。かくて穢《けが》れに充ちたわたしの生も、完璧に浄らかなキリストの生とかけ離れてはいない。はるかに低劣な生についても同様だ。わたしがどこまで低く堕ちても、キリストからさほど遠ざかるわけではない。ただし、あまりに低いところまで堕ちてしまったなら、もはやこのことを知るすべはあるまい。いつの日か、恩寵をうけるその日が来ないかぎり、わたしに知るすべはないのだ。

9 歓びと苦しみがひとしく感謝を呼びおこすとき、神への愛は純粋である。

久しい不在《アブサンス》のあとで再会した友人との握手。触覚にとって快いか痛いかなど、わたしは気づきもしない。盲人が杖のさきで事物をじかに感じとるように(79)、わたしもじかに友人の現前《プレザンス》を感じとる。おなじく、その内実を問わず生のさまざまな状況を、そして神を、わたしはじかに感じとる。

このことは苦痛のうちに慰めを求めてはならぬことも含意する。至福は慰めや苦痛の領域のかなた、外側にあるからだ。至福はべつの感官により知覚される。杖のさきや道具による事物の知覚が、厳密な意味での触覚とは別物であるように。この別様の感官は、魂のすべてと身体がかかわる訓練によって、注意をべつなところに移動させることで形成される。

だから福音書には「わたしはいう、彼らはすでに報いを得ている[80]」とある。代償作用があってはならない。わたしを感受性のかなたへと連れていくのは、感受性に穿《うが》たれた真空である。

聖ペテロの否認。わたしはあなたに忠誠をつらぬきます、とキリストに宣言する[81]。すでにして否認である。恩寵のうちにではなく自己のうちに、忠誠の源泉があると思いなしたからだ。さいわいペテロは選ばれたひとだったので、この否認は万人の眼にもペテロ自身の眼にもあらわにされた[82]。いかに多くの人びとが、これに類する大口を叩いておきながら、しかもなにひとつ気づかずにいることか。

（わたしの否認もすべてあらわになるとよいのに。せめて稀であればよいが。）

キリストに忠誠をつらぬくことはむずかしかった。真空への忠誠だから。ナポレオンに死ぬまで忠誠をつらぬくほうが、はるかにたやすい。後世の殉教者たちにとっても、キリストに忠誠をつらぬくことは、はるかにたやすかった。世俗的な約束をふりまくひとつの力、すなわち教会がすでに存在していたからだ。ひとは強者のためには死ぬが、弱者のためには死なない。あるいは一時的には弱者であっても、力の後光を失わずにいる者のためにならば死ぬ。セント＝ヘレナ島のナポレオンへの忠誠は、真空への忠誠ではなかった。強者のために死ぬとき、死から苦渋が失われる。ただし同時に価値もそっくり失われる。

11 人間に嘆願する。それは強く烈しく願うことで、自身の価値体系を他者の精神へと転移させる、絶望的な試みである。神に嘆願する。それは逆だ。神的な諸価値を自身の魂へと転移させる試みである。自身が執着する諸価値を一心不乱に思うのとはほど遠い。それは内的な真空なのだ。

自身以外のなにかになりたいと願う。そこで自身の外部にむかう。

八　自我《モワ》

1　この世にあってわれわれはなにも所有していない——偶然がいっさいを奪いさりうるのだから——〈われ《ジュ》〉[83]と発する力のほかは。神に差しださねばならぬのは、すなわち破壊せねばならぬのは、まさにこの力である。〈われ〉の破壊を措いて、われわれに許された自由な行為など、なにひとつ存在しない。

2　〈われ《ジュ》〉の破壊。この世にあってわれわれはなにも所有していない、〈われ〉と発する力のほかは。それ以外のものはことごとく、われわれの性格、われわれの知性、われわれの愛、われわれの憎悪でさえも、運命の転変いかんで失われうる。〈われ〉と発する力は例外として。ただし極限の不幸はそれさえも奪いうる。〈われ〉を外側から滅ぼす極限の不幸ほど悪しきものはない。自身を内側から滅ぼせなくなるから。（ただひとつ、いっそう深刻な悪、聖霊に逆らう罪がある。[84]）不幸が外側から〈われ〉を滅してしまった人びとはどうなるのか。無神論的または唯物論的な構想にもとづく消滅に呑みこまれる。それ以外は考えられない。

不幸な人びとが〈われ〉を失ったからといっても、利己心《エゴイスム》が消えたという意味ではない。むしろ逆である。なるほど、犬のごとき献身が生じて利己心が消えさることもある。しかるに、より頻繁には、かえって植物的ともいうべき剝きだしの利己心、〈われ〉なき利己心が幅をきかせるにいたる。

みずから〈われ〉を滅ぼす工程《プロセス》にわずかでも着手していれば、いかなる不幸にも害されることはない。そもそも〈われ〉が外的な圧迫により滅ぼされるときには、死にものぐるいの抵抗をひきおこさずにはいない。もし、神への愛ゆえにこの抵抗をみずから禁じるなら、〈われ〉の破壊は外側からではなく内側から生じるだろう。

《《捧げもの》》。われわれは〈われ〉以外のなにものも捧げることはできない。捧げものと呼ばれるいっさいは、〈われ〉の企てる雪辱戦《ルヴァンシュ》に貼られた名札にすぎない。)

極限の不幸のもたらす苦悶《アンゴワス》、それは外側からの〈われ〉の破壊である。アルノルフ、フェードル、リュカオン。であるから、非業の死が生の滅びを待たずして襲いかかり外側から〈われ〉を殺そうとするとき、膝をついて浅ましくも命乞いをするのは理にかなっている。

(85) (86)

〈われ〉が息絶えた人間にほどこす手立てはない。ほんとうになにも。ただし、あるひとのなかで〈われ〉が完全に息絶えてしまったのか生気を失っているだけなのかを——霊感にもとづく完璧に超本性的な識別によるならいざ知らず——識別するのはむずかしい。完全に息絶えていないのなら、注射のように愛を注入して活を与えられる。ただしその愛はどこまでも浄らかでなければならず、相手をみくだす尊大さをいささかも含んでいてはならない。わずかでも軽蔑で澱んでいると、たちまち相手を死へと突きおとしてしまう。

外側から傷つけられた〈われ〉は、初めのうち、瀕死の暴れくるう獣のごとく、このうえなく苛烈で、このうえなく苦渋にみちた抵抗を試みる。だが半分死にかけてしまうや、今度はとどめの一撃を願い、すすんで意識を失おうとする。このとき愛にふれられて眼をさますなら、極限の苦痛をおぼえ、この苦痛の元凶たる相手への怒り、または憎しみに似た感情（純然たる憎しみである場合も）をいだく。よって、ここまで堕ちた人びとにあっては、恩人への報復という表面的には不可解な反撥が認められる。

恩恵をほどこす側の愛が浄らかでないこともある。〈われ〉は愛によって眼をさますものの、ただちに軽蔑によってあらたな傷をうけ、このうえなく苦渋にみちた、しかし正当な憎しみをおぼえる。

一方、〈われ〉が完全に息絶えてしまった人間は、自身にそそがれる愛になんの気兼ねもおぼえない。餌や温もりや愛撫を受けいれる犬猫のごとく、なにをされても悠然として動じない。また犬猫のごとく、できるだけたっぷりもらおうと腐心する。犬のようにまとわりつくか、猫のように距離をおいて好きにさせるかは、個々人による。かくて自分にかまってくれる相手のエネルギーを遠慮なく喰らいつくす。

不幸なことに、慈善行為の対象となる可能性が高いのは、大半が臆面もなく利得を求める人びと、なかんずく〈われ〉を殺されてしまった存在である。

3　贖《あがな》いの苦しみ。あるひとが完徳の状態にあって、恩寵の援けを得て自身のなかで〈われ〉を滅ぼしつくし、しかも〈われ〉を無疵にたもちつつも、外側からの〈われ〉の破壊に本性として呼応する不幸のどん底に落ちこむとき、そこにはまったき十字架が存在する。不幸はもはやそのひとのうちなる〈われ〉を滅ぼしえない。〈われ〉は痕跡なく消えうせ、占めていた場を神にゆずり、もはや実存していないのだから。それでも不幸は、外側からの〈われ〉の破壊にひとしい効果を、完全性の次元において生みだす。神の不在が穿《うが》たれるのだ。「わが神、なにゆえわたしを見棄てられたのか(87)」。

かかる不幸に落ちこんだ魂が、神に場をゆずりわたすべく——完全にとまではいかぬまでも——自己のうちなる〈われ〉を部分的にせよ抹消するとき、不幸は二重の効果を生みだす。外側からの破壊と神の不在とを。償いの苦しみ[88]と贖いの苦しみ[88]。しかるに、神の充溢せる不在が生まれうるのは、こう表現してよいなら、もっぱら完徳の域にある魂のなかにかぎられる。

　もっぱら外側からのみ〈われ〉が滅びるのは地獄に比すべき苦しみである。外側からの破壊に魂が愛ゆえに協力するときは、償いの苦しみとなる。神の不在が生まれるなら、それは贖いの苦しみである。

　恩寵はしばしば自然／本性にも余波をおよぼす。なかんずく、破壊をもたらす不幸の限界点を遠くへ押しやるというかたちで。聖人たち、殉教者たち。自然界に生じるいっさいとおなじく、それは善でも悪でもなく、同時に善であり悪でもある。つきつめれば、むしろ不都合だといってよい。贖いの苦しみの機会を減らすからだ。恩寵が自然／本性へと溢れでるのは望ましいどころではない。これは一般論としておおいにありうる。すくなくとも自然／本性のなかの低劣な部分、すなわち感受性へと溢れでるのはよろしくない（ほんとうにそうか）。

　完徳の域に達した魂のなかに極限の不幸が穿つ神の不在とはなにか。そこに附与される価値、贖いの苦しみと呼ばれる価値とはなにか。

それは悪の純粋さ、悪の完全性、悪の充溢、悪の深淵である。地獄など偽りの深淵にすぎない（たとえば⊖）[89]。地獄は薄っぺらく深みがない[90]。

地獄とは悪しき選択である。〈われ〉の外側からの破壊とは地獄に比すべきなにかだ。もし〈われ〉が消滅する寸前に反抗心からほんの一瞬でも善を憎む時間が、こういってよければ、善にたいして純粋な憎悪の行為をまっとうする時間があったとすれば、そこには地獄がある（〈われ〉が破壊されたあともそうだろうか）。これは不幸以外の場合でも生じうる。魂が自身の罪過の広がりと自身と善との隔たりを一瞬にせよ察知し、この隔たりゆえに善を憎んだ場合である。両者に違いがあるとすれば、地獄には幻想があるということだ。地獄に比すべき破壊は虚無《ネアン》を生みだす。地獄とは、おのれの存在を声高に主張し、存在の幻想を与える虚無である。こんなふうに表現しても理解はされまい。表現が精確ではないのだ。

贖いの苦しみとは、それにより悪がじっさいに存在の充溢——悪に受容できる程度の充溢にすぎぬせよ——を獲得する契機である。

贖いの苦しみを介して、神は極限の悪のうちに現前《プレザン》する。なぜなら神の不在《アブサンス》とは、悪に呼応する神の現前《プレザンス》の一様態——切実に感受された不在——だからだ。（心のなかに神をやどしたことのない者は、その不在を痛感することもない。）

4

不幸の淵に沈み、あらゆる執着が断たれても、生命維持の本能は生きのびて、どこにでも巻きひげを絡ませる植物よろしく、支えとなりそうなものに見境なくしがみつく。かかる状況にあっては、感謝（低劣な次元のものはいざ知らず）や公正は思念にすらのぼるまい。隷属。自由意志を支えるエネルギーの余剰量がたりない。この余剰のおかげで事象にたいして距離をおくことができるというのに。この局面から捉えられた不幸は、剝きだしの生のつねとして、切断された四肢の残滓や蠢《うごめ》き群れる昆虫にも似て、ぞっとするほどおぞましい。形相《かたち》なき生。生きのびることが唯一の執着となる。いっさいの執着が生への執着に取って替わられるとき、極限の不幸が始まる。このとき執着は剝きだしで現われる。おのれのほかに対象がない。地獄である。

この境界をふみこえ、ある期間その状態にとどまり、その後、なんらかの僥倖に恵まれたとき、そのひとはどうなるのか。この過去からどうやって癒やされるのか。

かかる仕組《メカニスム》ゆえに、「不幸な人びとにとって生ほど甘美に思えるものはない。たとえ彼らの生が死より好ましいとは思えぬときでさえも」(91)。

かかる状況で死を受けいれることは執着のまったき断念を意味する。

地上の地獄もどき。不幸による極限の根こぎ(92)がそれだ。人間がおかす不正は、たいてい殉教者ではなく地獄堕ちの亡者もどきを生みだす。地獄もどきに堕ちた人びとは、強盗に身ぐるみ剝がれて痛めつけられたひと(93)に似ている。特性《カラクテール》という衣服を失ったのだ。

いかに大きく深い苦しみも根をいくばくか残してくれるなら、この地獄もどきからは無限に隔たっている。

こんなふうに根こぎにされた人びとの世話をしたとする。たとえ悪意ある仕打ちや忘恩や裏切りでしっぺ返しをされたとしても、彼らの不幸の微々たる分け前にあずかったにすぎない。われわれには不幸に身をさらす義務がある以上、限度こそあれ、しっぺ返しにも堪える義務がある。かかる状況が生じたなら、不幸に堪えるがごとくこの状況にも堪えねばならない。ただし特定の個人《ペルソンヌ》に関連づけることなく。そもそも関連づけようがない。完徳とおなじく地獄もどきの不幸にも非人格的《アンペルソネル》(94)なものがあるのだ。

限界点の位置に遠近の差があるのは、おそらく数学の才能とおなじく生まれつきの問題である。いっさい信仰に頼ることなく難局にあっても「揺るがぬ士気」を維持しえたと誇るのが、数学を得手とするのを根拠もなく鼻にかける若者と選ぶところがないように。神――より一般的には超自然的なもの――を信じるひとには、いっそう深刻で剣呑な幻想が待ち構えている。たんなる力学《メカニック》上の自然作用を恩寵に帰するという錯誤である。

6　「麗しき髪のニオベも食することを思った」。ジョットのフレスコ画における空間とおなじく崇高な一節である[95]。絶望さえも放棄させる屈辱。

7　わたしのなかの罪が〈われ《ジュ》〉を口にする。

8　わたしは万象《すべて》である。しかるにこの〈われ〉は神だ。一介の個人にすぎぬ〈われ〉ではない。

悪は区別をもちこみ、神が万象にひとしくなるのを妨げる。

わたしを〈われ〉ならしめるものは、わたしの悲惨《ミゼール》である。ある意味で神を〈われ〉(すなわち人格《ペルソナ》)たらしめるものは、宇宙の悲惨である。

9　ファリサイ派[96]とは、有徳たらんとしておのれの力を恃んだ人びとである。

謙遜とは、〈われ〉と呼ばれるもののうちに、おのれを上昇させるエネルギー源など存在しないと知ることだ。

わたしのうちにある貴重なものはことごとく、例外なく、わたし以外のなにかに由来する。それも贈与としてではなく、たえず貸借契約を更新せねばならぬ貸与として。わたしのうちにあるものはことごとく、例外なく、まったくなんの価値もない。外部に由来する贈与でも、わたしがわがものとするや一挙に価値がなくなる。

10　完全な歓びは歓びの感覚すらも斥ける。対象によってくまなく充たされた魂には、〈われ〉と発するための余地すらない。

かかる歓びが不在であるうちは、これらを想像することもできない。よって、これらを求めようとする刺戟も存在しない。

九　脱－創造《デクレアシオン》

1　破壊。神は世界を創造し、世界の存続をたえまなく欲する。(97) したがって破壊は悪である。ただし被創造を非創造(98)の領域に移行させるのはその限りではない。破壊はこの移行の悪しき模倣(代替物《エルザッツ》)である。人間はおのれを弑《しい》するとき、おのれを神に似たものとするが、それは悪しき類似である。

2　創造は愛の行為であり、たえず更新されて持続する。一瞬また一瞬と、われわれの実存《エグジスタンス》は、われわれにそそがれる神の愛である。しかるに神は自身をしか愛せない。われわれにそそがれる神の愛とは、われわれを通して神自身へとむかう愛である。(99)かくて、われわれに存在《エートル》を与える神は、われわれのなかの、存在しなくなることへの同意を愛する。この同意が潜在的なものにすぎぬ場合は、神もまた潜在的にのみわれわれを愛する。

われわれの実存とは、われわれをして実存を失うことに同意させんとする神の意志にほかならない。

神は自身が与えるこの実存を返してほしいと、たえずわれわれに乞い求める。神はわれわれに実存を与える。返してほしいと乞い求めるために。

3 苛烈な必然、悲惨、困窮、欠乏と過酷な労働に由来する重圧、残虐さ、拷問、非業の死、拘束、恐怖、疾病——これらすべてはみな神の愛である。われわれが神を愛せるように、愛ゆえに身を退いて遠ざかるのは神である。空間や時間や物質によって護られることなく、神の愛の光にじかにさらされたなら、われわれは陽光に照らされた水のごとく蒸発してしまうだろう。そうなると、愛するための〈われ《ジュ》〉も、愛ゆえに放棄するための〈われ〉も、充分には残されていまい。必然とは、われわれを存在させるために、神とわれわれを隔てるべく張られた遮蔽幕である。存在するのをやめるために幕を破るか否かは、われわれの決断にかかっている。神が無限に隔たったかなたに在って、神のうちにのみ善がやどると知らなければ、われわれが遮蔽幕を破ることはぜったいにあるまい。

神が被造物から遠く身を退くことなく人間たちの不幸を軽減するには、神を愛し神への愛ゆえに自身が存在することをもはや欲しないほど、ひたすらに神を愛する人びとの仲介が不可欠なのである。

4　被造物は無《リアン》であるのに自身を万象《すべて》だと思っている。万象であるためには無であると思ってはならない。仮象《アパランス》(100)と存在《エートル》とは釣りあう。一方が上がると他方が下がる。仮象としては無になる。神に倣う。非行為または無為の行為。愛の効能。

人間には想像上の神性が与えられた。実在的な神性を脱ぎすてたキリスト(101)に倣って、想像上の神性を脱ぎすてることができるように。

受肉にかかわる証明。歴史からは導きだせない。これほど理性を逆なでする歴史上の説明はあるまい。ただひとつ、われわれが眼にする原典に含まれる内的明証性があるのみ。証言の歴史的価値の礎となるのがこの内的明証性であって、その逆ではないからである。

《神から遠ざかる》(102)力が存在する。さもなくば森羅万象が神となるであろう。

5　放棄。創造における神の放棄に倣う。神は放棄する――ある意味で――万象であることを。これが悪の起源である。われわれはなにかであることを放棄せねばならない。これがわれわれにとっての唯一の善である。

6　われわれは底のない樽[103]である。底があることを理解しないかぎりは。

7　上昇と下降。鏡に姿を映して着飾る女性は、万象をみつめる無限の存在である自身を鏡というちっぽけな空間（小さな塊《ミクロス・オンコス》）[104]に切りつめることを、恥ずかしいとは思わない。おなじく、自我《モワ》（社会的自我、心理的自我など）を高くもちあげるたびに、どれほど高くもちあげようと、自身をそれだけに切りつめることで、かえって自身をかぎりなく低く貶めてしまうのだ。逆に自我が低く貶められるときは（エネルギーが願望のなかで自我を高くもちあげる場合はのぞき）、自分はそんなものではないと知っている。

すぐれて見目麗しい女性は鏡の映像をみて、自分は映像そのものだと思うかもしれない。美しくない女性はそんなものではないと知っている。

8　本性的な能力によって捉えうるものはことごとく仮説にすぎない。超本性的な愛のみが礎を据える。そのときわれわれは神の共同創造者となる。

われわれは自身を脱－創造することで世界の創造にかかわるのだ。

9　われわれは自分が放棄するものだけを所有する。放棄せずにかかえこむものは、指のあいだからこぼれていく。その意味で、神を経由せずにはなにひとつとして所有できない。

10　カトリックの聖体拝領《コミュニオン》[105]。神はただ一度だけおのれを肉としたのではない。人間におのれを供し、人間に食されるために、日ごとにおのれを物質とする。ひるがえって、人間は疲労や不幸や死を介して物質となり、神に食される。この相補性をどうしてわれわれが拒めようか。

11　「かれはおのれの神性を脱ぎすて、みずからをむなしくした[101]」。われわれは生まれもった偽りの神性を脱ぎすて、みずからをむなしくせねばならない。

12　ひとたびおのれが無でしかないと悟るや、あらゆる努力はおのれの無化を目的とする。この目的のために甘んじて苦しみ、この目的のために行動し、この目的のために祈るのだ。

神よ、わたしを無とならせたまえ。

わたしが無となるにつれて、神はわたしを通して自身を愛するにいたる。

13 低きにあるものは高きにあるものに似ている。ゆえに隷属は神への従順の似姿《イマージュ》であり、屈辱は謙遜の似姿である。

この意味で、もっとも低きにあるものを探し求めねばならない。あくまで似姿として。

高きにあるものが高きへとむかうために、われわれのうちなる低きものは低きへとむかわんことを。われわれは逆さまになっている。生まれつき逆さまなのだ(106)。秩序の回復とはわれわれのうちなる創造の解消にほかならない。

14 主体と客体の逆転。

おなじく肯定と否定の逆転。ウパニシャッド哲学の意味するところでもある。

われわれは転倒して生をうけ、転倒したままで生をつむぎだす。序列《ヒエラルキア》の転覆というべき罪のなかに生をうけ、生をつむいでいるからだ。最初になすべき操作は逆転である。転回《コンヴェルシオン》。

15　諸事物の真の関係性を捉える自由なエネルギーを自己の内部にやどさねばならない。

16　「ひと粒の麦が死ななければ[107]……」。生ける物質とそれが内部にかかえこむエネルギーを解放し、そこから異なる化合物《コンビネゾン》を生みだすために、麦は死なねばならない。おなじく、対象に固着したエネルギーを解放するには、われわれもまた死なねばならない。

（種蒔きの時期に、この譬え話を司祭が農民に語るのはむずかしくあるまい。）

17　ごくつまらぬ行動をおこすさいにも頻繁におぼえる困難は、わたしに与えられた恩恵である。おかげで、ありふれた行動をはたしながら、だれの注意もひくことなく、樹木の根を断つことができる。いかに世間の評価にとらわれず超然としていても、尋常ならざる行動には、ひとたび実行を決断するや、とうてい拭いきれぬ外的刺戟が含まれている。この刺戟はありふれた行動にはいっさい欠けている。ありふれた行動をはたすのに尋常ならざる困難をおぼえるのは、感謝をささげるべき恩恵である。この困難の消滅を求めてはならない。困難を善用するべく熱心に切望をこめて恩寵を乞わねばならない。

一般論として、おのれの悲惨さがひとつでも消滅するようにと願うのではなく、それらを変容させる恩寵が与えられるようにと願わねばならない。

18 肉体的苦痛（および物質的困窮）は、勇敢な人間にとって往々にして堅忍と胆力を鍛える試練となる。だが、さらに善い活用法がある。わたしにとって、これらの苦痛や困窮がたんなる試練にとどまらず、人間の悲惨を感じさせる証言とならんことを。また、わたしがこれらを完全に受動的なかたちでこうむらんことを。なにが起ころうと不幸が大きすぎるとは思うまい。不幸による噛み傷と不幸のひきおこす凋落は、人間の悲惨についての認識、あらゆる叡智への扉となる認識を、わたしに拓いてくれるのだから。

快楽や幸福や繁栄や歓びもまた、そこに外部（偶然や諸般の事情）に由来する要因をみぬく見識(108)がわれわれにあるなら、人間の悲惨を証左する。よって、かく活用すべし。ミラレパと糧。（感覚で捉えうる現象としては、恩寵さえも）。

万象のなかで真の位置を占めるには無であらねばならない。

19　放棄へといたるには、親しい存在と財産および善と呼びうるいっさいを現実に失ったときの苦悩に匹敵する苦悩をくぐりぬけねばならない。これには知性や性格の次元における先天的能力や後天的資質[109]、善なるものや揺るぎなきものにかかわる臆見《オピニオン》や信念、その他もろもろも含まれる。しかも、これらをみずから捨ててはならず、意に反して失わねばならない——ヨブのように[110]。さらに、対象から分離されたエネルギーは、揺れながら劣化して消尽されてはならない。ゆえに苦悩は、現実の不幸における以上に深くあるべきであって、時間のなかで細切れにされたり、なんらかの希望へと誘導されたりしてはならない（オウィディウス[110]）。

20　愛の情念が植物エネルギーまでも喰らいつくすとき、B[111]、フェードル、アルノルフに似た状況が生まれる。「こんなざまでは、わしはくたばってしまう[112]……」。

イポリットはフェードルの生にとってまさに字義どおり糧よりも必要なものだ。

神の愛がかくも低き（超自然の糧《パン》）にまで浸透するには、本性がむごたらしい暴力で蹂躙される必要がある。ヨブ。十字架。

フェードルの愛、アルノルフの愛は不純である。かくも低きにまで落ちて、しかも純粋な愛などあるのか……。

21 植物の水準にまで堕ちて無《リアン》となる。そのとき神が糧《パン》となる。

22 ある任意の一瞬——過去からも未来からも分離された現在の一瞬——において、われわれ自身を鑑みるなら、われわれは無辜《むこ》である。この一瞬においては、あるがままのわれわれでしかない。あらゆる進歩はなんらかの持続を含意する。われわれがこのようなものであることは、この一瞬において、世界の秩序のうちに収まっている。一瞬一瞬の隔離は赦しを含意する。この隔離は執着の断念である。

あらゆる問題はことごとく時間に帰着する。

極限の苦痛、志向性なき時間。地獄または楽園への道。永続または永遠。

23 人間の生において裸性とまったき純粋さの瞬間はふたつしかない。誕生と死である。人間の形姿をとった神を、生まれたての嬰児または瀕死の人間としてでなければ、その神性を穢《けが》さずに崇敬することはできない。降誕祭と復活祭。

24　死。過去も未来もなき、一瞬の状態。永遠に近づくには不可欠なもの。

25　神が存在するという考えのうちに歓びの充溢をみいだすのなら、自身は存在しないという認識のうちにも歓びの充溢をみいだすべきだ。おなじ考えなのだから。しかるに、この認識が苦しみと死を介さずして感受性にまで拡げられることはない。

26　神における歓び。神のうちには実在的に完全かつ無限の歓びがある。わたしが参与したからといって、完全かつ無限の歓びの実在性になにかを加えることはなく、わたしが参与しないからといって、なにかを奪いとることもない。である以上、この歓びにわたしがあずかれるか否かになにほどの重要性があろう。皆無である。

27　おのれの救済を欲する人びとは、神における歓びの実在性をほんとうには信じていない。

28　不死への信仰は害をなす。魂の真に非身体的な表象はわれわれの力にある。現実には生の延長への信仰にすぎぬこの信仰は、死の効用を奪いさる。

29　神の現前《プレザンス》。二通りの解釈。創造主としての神は、森羅万象が実存《エグジステ》するかぎり、実存する森羅万象のうちにあまねく現前する。神が被造物の協力を必要とするたぐいの現前もまた、神の現前である。ただし創造主たる神ではなく聖霊たる神として。第一の現前は創造における現前である。第二の現前は脱－創造における現前である。

30　神はみずからを隠さなければ創造することはできなかった。でなければ神しか存在しなかっただろう。

したがって聖性もまた隠されねばならない。ある程度までは当人の意識にさえも。(ただし、ある程度までだ、なぜならキリストは……だが断末魔の瞬間には……。)この世においても隠されねばならない。

31　存在と所有。——人間は存在をもたない。いくばくかを所有するだけだ。人間の存在は遮蔽幕の背後に、(113)超本性的なものの側に位置する。自身について知りうるのは諸般の事情による貸与物にすぎない。〈われ〉《ジュ》は自我《モワ》(および他者)から隠されている。

〈われ〉は神の側にあり……、神のうちにあり……、神そのもの（アートマン）(114)である。傲慢とは、おのれが神であることを忘れること……。遮蔽幕、それは人間の悲惨である。キリストにとっても遮蔽幕は存在した。

32　ヨブ。暗夜(115)を慰めもなく歩きつづけ、ようやくたどりついたその果てに、はっきりと世界の美をみた。そのためには、まったき悲惨を通りぬける必要があったのだ。サタンが神にいう。ヨブは報いもなくあなたを愛するでしょうか。愛の水準が問われている。愛は仔羊や麦畑や多くの子孫といった水準に位置するのか(116)。あるいは、さらに大いなる深みのうちに、さらに遠くへと、第三の次元へとむかうのか、あるいはその背後にあるのか。いかに深い愛でもうち砕かれる断絶の一瞬がある。この一瞬が変容をもたらし、有限なるものを無限へとひき剝がし、神へとむかう魂の愛を魂のなかで超越させる。これが魂の死である。身体の死が魂の死に先立つ人間は不幸である。魂を殺すもの、それは時間の破壊的な歩みである。だが、かかる死は一種の神明裁判である(117)。愛に充たされていない魂は悪しき死を迎える。奴隷たち。なぜ、かかる死がひとを選ばずに襲いかかるのか。やむをえまい。いっさいが無差別に降りかかるしかないのだ。

33　仮象《アパランス》が存在に貼りついており、もっぱら苦痛のみが両者を互いからひき剝がしうる。

歓びと苦痛が対立するのではない。歓びと苦痛のそれぞれの種類が対立する。地獄的な歓びと苦痛、治癒的な歓びと苦痛、天上的な歓びと苦痛がある。

存在を手にする者は仮象を手にできない。仮象は存在を縛りつける。

時間の流れが力ずくで存在から外観《パレートル》をひき剝がし、外観から存在をひき剝がす。

ミラレパの壊れた壺(108)。時間はおのれが永遠でないことを露呈する。

34　みずからの根を断たねばならない。樹木を切り倒し、それで十字架を作り、日々、この十字架を担わねばならない。

社会的にも植物としても自身の根を断つこと。

あらゆる地上の祖国《パトリ》から自身を追放すること。

かかる仕打ちを外部から他者に加えるのは、脱–創造の代替《エルザッツ》であり、非実在《イレエル》を生みだす。

だが自身の根を断つときは、より多くの実在《レエル》を求めているのだ。

自我《モワ》であってはならない。だが、集団的自我である〈われわれ《ヌー》〉はさらによくない。

都市《シテ》はわが家にいる感覚を与える。

流謫の地にあっても、わが家にいる感覚をもつこと。

都市は根こぎへといたる代替である。

不幸にも、根づきを変容させる手掛かりも得られぬままに根を失ってしまうなら、いかなる希望が残されているというのか。

35

場所のないところに根をもつこと。

一〇　消えさること

1　神はわたしに存在を与えた。わたしが神に返せるように。民話や秘儀参入《イニシアシオン》の物語にみられる陥穽《わな》にも似た試練である。わたしがこの賜物を受領するなら、それは忌まわしく破滅をまねく。その功徳は返上するときに現われる。神はわたしが神ならざるものとして生きることを許す。この許可を返上するのがわたしの務めである。民話、「黄金のマリとタールのマリ」など類似の話。(118)謙遜とは神の外部で生きるのを拒むことだ。謙遜は諸徳のうえに君臨する。

2　自我《モワ》とは神の光をさえぎる罪と過ちが投じる影像にすぎない。わたしはこの影像をひとつの存在だと思いこんでいる。たとえ神のごとき存在になりえるとしても、神に服する泥であるほうがよい。

3　眼を閉じて鉛筆のさきで机をなぞるときの、わたしにとっての鉛筆。——わたしはキリストにとってその鉛筆でありたい。神と、われわれに託された創造の一部とをつなぐ仲介となる可能性が、われわれにはある。神がわれわれを通して神自身による創造を認知するには、われわれの同意が必要なのだ。われわれの同意をもって神はこの奇蹟を実現する。わたしの眼前のこの机が神に直視されるという比類なき幸運に浴するには、わたしが自身の魂から退くすべを知るだけでよい。創造主なる神自身がわれわれを存在させるために退いたように、神を通らせるために退くという同意。神がわれわれのなかで愛しうるのは、この同意を措いてほかにない。この双方向からの動きに、愛以外の意味はない。子どもが父親の誕生日に贈りものができるようにと、父親が子どもに小遣いを与えるのに似ている。愛以外のなにものでもない神は、愛以外にはなにも創造しなかった。

4　わたしは自分が見る、聴く、吸う、触れる、食べることでかかわる事物のすべてから、また自分が出会う人びとのすべてから、神との接触を奪っている。さらにまた、わたしのなかでなにかが〈われ《ジュ》〉を主張するかぎり、これらすべてとの接触を神から奪っている。

これらすべてのために、また神のためにも、わたしにできることがある。すなわち、みずから退いて、これらすべてと神との差向いの対面を尊重することだ。

もっぱら人間としての義務を厳密にまっとうすることは、退くための条件のひとつだ。義務をまっとうすることで、わたしをその場につなぎとめ、わたしが身を退くのを妨げている紐帯《ちゅうたい》が、一本また一本と擦りきれていく。

神がわたしを愛する可能性があるとはとても考えられない。人間たちの場合でさえ、彼らがわたしにいだく愛情が勘違いにすぎぬことは、このうえなくはっきりと感じとれるのだから。他方、神が愛する創造の眺望とは、わたしのいる地点からしか眼にできぬ眺望であることは、苦もなく想像がつく。だが、わたしが遮蔽幕なのだ。神に創造の眺望をあけわたすために、わたしは身を退かねばならない。

偶然わたしの途上に投げだされてはいるが神に愛されている諸存在にたいして、神が関係をつむぐことができるように、わたしは身を退かねばならない。わたしがここに居坐っているのは破廉恥であって、恋人や友人の水入らずの親密さに割りこむようなものだ。

わたしのなかにエネルギーや天賦の才があってもなにほどの意味があろう。いつだって消えるのに充分なだけはある。

愛ゆえに存在するのをやめねばならない。

6

わたしは消滅するだけでよい。そうすれば、わたしが踏みしめる大地、わたしが潮騒を聴く海……と、神とのあいだには、完璧なる愛の合一《ユニオン》が存在するだろう。

7

わたしは許婚《フィアンセ》を待つ若い娘ではない。許婚たちにつきまとう厚かましい第三者だから、ふたりをほんとうに水入らずにするためにさっさと立ちさるべきなのだ。

愛である神の不在に、不在と愛によって応える。

わたしは自分の愛する人たちにと親しくつきあい、彼らと神とのあいだに(わたしの実体にほかならぬ)遮蔽幕として介在することで、彼らに無限というべき害をおよぼす。神は彼らにたいして霊感による内部からの接触だけでなく、彼らが遭遇する人びとの仲介による外部からの接触をも欲しているからだ。

8

「今こそ死は、目《まなこ》の光を奪い去って、これまで穢した(119)日の光も、元の如く浄らかに、澄みわたりゆく……」。

わたしは消滅せねばならない。わたしの眼にするこれらの事物が、わたしの眼にする事物ではなくなることで、完璧に美しいものとなるために。

9 この被造界がわたしに感受できぬものになれと願うのではない。感受される相手がわたしではなくなれと願うのだ。世界はわたしにその秘密を打ちあけられない。あまりに高邁な秘密だから。わたしが立ちさるなら、創造主と被造物とは互いの秘密を交換しあうだろう。

ジョットとセザンヌはいくらかこのように絵を描いた。ジョットの絵画は聖性である[120]。

だれひとり——ほんとうにただのひとりも——眺めていない瞬間の風景の美しさ……。

わたしがいないときの風景をあるがままの姿で眺める。

わたしはどこかに場を占めるたび、呼吸と鼓動とで天と地の沈黙を穢している。

一一　必然と従順

1　義人にも悪人にも、ひとしく太陽はかがやく……[121]。神はみずからを必然となす。必然のふたつの顔、作用をおよぼす側と作用をこうむる側と。太陽と十字架。

2　必然に従属することを受諾し、かつ、必然をあやつるべく行動する。戦争、『バガヴァッド・ギーター』。

3　服従、エネルギーの節約。服従のおかげで、命令をくだす側も命令をうける側も、英雄《ヒーロー》である必要に迫られぬまま、英雄的《ヒロイズム》行為が実現されうる[122]。

神から命令をうけとる境地に達さねばならない。

4　いかなる場合に、誘惑に抗う闘いが善に貼りついたエネルギーを消尽させるのか。

また、いかなる場合に、この闘いがエネルギーの質をより高い段階へと上昇させるのか。

意志と注意のはたす役割が占める重要性しだいで変わるにちがいない。

5 愛を尽くして、強制されるにふさわしい者とならねばならない。たとえば詩的霊感(123)。

6 従順は至高の徳である。必然を愛する。必然と法《ダルマ》は唯一にしておなじものだ。法とは愛された必然である(124)。必然は、個人との関連でいうなら、もっとも低次に位置する――強制、力、「むごい必然(125)」。普遍的な必然は、この低次の必然からわれわれを解放する。法を義務ではなく必然とみなす。かくて法を超克する。

7 ある事象が可能だという事実だけで、場合によっては必然となる。自分が空腹のときには食べる。禁欲や苦行などによってその瞬間を遅らせることはできる。だが、死を強制されている特別な場合をのぞき、飢えていて、眼のまえに食物があるなら、どんな人間でもかならずいつかは食べる。無知な犯罪者でも賢明な聖人でも変わらない。同様に、怪我を負い、渇きで死にそうな男を見たときに、自分の手近に水があるなら、やすやすと水を与えうるというその事実ゆえに、この行為は必然となる。強盗ですらそうせざるをえまい。聖人もまた然り。

この類比に倣い、一見さほど明確に現われずとも、可能が必然を含みうる場合を識別せねばならない。この場合にのみ行動し、さもなくば行動すべきではない。

8　柘榴《ざくろ》の実。[126]ひとは進んで神を愛すると誓いはしない。自身のうちで自身ぬきでかわされた誓いに同意するのだ。

9　有徳の行為にしても、そうせずにはいられぬこと、実行せずにはいられぬことだけをおこなうべきだ。ただし、しかるべく方向づけられた注意をはたらかせて、実行せずにはいられぬことの量をたえず増やさねばならない。

10　神によって否応なく強制されるのでなければ、たとえ善にむかってにせよ、ただの一歩もふみださぬこと。行動においても、言葉においても、思考においても。[127]だが神に強制されるならば、どこへでも、極限にまでも（十字架……）おもむく覚悟がなければならない。究極にまでおもむく覚悟でいるとは、どこへ連れさられるかも知らぬまま、神による強制を乞い求めることだ。

11　たとえわたしの永遠の救いが物体のかたちで机のうえに載っていて、手を伸ばせば摑める状況にあっても、命令をうけることなく手を伸ばすことはするまい。

12　行動の結実にたいする執着を断つ(128)。この宿命からまぬかれる。どうやって。目的のためにではなく必然によって行動する。わたしにそれ以外のやりかたはできない。それは能動的な行動《アクシオン》ではなく、一種の受動性《パッシヴィテ》である。非‐能動的な行動(129)である。奴隷はある意味でひとつの範型《モデル》である(もっとも低きにあるもの……もっとも高きにあるもの……つねにおなじ法則(130))。物質もある意味でひとつの範型である。道教の水。聖人たちの理解する従順とはこれである。修道会における服従はその形象にすぎない。

おのれの行動の原動力《モビル》を自身の外側に移すこと。強制されて。自身のなかでこの方向にむけて、想像力を実在的なかたちで変容させねばならない。いかにして達成するか。

想像力はなにかしら実在的なものだ。ある意味で主たる実在といってよい。あくまで想像力としてという限定つきで。

——自身の徳が位置する水準、あるいはやや低い水準において行動する。これを超えようとはしない。もっとも、将来を損なう作為や不作為はおこなわぬという制約はつく。しばしば困難をきわめる。だがこの考えは、ここに注意をそそぐなら、おのずから水準を押しあげる（潜勢的な力があるのか）。

あるいは、この水準を超えるには、いっそう低次のエネルギー源に訴えるしかない（変節）。

ただひたすら純粋な動機《モティフ》は外側にあるものとして現われる（もっとも陋劣な動機も然り、またしてもおなじ法則）。

行動する、あるいは行動を控える。他者、あるいは来《きた》るべき自己（現在の自己ではなく）のために。

時間。時間に含まれるもろもろの手立て。総括すべき。

13　あらゆる行為を目的ではなく衝動の相のもとに考察する。行為がいかなる目標をめざすかではなく、いかなる原因にもとづくかを考察すべし(131)。

14 「わたしが裸だったとき、あなたは服を着せてくれた」[132]。この施しは、かかる行動におよんだ人びとがいかなる境地にあったかをしめす兆候《シーニュ》にすぎない。飢えているひとに糧を、裸でいるひとに衣服を与えずにはいられない、そういう境地にあったのであって、キリストのためにそうしたのではない。そうせずにはいられなかった。キリストの憐れみが彼らのなかにあったからだ。聖カッシアヌスをともない、ロシアの平原《ステップ》を歩いて神との会合へと急いでいた聖ニコラオス[133]が、ぬかるみに嵌《はま》りこんだ農民《ムジク》の荷車をひっぱりだすのを手伝っているうちに、是非もなく神との約束に遅れてしまったように。いわば不本意ながら成就された善、ほとんど羞恥と後悔をおぼえつつ成就された善は、純粋である。だれもこんなふうに成就することは望まない。絶対的に純粋な善はすべて、意志の作用を完全にまぬかれる。善は超越的だ。神は善である。

15 「わたしが飢えていたとき、あなたがたは手を差しのべてくれた」[132]。いつですか、主よ。彼らはなんのことか知らなかった。知っていてはならない。

神についての思いがわれわれと被造物のあいだに介在してはならない。また、接触から直接性を減じてもならない。むしろ接触をより直接的にすべきである。

万象のうちに神を認めるのではなく、われわれの見ている事象を神がわれわれを介して見る、これが真の目的である。われわれが光の観照をやめて世界へとむかうために神の下降運動を模倣する、一瞬一瞬において、神は主体の側にあるべきであって、客体の側にあってはならない。

キリストのために隣人を助けるのではない。キリストによって助けるのだ。わたしの自我《モワ》が消え、わたしの魂と身体を仲介として、キリストが隣人を助けるのであってほしい。主人に派遣されて不幸なひとに援助をとどける奴隷でありたい。援助は主人からやって来るが、不幸なひとに手をさしのべるのは奴隷である。

一般論だが「神のために」という表現はよくない。神は与格におかれてはならない。キリストは父なる神のために苦しんだのではない。父なる神の意志によって、人びとのために苦しんだのである。

援助をもたらす奴隷が、この行為を主人のためにおこなっているとはいえない。奴隷はなにもしていない。不幸なひとのもとに行く途上、素足で釘をふまねばならず、痛い思いをするとしても、やはりなにもしていない。奴隷なのだから。

「われわれは役にたたない奴隷です」(134)。つまり、なにもしなかったのだ。

神のために隣人のもとに行くのではない。射手によって矢が標的へと放たれるように、神によって隣人のほうへと押しやられるのだ。隣人と神とを接触させる道具たるべし。わたしと紙とを接触させるペン軸のように。

16 未墾の大地と耕作地とを、問題の既知所与《データ》と解決とを、白紙と詩とを、飢えた不幸なひとと糧を得た不幸なひととをつなぐ、たんなる仲介であらねばならない。

17 暗夜。万事において、外側から、根拠なく、不意打ちで、運命の賜物として、探し求めたわけでもないのに、われわれのもとにやって来るもの、それだけが純粋な歓びである。同様に、実在的な善は外部からしかやって来ない。われわれの努力では断じてもたらされない。いかなる場合も、自身よりも善きものを作りあげるすべはない。ゆえに、真摯に善をめざす努力であっても首尾よくいくとはかぎらない。久しく実りなき緊張の果てに意気消沈し、なにも期待しなくなったとき、外部から、無償の下賜、奇蹟のごとき驚きとして、賜物がやって来る。この努力がわれわれのうちなる偽りの充溢を部分的にせよ破壊する。そして充溢よりも充溢せる神的な真空が、われわれのうちに居をさだめにやって来る。

18　神の意志。どうやって知るのか。自身のうちに沈黙を生みだし、あらゆる願望、あらゆる臆見を黙らせ、魂のすべてをあげて、言葉もなく、「御旨のおこなわれんことを[135]」と愛をこめて考えるとき、これはなさねばならぬと不確かさの翳りすらなく感じられることがらは、(たとえ部分的に勘違いであっても)神の意志である。神に糧《パン》を求めて、石を与えられることはないのだから[136]。

規準。理性は行動(もしくは非‐行動[129]または態度)に合わせて個別かつ収斂していく動機《モティフ》を複数みいだせる。だが一方で、その行動または態度はいっさいの表象可能な動機を凌駕する気もする。偶然に一致するふたつの規準。

19　超自然的な霊感を得たのでないかぎりは、祈りにおいて個別の事象を考慮してはならない。神は普遍的な存在だから。なるほど神は個別の事象のうちに降りてくる。神は創造の行為のうちに降りてきた。いまも降りてきている[138](デカルトの持続的な創造[137]とはヒンドゥ教の表徴であることに留意)。受肉のうちにも、聖餐[139]のうちにも、霊感のうちにも。それは下降運動である。普遍と個別をつなぐ絆は下降運動であって、断じて上昇運動ではない。神の運動であって、われわれの運動ではない。われわれは神に命じられるのでないかぎり、個別と普遍のつながりを紡ぎだすことはできない。

われわれの役割は普遍的なものにむきあうことだ。

相対と絶対とをつなぐ不可能性をめぐるベルジェ(140)の難問への解決となるだろうか。上昇運動では不可能だが、下降運動によるなら可能である。

20 神があることがらを命じているか否かを知ることは、定義からして、ぜったいにできない。神への従順へとむけられた意図のみが救いとなる。神をわれわれ自身のかぎりなく上位におくなら、なにをやっても救われる。一方、われわれ自身の心を神と呼ぶならば、なにをやっても滅びる。前者にあって、われわれはおのれの過去の行為、現在の行為、未来の行為がなんらかの善であるとは、夢にも思いはしない。

21 誘惑の活用法。これは魂と時間との関連性にもとづく。自身が(語の十全な意味において能力的にも現実的にも)おこないうる悪を現実におこなうことなく、長いあいだじっと注視する。すると一種の実体変化(141)が生じる。悪をおこなう誘惑に有限なエネルギーをかたむけて抵抗しても、そのエネルギーは一定の時間がすぎるや消尽される。エネルギーが消尽されるや誘惑に屈するしかない。一方、じっと身動きせず注意をそそぐなら、誘惑のほうが消尽し(――良質化したエネルギーが回収される、のか)。

おなじく、われわれがおこないうる善をこの流儀で——じっと身動きせず注意をそそぎ——観照するなら、やはりエネルギーの実体変化が生じる。われわれはこのエネルギーに支えられて善をおこなう。

エネルギーの実体変化とは、悪については悪をおこなえなくなる瞬間が、善については善をおこなわずにはいられぬ瞬間が来ることを意味する。ここから善と悪との規準も生まれる。

22　完全な従順の状態に達した思考する被造物がそれぞれ、世界における神の現前と認識と作用にかかわる、唯一無二にして模倣も代替もかなわぬ独特なひとつの様態を構成する。

23　従順は唯一の純粋な原動力《モビル》だ。これだけが、行為への報いをいっさい含まず、報いを与える配慮はすべて神なる父に、隠れたところにあって、その隠れたところから万事をみそなわす父にゆだねる、といった原動力である。

ただし、強制にたいする従順(奴隷たちにみられる怖るべき真空)ではなく、必然にたいする従順であるという条件がつく。

24　従順。二通りある。重力に服するか、諸事象の関連性に服するか。第一の場合、真空を埋めつくす想像力に迫られて行動する。そこにあらゆるレッテルを、善だとか神だとかのレッテルも含めて、往々にして信憑性すらともなうレッテルを貼りつける。第二の場合、真空を埋めつくす想像力のはたらきを宙吊りにして、諸事象の関連性に注意をそそぐなら、ひとつの必然が現われる。この必然には是非もなく服さざるをえない。そうなるまでは、必然の観念のなんたるかも、従順の感覚のなんたるかも知らない。

　他方、従順が完璧なものになったときには（めったにないこととはいえ）、たとえ奇蹟的な成果をあげたとしても、もっぱら従順によるものでしかない以上、自身のなしとげたわざを誇ることはできない。

　純然たる従順によってなしとげられたことは、払った努力や労苦の多寡にかかわらず、報われる必要性をいっさい感じさせないものだ。[142]

　他者のために、あるいは大いなる目標のために、いかなる犠牲を払おうとも、またいかなる苦境に堪えようとも、それが諸事象をつなぐ関連性の明晰なる構想にたいする、また必然にたいする従順の結果であるなら、行為をまっとうする努力は要るにせよ、身をささげる決意をするのに努力は要らない。ほかにやりようがない。だから変節など起こりえない。埋めるべき真空も報いへの願望も怨嗟も堕落も生じえない。どうしてそんなことができたのかと記者に問われて、「そうすっしかなくてさ！」と答えたブルターニュ出身の見習水夫の言葉(143)。もっとも純粋なかたちの英雄的心情《ヒロイズム》(庶民のなかに多くみられる)。

必然。諸事象の関連性と、自身が心にいだく諸目的を含みこむ自分自身とを、諸項のひとつとみなす。行動はおのずから決まってくる。

25　行動は天秤の目盛をしめす指針だ。指針にふれてはならない。錘《おもり》にふれるべきだ。臆見《オピニオン》についてもまったくおなじである。

かくて、「混乱はどこに？　苦悩はどこに？(144)」

26　愚かな乙女たち(145)。選択をせねばならぬと意識した瞬間、選択はすでになされている——いかなる方向であるかはともかく——ことを意味する。悪徳と美徳との岐路に立つヘラクレスの寓話《アレゴリー》(146)よりも、はるかに真実に近い。

27　人間のなかで本性がいっさいの肉的な衝動から切りはなされ、いっさいの超自然的な光を奪われながらも、超自然的な光が存在するなら命じられるであろう行動をはたすとき、そこには純粋さの充溢がある。これこそ受難の中核である。贖いのなされるところ、本性は完徳をうけとった。完徳は霊にのみ属するものであるが、霊はみずからを本性とした。本性が完徳をうけとるためである。

28　観照においては愛、行動においては隷従、これが神との正しい関係である。両者を混同してはならない。愛にみちた観照のうちに奴隷として行動するのであって、愛するもののために行動するのではない。

一二　幻想

1　あるものが善いと思うから、それにむかって歩みだす。それが必要になってしまうから、囚われたままになる[147]。

2　感覚的な事象は、感覚的な事象としては実在《レエル》であるが、善としては非実在《イレエル》である。

3　この世界における神の見かけの不在は神の実在である。いっさいがそうだ。仮象《アパランス》のなかにあるいっさいは非実在である。

仮象には充溢せる実在がある。ただし仮象として。仮象ならざるものとしては誤謬でしかない。

どうしようもなく神を欠く、そのかぎりにおいて、この世界は神そのものである。

絶対的に善ならざるなにかである、そのかぎりにおいて、必然は善そのものである。

ゆえに、不幸におけるいっさいの慰めはわれわれを愛と真理から遠ざける。これこそ秘義《ミュステリオン》のなかの秘義である。この秘義にふれるなら、もはや危険はない。

4 この世界の諸事象についての幻想は、それらの実存《エグジスタンス》ではなく合目的性および価値にかかわる。洞窟の表象(148)は合目的性と関連がある。われわれは善の模造品の影像を所有するにすぎない。われわれが受け身で鎖につながれるのも、善との関連においてである（執着）。われわれは眼前に現われる偽りの諸価値を受けいれる。自分は動いていると思っているが、現実にはまったく動いていない。同一の価値体系内にとどまっているからだ。

同様に、数学が「影、しかし神的な影、在るものの表象(148)」であるのは、善として、価値として、目的としてである。数学の定理を理解したいという欲求は善の欲求ではない。それでも金銭の欲求に比べれば善の欲求に近い。

善の認識の問題はべつとして、認識の問題はまったく措定されていない。善の認識を措いて、認識そのものにはなんの価値もない。

5 現実に成就していながら想像にとどまる行為。ある男が自殺を試みるも死をまぬかれる。以前と以後で執着の度合に変わりはない。その自殺は想像上のものだった。おそらく自殺とはつねに想像上のものであって、だからこそ禁じられているのだ。

6　時間は厳密にいえば(限界としての現在はともかく)実存《エグジステ》しない。にもかかわらず、われわれは時間に従属する。それがわれわれの生の条件である。われわれは実存しないものに従属している。肉体的苦痛、待機、後悔、痛恨、恐怖など、受動的にこうむる持続《デュレ》にせよ、秩序、方法、必然など、能動的にあやつる時間《タン》にせよ、そのいずれの場合も、われわれを従属させるものは実存していない。しかるにわれわれの従属は実存する。非実在的な鎖で実在的に縛られているのだ。非実在な時間が、万象およびわれわれ自身をも非実在で蔽いかくす。

7　財宝は守銭奴にとって善の模造品の影像である。二重の非実在。手段は手段である時点ですでに善とは別物である。手段としての機能から切りはなされるや、いよいよ善から遠ざかる。

われわれは社会的慣習を本来の用途とは無関係に善とみなす。慣習は工作物である。慣習への迷信は工作物の影像である。われわれ自身も自分を社会的にしか評価しない。

感覚印象《サンサシオン》は価値判断との関連でみるなら非実在的である。

洞窟の神話は巨獣の神話と関連させねば理解できない。

叙勲は善としては工作物の影像である。

推論的理性（関係性を捉える知性）にできるのは、種々の偶像崇拝を解体し、もろもろの善と悪とは限界があり浸蝕し合う混淆物にすぎぬと、われわれにわからせること、これに尽きる。

善が悪の領域へと入りこむ限界点を識別すること。

善が悪に移行する限界点を識別すること。

推論的理性（関連性を捉える知性）。

～として[149]、～のかぎりにおいて、～との関連においてなど。

比例法をこえて行かねばならない。

8　われわれにとって非実在的なものは価値としての諸事象である。だが偽りの価値は知覚を蔽いかくす想像力によって知覚そのものからも実在性を奪いさる。価値は演繹的に導きだされるのではなく、価値がむすびついている感覚印象のうちに直接読みとられるからだ。

完全に執着を断ってはじめて、諸事象が偽りの価値の靄《もや》から引っぱりだされ、剝きだしになる。ヨブに世界の美が啓示されるには、全身が潰瘍や堆肥にまみれる必要があった。[150] 苦痛なくして執着を断つことはできないからだ。執着を断っていなければ、憎悪や虚言によらずに苦痛に堪えることもできない。

9　天の外側に頭を突きだした魂は存在を食する。内側にとどまる魂は臆見《オピニオン》を食する。[151]

10　必然は本質からして想像上のものとは無縁である。

11　知覚において実在的なもの、知覚と夢想とを区別するもの、それは感覚印象ではなく、感覚印象のなかに現前する必然である。
「なぜこうなって、べつなふうにはならないのか[152]？」

「それはかく在る[153]」。

12　洞窟のなかにいながら眼を閉じて旅を想像するひとと、現実に旅をするひととの区別。精神の領域にも実在的なものと想像上のものがある。ここでもやはり必然の有無が相違を生みだす。たんなる苦しみは尺度とならない。想像上の苦しみもあるから。努力もまた然り。内的感情となると、これほどひとを誤らせるものはない。

13 精神の領域において、想像上のものと実在的なものをいかにして区別するのか。想像上の楽園よりも実在の地獄のほうを選ばねばならない。

14 高きに属する状態を低きに属する状態から分かつもの、それは高きに属する状態にあっては、重なりあう複数の次元が共存していることだ。

15 **謙遜は、精神の進歩において想像上のものを廃することをめざす。**現実よりも進歩がはるかに滞っていると自覚することに、不都合はいっさいない。光のはたらきが悪くなるわけでもない。臆見のなかに光源はないのだから。現実よりも進歩していると自負するひとのほうが多い。臆見が威力を発揮するがゆえに。

16 実在的なものを識別する規準、それは硬くてざらざらと感触が粗いことだ。そこに歓びはみいだせても快さはみいだせない。快いものは夢想に属する。

17　想像力をはたらかせずに愛するよう努めねばならない。解釈を加えずに剝きだしの仮象を愛する。そのとき、われわれが愛しているのはほんとうに神である。

18　絶対善にいったん遭遇したあと、われわれは幻想にもとづく部分的な善を、ひとつの序列にのっとった秩序のうちに、ふたたびみいだす。この秩序のおかげで、われわれは他の善への配慮と抵触しない限度を守りつつ、個別の善を探求しうる。この秩序はもろもろの善との関連でみるなら超越的であり、絶対善のひとつの反映でもある。

19　つねに時間との関連が肝要である。時間を所有するという幻想を棄てよ。受肉すべし。

人間は受肉の行為を完遂せねばならない。(154)想像のなかで自身の受肉をなかったことにしているからだ。われわれのなかでサタンに由来するもの、それが想像力である。

20　自身のなかで厳密に最小限のもの、どうあっても拒みえぬもの、それだけを神に与える。――かつ、いつの日か、可及的速やかに、この厳密に最小限のものがすべてとなるように願わねばならない[155]。

21 転移。低劣な心の傾き(たとえば他者に勝ちたいという願望)をたもったままで、それらの傾きに高邁な対象をあてがい、自身の立場も高められたと勘違いする。(逆に、低劣な対象に高邁な心の傾きをあてがえば、自身の立場は高められる。読み。)

22 あらゆる情念には尋常ならざる要素が含まれている。賭けごとにふけるひとは、聖人顔負けに徹夜も辞さず、断食も厭わない。ときに予感が的中したりもする。賭けごと師が賭けを愛するように神を愛するのは、大いなる危険をまねく。なるほどたいそう見栄えがよく、たいそう立派な愛である。だが完徳ではない。
肉[156]は神を愛することを拒むがゆえに危険であるが、厚かましくも神を愛そうとするがゆえに危険でもある。

23 無限をどの次元に配するかにはくれぐれも注意すべき。有限にのみ妥当する次元に無限を配する愚をおかすならば、無限をどう呼ぶかなど重要ではなくなる。

24　わたし自身の低劣な部分も神を愛さねばならない。ただし愛しすぎてはならない。神ではなくなるだろうから。

渇きと飢えをおぼえているときのように愛するのがよい。もっとも高きにあるものにのみ、充足を求める権利がある。

（渇きと飢えの効用。）

25　十字架の聖ヨハネ(157)における神への畏怖。自分が不相応にも神に思いをはせることへの危惧ではないのか。不適切に思いをはせて神を穢《けが》すことへの危惧ではないのか。この危惧ゆえに魂の低劣な部分は神から遠ざかる。

26　あれほど誤った手順で思考の方向づけがなされたのでなければ、フロイト主義は完璧に正鵠を射ていたであろう。

性愛の能力(158)で神を愛していると神秘家を咎めることは、物質的な素材からなる絵具で絵を描いていると画家を咎めるのにひとしい。われわれは愛するために他の手段をもたない。ひとりの女を愛する男をおなじ理由で咎めることもできよう。フロイト主義は、その打破を自身の責務として買ってでた当の偏見にまみれている。すなわち性的なものはすべて卑しいとみなす偏見に。

ある偏見を打破せんとする意欲そのものが、当人がその偏見に染まっている確実な兆候《シーニュ》であるのは、なぜなのか。意欲は必然的になんらかの強迫観念《オブセッシオン》に由来している。そこから解放されるにはおよそ不毛な努力をするほかない。かかる状況にあっては注意の光のみが有効にはたらく。この光は論争を好む意図とは両立しない。

神秘家とその偽りの模倣者とのあいだには本質的な相違がある。前者は愛と欲望の能力を力づくで神へと振りむけるのだが、この能力の生理学的な基底をなすのが性エネルギーである。後者はこの能力に自然の志向性を残したままで想像上の対象を与えて、対象にレッテルよろしく神の名を貼りつける。このふたつの操作を見分けるのはむずかしいが不可能ではない。後者は放蕩よりも質《たち》が悪い。

27 神と超自然的なものはかたちもなく宇宙のなかに隠されている。双方が名もなく魂のなかに隠されているのは良いことだ。でなければ、神の名のもとに想像上のものに走る危険がある（キリストに食べさせ、服を着せた人びとは、相手がキリストだと知らなかった)。古代の秘儀宗教の意義。[159](カトリックもプロテスタントもひとしく)キリスト教は聖なる事象について語りすぎる。

28　道徳と文学。[160] 失われた環。われわれの現実の生は四分の三が想像と虚構から構成されている。善と悪との真の接触はめったにない。

29　われわれを神に近づけぬような科学にはなんの価値もない。とはいえ……(われわれを不適切に近づける、すなわち想像上の神に近づけるのなら、さらに良くない)。

30　自然がわたしのなかで機械的におこなっているにすぎぬことを、〈われ《ジュ》〉がその主体であると思いこむのは良くない。[161] だが、聖霊がその行為の主体であると思いこむのは、もっと良くない。これでは真理からいっそう遠ざかる。

31　相関性にかんする(すくなくとも二種類の)異なる型、および対蹠物の相互乗入れ。例、無限《アンフィニ》と虚無《ネアン》。

おなじ語が異なる型を表現しうる。混乱の怖るべき危険。

謙遜。みずからを無《リアン》に比することで——神に同化する。

傲慢。自己の偶像化——虚無《ネアン》へと身を低める。

ひとつの大義(神も含まれる)へのひたすらな献身は、自己のうちで低劣さへとむかう放縦への傾きを野放しにする。

自己と大義のあいだに横たわる無限の懸隔を注視することで、自己《ソワ》(自我《モワ》)を偉大さの道具とする。

いかなる規準にもとづき両者を識別するのか。

悪しき相関性は本来そうであってはならぬものを無限定にする。これが唯一の規準だ、と思う。

32 真理。人間のあいだでは(聖性と天才の至高の形態をとるときは例外か)、真正の印象を与えるものはまず間違いなく偽物であり、真正なものはまず間違いなく偽物の印象を与える。
真なるものを表現するのは骨がおれる。受容するのも骨がおれる。偽なるもの、すくなくとも表層的なるものなら、骨おりもせずやすやすと表現できるし受容もできる。

真なるものがすくなくとも偽なるものに匹敵するほどに真実らしくみえるとき、そこに聖性と天才の勝利がある。かくて聖フランチェスコは、俗っぽく芝居がかった説教師に負けぬくらい、聴衆をおおいに泣かせたのである。

33　持続には、文明にとっての数世紀にせよ、個人にとっての数年または数十年にせよ、適応できぬものを排除するダーウィン的機能がある。いっさいに適応できるものは永遠につづく。この点にのみ経験と呼ばれるものの価値がある。ただし虚言は甲冑であって、おかげで人間は自身のなかの独力では適応できぬものを、この甲冑がなければ殺されてしまうものを、さまざまな試練をものともせずに生きのびさせる（かくて数多《あまた》の屈辱を乗りこえて傲慢は生きのびる）。適応できぬものが危険からわが身を護るべく、この甲冑をいわば分泌するといってよい（屈辱にまみれた傲慢は内的な虚言をつのらせる）。魂には食菌による自然免疫[162]に似た作用がある。時間にさらされているものはすべて、死なずにすむように、死の危険の度合におうじて虚言を分泌する。だからこそ死にたいする留保なきまった同意なくして、真理への愛は存在しえない。キリストの十字架は認識へといたる唯一の扉である。

34　わたしのおかす罪（というより過去におかした罪）のひとつひとつを神の恩恵とみなすべし。わたしの内奥に隠されている本質的な不完全性が、部分的にせよ、ある日、ある瞬間、ある状況において、わたしの眼にあらわにされるのは、ひとつの恩恵である。わたしの不完全性が残らずすべて、人間の思考のまなざしが捉えるうるかぎりにせよ、わたしの眼にあらわにされることを、わたしはせつに懇願する。この不完全性を克服するためではなく、たとえ克服されえぬものであっても、わたし自身を真理のなかにとどまらせるだけのために。

35　「価値なきものは光を避ける」[163]。地上では、われわれは肉の蔽いのもとに隠れることができる。だが死に臨んではもはや逃げ隠れはできない。裸性のまま光にさらされる[164]。そのとき、そこは当人しだいで地獄にも煉獄にも天国にもなる。

36　自分を善に近づける努力をまえにして尻込みをさせるもの、それは肉の感じる嫌悪であるが、努力をまえにしての肉の嫌悪ではない。善をまえにしての肉の嫌悪である。悪しきことがらのためならば、受けいれても死ぬことはないと知っているからこそ、充分に強烈な刺戟がともなうなら、肉はどんなことでも受けいれる。死でさえも、悪しきことがらのために堪えしのばれるなら、魂の肉的な部分にとっては真の死ではない。魂の肉的な部分にとっての死とは、顔と顔をあわせて神をみることだ。だからこそわれわれは内的な真空を避ける。神が間隙にすべりこんでこないように。

善き行為をはたすのに感じる嫌悪は、この行為の真の善性をしめす兆候である。嫌悪感を克服してはならない。行為にたいして嫌悪を感じ、しかも行為をはたさねばならない。

（しかし行為にたいして嫌悪を感じ、しかも行為をはたせないのは情けない。わたしはたいていそうだ。）

罪を生みだすのは、快楽の追求あるいは努力への嫌悪感ではなく、神への畏怖である。顔と顔をあわせて神をみるなら死ぬことを、われわれは知っている。だれだって死にたくはない。顔と顔をあわせて神をみるのを避けるには、罪がきわめて効果的であることも、われわれは知っている。快楽と苦痛は、罪へとむかわせる不可欠だが軽微な衝動を、なかんずく衝動よりもいっそう不可欠の口実、すなわち言い訳《アリバイ》を供給するにすぎない。どれほどお粗末な口実でもかまわない。不正な戦争に口実が必要であるように、罪には偽りの善が必要である。悪をめざしていると考えるのは堪えられないから。悪を志向することはできない。ゆえに肉は偽りの善を供給する。肉はわれわれを神から遠ざけるものではない。肉とは、われわれが神と自身とをさえぎるために自身のまえに張りわたす遮蔽幕である。

かかる事態は、ある一線をこえてはじめて生じるのだろうか。洞窟の表象が示唆するように[165]。まずは動きが苦痛をもたらす。洞窟の出口にたどりつくと、光に迎えられる。光は眼を眩ますにとどまらない。光は傷つける。眼は光の暴力に叛乱をおこす。以後、われわれのおかす罪は例外なく死にいたる罪[166]となる。ほんとうなのか。光から身を隠すために肉をまとう。これは死にいたる罪ではないのか。戦慄すべき考えだ。むしろハンセン病を患うほうがよい。

37　神はわたしを力ずくで奪う必要がある。というのも、もしいま死が肉の遮蔽幕をとりのぞき、わたしを神と真正面から対峙させ、しかもわたしの自由にまかせるなら、わたしは逃げだすだろうから。

一三　偶像崇拝

1　偶像崇拝は、絶対善を渇望していながら、超本性的な注意をもたず、その注意が育つにまかせる忍耐もないことに由来する。

2　原動力《モビル》。思考は移ろいやすく、情念や空想や疲労に左右される。活動は継続せねばならない。来る日も来る日も、日に何時間も。したがって、思考すなわち関係性に影響されぬ活動の原動力が求められる。絶対的なもの。かくて偶像崇拝の出番となる。できるだけ悪くない偶像を探すこと。

偶像を調達できないと、毎日、あるいはほとんど毎日、往々にして、真空にむけて労苦せねばならない。超自然の糧《パン》がなければ、こんな芸当はできない。

したがって偶像崇拝は、洞窟のなかでは死活にかかわる必然である。最良の人びとにあってさえ、偶像崇拝は是非もなく知性と善意を切り縮めてしまう。

3　人間はだれしも自分の愛するもののために死ぬ覚悟がある。愛するものの属する次元が高いか低いか、真摯な愛か散漫な愛かといった、もっぱら程度の差しかない。自分自身を愛するひとはだれもいない。

4　人間は利己主義者《エゴイスト》たらんとするが、利己主義者にはなれない[167]。これが人間の悲惨《ミゼール》のもっとも顕著な特徴であり、人間の偉大さの源泉でもある。

人間はつねになんらかの秩序に身を捧げるものだ。ただ、超自然的な天啓を与えられぬかぎり、この秩序は自己を中核として、もしくは自己を投影した特定の存在（ひとつの抽象でもかまわない）を中核として築かれる。（第一帝政期の兵士にとってのナポレオン、〈科学〉や〈党〉など。）遠近法的な秩序[168]。

5　謙遜であろうとする必要はない。謙遜はわれわれのうちにある。ただ、偽りの神々にへりくだっているにすぎない。

作家は自分の才能に、あだっぽい女は自分の美しさに、配給の列に並ぶ女性は一個の卵にむかって、うやうやしくへりくだっているのだ。

一四　愛

1　愛はわれわれの悲惨をあらわす兆候《シーニュ》である。神は自己しか愛せない。われわれは自己ならざるものしか愛せない。

2　神がわれわれを愛しているから、われわれも神を愛さねばならぬのではない。神がわれわれを愛しているから、われわれは自己を愛さねばならない。この動機なしに自己を愛せようか。

（この迂回路を経ずして、人間に自己愛は不可能である。）

3　わたしが目隠しをされ、両手を杖に縛りつけられるとき、わたしはこの杖によって諸事象から隔てられると同時に、この杖によって諸事象をさぐりあてる。わたしは杖しか感受せず、壁しか知覚しない(169)。愛の能力にとっての被造物もおなじだ。超本性的な愛は被造物にしか触れえず、神のもとにしか赴きえない。超本性的な愛は被造物しか愛さない——ほかに愛する対象はないのだから——ただし被造物を仲介と知ったうえで愛するのだ。超本性的な愛はあくまで仲介の資格で認められた森羅万象を、自己をも含めた森羅万象を分け隔てなく愛する。他人を自己のごとく愛することは、これに釣りあう逆の等価物を、すなわち自己を縁も所縁《ゆかり》もないものとみなし、縁も所縁もないものの流儀で自己を愛することを含意する。

4　幸福なひとが愛するとは、自分の愛するひとが不幸のなかで味わっている苦しみを分かちあいたいと願うことである。

不幸なひとが愛するとは、自分の愛するひとが歓びのなかにあると知っているだけで、この歓びにあずかるまでもなく、またあずかろうとさえせず、みずからも満足することである。

5　プラトンの眼に肉的な愛は真の愛の堕落した表象と映った。[170] 人間の貞潔な愛は堕落の度合の少ない表象である。昇華の概念[171]は愚劣きわまる現代でなければ生じえない。

6　『ファイドロス』[172]の愛。愛は力を振るうことも力をこうむることもない。[173]これこそ唯一の純粋さである。柄《つか》の側にせよ切先の側にせよ、剣との接触はおなじ穢《けが》れをもたらす。剣の金属の冷たさは、接触する箇所が柄であっても切先であっても、愛する人間から愛を奪いさりはしないが、神から見棄てられたという感覚を与える。超本性的な愛は力といっさいの接触をもたず、力の冷たさ、鉄の冷たさから魂を護ってはくれない。執着のみが、充分なエネルギーさえ含んでいれば、鉄の冷たさから護ってくれる。甲冑は剣とおなじ金属で造られている。ひたすら純粋な愛で愛する人間にとって、おのれが加害者であれ被害者であれ、殺人は魂を凍らせる。死にいたらぬまでもあらゆる暴力がそうだ。痛手から魂を護ってくれる愛を望むなら、神ならざるなにかを愛さねばならない。

7　愛はつねにより遠くへ行こうとする。だが限界はある。この限界をふみこえるや愛は憎しみに変わる。この修正を避けるには愛がべつのものに変わらねばならない。

この限界を注視するなら、愛はべつのものに変わる。この限界を知らずにいると、愛は憎しみに変わる。

8 人間存在のなかで、われわれが充分に認識できるのは、自分の愛する人びとの実存《エグジスタンス》(174)にかぎられる。

9 他の人間存在の実存をあるがままに信じる、これが愛である。

10 精神はなにかの実存を信じることを強制されてはいない(主観主義、絶対的観念論、独我論、懐疑論。ウパニシャッド、道教、プラトンを参照。いずれも浄化手段として哲学的姿勢を活用する)(175)。ゆえに実存と接触する唯一の装置は受容であり愛である。ゆえに美と実在はおなじもの、純粋な歓びと実在の感覚はおなじものなのだ。

11 自身の愛するものの創造主でありたいという欲求、それは神に倣いたいという欲求である。だが、それは偽りの神性への傾きである(天の向こう側で観た範型《モデル》に倣うのでないかぎり)(176)。

12 被造物への純粋な愛。神における愛ではない。焔をくぐるように、神をくぐり抜けた愛である。神へと昇っていくために、被造物から完全にひき剝がされ、そして創造者たる神の愛によりそって、ふたたび降りてくる愛。

かくて人間の愛をひき裂く、相反するふたつの欲求――愛する相手をあるがままに愛することと、相手をいちから生まれ変わらせたいと望むこと――がむすびつく。

13　被造物への想像上の愛。コレット[177]。われわれは愛着をよせる対象すべてに一本の紐でつながれている。かかる紐はいつだって切れる。想像上の神に、愛が執着でしかないような神にも一本の紐でつながれうる。ところが実在する神につながれることはない。だから切れてしまう紐もない。
神はわれわれのなかに入ってくる。神のみにそれができる。他の事象はことごとく外部にとどまる。われわれがこれらの事象について知りうるのは、これらの事象またはわれわれ自身の占める場が転移するにつれて紐に伝わる変様する度合と方向性の緊張、もっぱらこれにかぎられる。

14　コレット[177]。愛は実在性を求める。身体的な外見を通して想像上の存在を愛する。そして、ある日、卒然とそれに気づく。これほどおぞましいことがあるか。死よりもおぞましい。死といえども愛するひとが存在した事実を消せないからだ。

愛を想像の糧で養ってきた罪にたいする罰である。

15　もっぱら実存するという事実だけでわれわれを励ます芸術作品の与える以外の慰めを、自分の愛する人びとに求める、あるいは与えようとするのは矜持を欠く。愛する愛されるとは、互いの愛する相手の実存をいっそう具体化し、いっそう恒常的に精神に現前させる試みである。ただし思考の対象ではなく思考を生みだす源泉として、精神に現前させねばならない。それでもなお相手の理解を願い求めてよいとすれば、自身ではなく相手にとっていっそう確実に実存するためという理由しかない。

16　肉的な願望と美しい容貌の魅力。われわれの内的不純さを岩にぶつけるがごとく完璧な外的純粋さにぶつけてうち砕きたいという、われわれのうちなる欲求。だが、われわれのうちなる凡庸さが反撥し、おのれの延命をはかるべく純粋さを穢す必要をおぼえる。

穢すとは変える、すなわち触れることだ。美しいものには変更を欲する余地がない。力をおよぼすとは穢すことだ。所有するとは穢すことだ。

17　想像力はつねに願望とむすびつく。つまり価値とむすびつく。対象なき願望のみが想像力の介入をまぬかれる。想像力で蔽われていないすべてのうちに、神の実在的な現前《プレザンス》がある。聖体《ホスティア》の聖別は、一片の物質を剝きだしの状態におく超自然的な操作である。美はわれわれのうちなる合目的性を捕らえ、ここから目的を奪ってからっぽにし、われわれのうちなる願望を捕らえ、現前する対象を願望に与え、未来へと跳びこもうとする衝動を禁じることで、願望から対象を奪ってからっぽにする。

ここに貞潔な愛の価値がある。享楽への願望はことごとく未来のなかに場を占めるからだ。あるひとが実存することだけを願うなら、そのひとは実存する。ほかになにを願うというのか。願望は存在に突きあたる。存在はいまや剝きだしの現実となる。想像上の未来に蔽われていないから。守銭奴は自分の財宝を眺めるとき、かならずn倍の大きさで想像(178)する。事象を剝きだしのまま認めるには死んでいなければならない。友情においても貞潔を欠くか保つかは、願望が未来を志向するか否かに拠っている。貞潔な愛は自身の愛するひとの死を受けいれる。この死は未来を奪いさりはしない。この愛は未来を志向していなかったのだから。

18　精神(すなわち人間)は原理でなくなるとき目的であることもやめる(したがって

あらゆる集団によるわざにおいても[179]。

19 魂とは、それじたいで価値とみなされる人間存在(人間身体は[180]……)である。ある女性の魂を愛するとは、その女性を自身の快楽その他との関連で考えぬことだ。

20 自身の眼におのれを解明するに先立って、他者から理解されたいと願うのは、過ちである。それは友情のうちに快楽を、それもふさわしくない快楽を求めることだ。愛にもまして腐敗させる。おまえは友情のために魂を売るのか[181]……。

21 友情を斥ける、いやむしろ友情の夢想を斥けるすべを学べ。友情を願うのは大いなる過ちである。友情とは、芸術あるいは生(審美的な歓びのごとく)が与えてくれる無償の歓びであるべきだ。友情にふさわしくなるには、友情を斥けねばならない。友情は恩寵の次元に属するものだから(「わが神よ、わたしから離れてください[182]……」)。友情とは「ついでに与えられる」たぐいの事象に属する。友情の夢想はすべてうち砕かれるにあたいする。(おまえがついぞ愛されたことがないのは偶然ではない……。)孤独をまぬかれたいと願うのは卑怯である。友情は孤独の痛みを癒やすのではなく、歓びを倍加すべきものだ。友情は探求や夢想や願望の対象ではない。友情は（徳であるから）実践される。不純で怪しげな感情の余剰をすてよ……。完了《シュルッス》！(183)

あるいはむしろ（自身のなかで厳しく剪定しすぎてはならぬので）友情において有効な交流たりえぬものは内省的な思考となるべきだ。友情には霊感を与える効能があり、これを使わずにおく手はない。厳しく禁じられるべきは、友情の与える感覚的な享楽を夢みることだ。これは堕落である。音楽や絵画について夢想するのとおなじく愚かしい。友情と実在は分離してはならない。美と実在が分離できぬように。友情はひとつの奇蹟である。美もまた然り。ただ友情が実存するという事実、そこに奇蹟がある。二五歳ともなればとっくに思春期と訣別しておくべきだった……。

22　眼のまえに、全世界を、全生命を所有していることを忘れるな。おまえにとっての生命は、ほかのいかなる人間にとってよりも、実在的で、充溢し、晴朗たりうるし、また、そうあらねばならない。いかなる放棄によってもあらかじめ生命の十全性をそこなうな。いかなる情愛によっても自己を牢獄につなぐな。おまえの孤独を守りぬけ。いつの日か、そんな日が来るならの話だが、真の友情が与えられるとき、内面の孤独と友情との対立はもはや存在するまい。逆に、この不謬の徴《しるし》によってこそ友情は識別可能となる。その他の情愛は厳しく制御されねばならない。

23　おなじ言葉（たとえば男が女にいう「愛している」）でも発せられる仕儀しだいで、卑俗にも高潔にも聞こえる。この仕儀はそれらの言葉が発せられる領域の深さにもとづくのであって、意志はなんの力もおよぼしえない。そして驚くべき同調により、ある領域から発せられた語り手の言葉は、聞き手の呼応する領域の琴線にふれる。ゆえに識別力がある聞き手なら、もっぱらその条件をみたすときにかぎり、それらの言葉の真価をみぬくことができる。

24　恩恵をほどこすのが許されるのは、苦痛よりもさらに大いなる屈辱を与え、より内密でより拒否しがたい従属を生みだすからにほかならない。この理由ゆえに感謝は必須である。これこそ得た恩恵から導くべき効用なのだから。ただし運命に従属すべきであって特定の人間に従属すべきではない。よって恩恵をほどこす人間は行為から自身を完全に消しさらねばならない。さらに感謝は程度を問わず愛着であってはならない。でないと犬の感謝(184)になる。

25　感謝はまずもって援助をする側がすべきである。もしも援助が純粋であるならば。ついで相互的であるためにのみ、援助された側にも感謝が義務となる。

26　純粋な感謝の念をおぼえるには(友情はべつとして)、こう考える必要がある。ひとが自分に親切にしてくれるのは、憐憫《ピティエ》や共感《サンパティ》や気まぐれ《カプリス》によるのではなく、優遇もしくは特権としてでもなく、気質の自然な傾きのせいでもなく、むしろ正義の要請に応えたいと願ってのことであると。したがって、わたしを正義の要請にもとづき処遇してくれるひとは、わたしの立場にあるすべての人間が、自分の立場にあるすべての人間によって、かく処遇されることを願うのであると。[185]

一五　悪

1　創造。細片となって悪のなかに撒かれている善。『ティマイオス』の世界魂[186]。

2　悪は無際限《イリミテ》である。しかし無際限であるこの悪は有限《フィニ》である[187]。

3　悪の単調さ。あたらしいものはなにもない。すべてが等価である。実在的なものはない。すべては想像上のものにすぎない。悪はまさに想像上のものとおなじく単調である。いっさいが思いつきにすぎぬ素描のごとく、いっさいが子どものこしらえたほら話のごとく。

単調であって飽満な印象を同時に与える。

この単調さゆえに、量がきわめて重要な役割を演じる。強大なる権力、宏大なる王国、膨大なる金銭、大勢の女性（ドン・ファン）、大勢の男性（セリメーヌ）など[188]。

偽りの無限性《アンフィニテ》を宣告されている。これこそ地獄である。

4　悪とは放縦である。だから単調だ。すべてを自身から引きだすしかないがゆえに。ところで人間に創造のわざは許されていない。創造は神を模倣する悪しき企てだ。創造できぬという事実を認識もせず甘受もしない。これが数多ある誤謬の元凶だ。創造行為を模倣するにしても、二様の模倣がありうる——ひとつは実在に、もうひとつは仮象にかかわる——すなわち保存と破壊である。

保存において〈われ《ジュ》〉の痕跡は認められないが、破壊において〈われ〉は自己を主張する。破壊することで世界におのれの痕跡を刻みつけるのだ。

5　文学と道徳[189]。想像上の悪は突拍子もなく、詩情にとみ、多彩である。実在する悪は覇気がなく、単調で、砂を嚙むように、つまらない。想像上の善はつまらない。実在する善はつねに斬新で、驚異にみち、陶酔させる。なぜなのか。よって《想像力の文学》なるものは、つまらないか不道徳であるかのいずれかだ(両者の混淆も)。この手の文学がこの二者択一をまぬかれるには、芸術の力をかりて、いわば実在の側にふみこむしかない——天才のみに可能なわざである。ゆえに悪魔的な天才は、沈黙へと、ただし下方からの沈黙へと成熟する。「俺にはもはや話す術すらわからない[190]」。

6　ある種の（劣位の）美徳は、善の堕落した表象である。実践したなら改悛すべきであるが、悪をはたらいたときよりも改悛しにくい（ファリサイ派と収税人[191]）。

7　悪に相反する善はある意味で悪の等価物だ。あらゆる相反物がそうであるように。

8　なんらかの悪に直截的に相反するものは、断じて上位の善の次元には属さない。かろうじて悪の上位にくるかどうかも往々にして疑わしい。

なぜか。（挙げられる理由はたいてい説得力を欠く。）

たとえば、窃盗と私有財産にたいするブルジョワ的敬意、不貞の女と《貞女》、貯蓄と浪費、ブルジョワ的保守精神と（内戦を煽動する）革命精神、排外主義と敗北主義、等々、誤った加算と規則にかなった加算……、嘘と《誠実[192]》……。

悪が浸蝕して損なうのは善ではない。善は不可侵で損なわれえないから。損ないうるのは堕落した善にかぎられる。

だが、そんなことは真の理由ではない。善は本質からして悪とは別物である。悪は多重的かつ断片的である。善は単一である。悪は見かけ倒しで、善は謎めいている。悪は行動により成立するが、善は非‐行為または無為の行為[193]により成立する。互いに相反するものとして悪と同次元で捉えられた善は、刑法上の善にすぎない。その高次に位置する善は、ある意味で、低次の形態をとるこの善よりも悪に似ている。かくて、民衆を煽動する言説やわざとらしい逆説がいくらでも可能になる[194]。

悪を定義するやりかたで定義される善は否定されねばならない。もっとも悪もこの手の善を否定する――が、否定のしかたがよくない。

9　悪に霊感を得た人びとのなかで、両立不能な複数の悪徳がむすびつくことはあるのか。そうは思わない。悪徳は重力に服している。だから悪には深さも超越もない。

10　ひとは善を実践してはじめて善を体験する。悪を実践するのを拒んではじめて、あるいは実践してしまったなら改悛してはじめて悪を体験する。

自身のうちに可能性をやどす悪を実践する、それは悪の認識を自身から奪うことだ。悪を実践しても悪は認識できない。悪は光を避けるからだ。

11 自身が悪を実践していないときに思いえがくような悪は実存するのか。自身の実践する悪は単純で、自然で、おのずと選択せざるをえないなにかに似ているのではないか。悪は幻想に類似してはいないか。幻想は、自身がその影響下にあるかぎり、幻想ではなく事実として感受される。幻想の観念はまやかしである。ひとは自身の信じないもの、つまりは幻想ならざるものしか幻想だとは思わない。放棄されたが思考には現前する幻想、これがおそらく真理をみきわめる規準である。おそらく悪もまた然り。悪にどっぷり漬かっているかぎり、悪は悪とは感じられず、むしろ必然、いや義務とさえ感じられる[195]。

12 悪に手を染めるやいなや、悪は一種の義務とも思えてくる。大半の人間は複数の悪しきことがらに義務感をいだき、他の複数の善きことがらにも義務感をいだく[196]。おなじ人間が、できるだけ高く売りさばくことと盗まぬことをそれぞれ義務だと感じる、といったぐあいに。彼らにとっての善は悪とおなじ次元にある。それは光なき善である――堕落なき悪(ただしつねに堕落する危険にさらされている悪)。

13 苦しむ無辜《むこ》の人間の感受性は、いわば感受された犯罪である。真の犯罪は感受されない。苦しむ無辜の人間はおのが虐待者の真実を知っている。虐待者はおのれの真実を知らない。無辜の人間がおのれのうちに感受する悪は、じっさいは虐待者のうちにある。ただし感受されてはいない（ドリアン・グレイの肖像の皺《しわ》のごとく[197]）。無辜の人間は悪を苦しみとしてしか認識できない。

犯罪者において感受されぬもの、それは犯罪である。無辜の人間において感受されぬもの、それは無辜である。

無辜の人間のみが地獄を感受しうる。

14　われわれのうちなる罪はそとへと溢れでて、罪のかたちをとって周囲を汚染しつつ拡がっていく。かくて、われわれが苛立つと周囲も苛立ってくる。あるいはまた、優位にある者から下位にある者へと伝わるとき、怒りは怖れをひきおこす。一方、完全に純粋な存在との接触がおこるとき、罪は苦しみに変わる。たとえ世界じゅうの罪がこぞって接触してこようと、完全に純粋な存在はこれを苦しみに変える。これがイザヤの義人のはたす機能、神の仔羊のはたす機能である[198]。これが贖《あがな》いの苦しみだ[199]。ローマ帝国の非道な暴力がどっとキリストに押しよせ、キリストのなかで純粋な苦しみに変わった。逆に、悪しき存在はたんなる苦しみ（たとえば疾病）を罪に変える。

したがって、贖いの苦悩は社会に端を発するべきであろう。たんなる病気は贖いの苦悩たりえない。人間によって加えられる不正であり暴力でなければならない。贖いの苦悩とは力を甘んじてこうむることだから。

魂のなかで、祈りと秘蹟が罪を苦しみに変える。

15 偽りの神は苦しみを暴力に変える。真の神は暴力を苦しみに変える。

16 自身のおこなった悪の反動としての苦しみがある。償いの苦しみ。われわれが欲する純粋な善の影としての苦しみがある。贖いの苦しみ。必然の分別なき戯れとむすびつく苦しみもある。償いの苦しみと贖いの苦しみもまた、この偶然の分別なき戯れによってもたらされる。偶然性こそが苦しみの還元できぬ特性の一部をなすからだ。

17 罪をおかすがゆえに罪悪感をおぼえるはずなのに、苦しみをもたらすがゆえに感受されるものとなる。犯罪への傾きゆえに犯罪者がやどす悪は犯罪者ではなく、犠牲者に固有の特質であるかのごとく感受される(＊＊＊のなかの悪をわがものと実感したのはわたしだが、わたしのなかの悪はだれが感じているのか)。

悪意ある行為は、自身がかかえこんでいる堕落を他者へと転移する。だからこそ解放をめざすがごとく、人びとはかかる行為へとなだれこむ(200)。

18　あらゆる犯罪は加害者による被害者への悪の転移である。不義の愛から殺人にいたるまで。加害者と被害者のいずれにも同量の悪が存在するとき、犯罪行為は暴力または即物的な破廉恥にすぎなくなる。

刑法上の正義を行使する装置は、何世紀にもわたる犯罪者との接触によって悪に汚染されており、しかもそれを補正する浄化の原理も存在しないので、往々にして、断罪宣告は刑法装置にまとわりつく悪を断罪された人間へと転移することにしかならない。あきらかな犯罪だ。たとえその人間が有罪で、刑罰が不釣合いではない場合でさえも。刑法装置によっても害されえないのは、厚顔無恥な犯罪者にかぎられる。無辜の人間には震撼すべき害を与える。

悪の転移が生じるとき、その悪を発生させる人間にあって、悪は減少するどころか増加する。乗法の現象。人間ではなく事象に悪が転移されても変わらない。

では、悪をどこに移すのか。

悪を自身の不純な部分から純粋な部分——たとえ微小でも存在するならば——へと

転移させ、これを純粋な苦しみに変容させねばならない。自身のうちなる犯罪は自身へと振りむけねばならない。

だが、いっさいの侵害をまぬかれた外部にある不変の純粋さと接触させて不断に再生させるのでないかぎり、自身のうちなる純粋な善の一点もあっというまに穢れてしまう。

忍耐とは苦しみを犯罪に変容させずにいることだ。犯罪を苦しみに変容させるにはこれで充分である。

悪を外的な事象に転移させるのは、事象と事象の関係性を歪めることだ。厳密かつ明確なもの、数、比率、調和はこの歪曲に逆らう。わたしが元気いっぱいであろうと疲れはてていようと、五キロメートル行くあいだには五つの一キロ標識がある。だから体調がすぐれないとき、数は苦痛をもたらす。数は転移の操作に逆らうからだ。わたしの内的修正で歪曲されるには厳密すぎるものに、注意をひたすら固定させる。すなわち、わたしのなかに修正不能ななにかを出現させる——はっきりと上述の意図をもって出現させるのだ。

19 他者がわれわれに加える悪を、われわれ自身がおこなった悪にたいする治癒薬として受けいれねばならない。ほかに治癒薬はない。だれからも危害を加えられぬのなら、われわれが赦されることもあるまい。

自身に加える苦しみではなく外部からこうむる苦しみが真の治癒薬である。なかんずく苦しみは不当でなければならない。不当な行為によって罪をおかした以上、正当に苦しむだけでは充分でなく、不当に苦しまねばならない。

20　純粋さそのものは、いかなる暴力によっても純粋さを減じえないという意味で、なにがあっても傷つくことはない。だが、あらゆる悪の侵害に苦しめられるという意味で、また純粋さと接触した罪がそのなかで苦しみに変わるという意味では、このうえなく傷つきやすい。

21　だれかがわたしに悪をはたらく。悪をはたらく相手への愛ゆえに、この悪がわたしを堕落させぬようにと願わねばならない。ほんとうには悪をはたらいたことにならぬように。

22　聖人たち(その域に迫る人びと)は他の人びと以上に悪魔にさらされている。自身の悲惨《ミゼール》を真に認識していればこそ、光をほとんど堪えがたく感じるからだ。

23　聖霊に逆らう罪(201)とは、あることがらを善いと知りながら、善いものとして憎むことを意味する。ひとは善をめざすたびに、抵抗というかたちで、おなじような状況に直面する。善とのあらゆる接触は、自身のうちなる悪により穿たれた隔たりを認識させ、善との同化をめざすつらい努力を始めさせる。それは苦痛であり、ひとは苦痛を怖れる。この怖れはおそらく接触の実在性をあらわす兆候《シーニュ》である。これに呼応する罪が生じるのは、希望がもてずにこの隔たりの認識に堪えられなくなり、苦痛が憎悪に変わってしまうときにかぎられる。希望がこの点では治癒薬となる。だが、もっとよい治癒薬は自身への無関心だ。自身が善から遠く隔てられていても、善が善である事実に幸せをかみしめられるとよい。自身がさらに無限に善から遠ざかる定めにあると推測しうるときですら、幸せだと思わねばならない。

24　ひとたび純粋な善の微小な原子《アトム》が魂に入りこむとき、もっとも重大な、もっとも犯罪的な弱さでさえ、もっともささいな裏切り(202)にくらべるなら、はるかに危険は少ない。思考のうちにとどまる純然たる内的な動きにすぎず、ほんの一瞬しかつづかぬにせよ、ひとたび同意されるならば、この裏切りはまっすぐ地獄へとつながる。純粋な善を味わったことのない魂は、楽園からとおなじく地獄からも隔たっている。救済への執着があればこそ地獄の選択も可能となる。神によって得られる歓びは望まぬけれども、神のうちに真に歓びがあると知るだけで満ちたりる人間は、倒れることはあっても裏切りはしない。

25 あるがままの悪を通して神を愛するとき、われわれが愛しているのはまちがいなく神である。

26 あるがままの悪を通して神を愛する。自身が憎む悪を通して、その悪を憎みつつ、神を愛する。自身が憎んでやまない悪の張本人として神を愛する。

悪と愛との関係は、神秘《ミュステリオン》と知性との関係にひとしい。神秘は信仰の徳に超本性的であれと強いる。悪もまた博愛の徳に超本性的であれと強いる。悪に損失の補塡を求めたり悪を正当化したりする試みは、神秘を人間知性の水準に引きさげてその内実をあらわにする試みとおなじく、博愛の徳にとっては有害である。

27 『カラマーゾフの兄弟』のイワンの言説[203]。「たとえこの巨大な構築物が最高にすばらしい驚異をもたらすために、たったひとりの子どものたった一滴の涙という代償しかいらないとしても、ぼくはね、そんな代償を払うことを拒絶する」。

わたしはこの感情を全面的に支持する。ひとりの子どもが流す一滴の涙を埋めあわせると称するいかなる理由も、わたしにこの子の涙を受けいれさせることはできない。およそ知性が構想しうるいかなる理由をもってしても。たったひとつの例外は、超本性的な愛によらずには理解できぬ理由、神がそれを欲したという理由だ。このためなら、わたしはひとりの子どもの一滴の涙どころか、悪そのものでしかない世界をすら受けいれる。

28 断末魔の苦悶は究極の暗夜[204]であって、完徳の域にある人びとでさえ、絶対的な純粋さに達するのにこれを必要とする。ゆえに断末魔は苦渋にみちているのが望ましい。

存在は、完全かつ純粋に苦渋にみちた苦悩を味わったのちに、完全で純粋な歓びの炸裂のうちに消えさる。

これ以上歓びが大きくなると堪えきれずに炸裂してしまうと感じることがある。歓びは神にかかわる。完全で純粋な歓びは有限な魂をシャボン玉のように弾けさせる。

死はひとつの神明裁判、最後の神明裁判である。

29　善から善を奪いさる非実在性、これが悪を構成する。悪とはつねに、善を実在的に現前させる感覚的な事象の破壊である。この実在的な現前を知らぬ人びとによって悪はおこなわれる。この意味で、意図して悪をはたらくひとはいない[205]、というのは正しい。諸力の相互作用により、現前を欠くものが現前するものをやがては破壊するにいたる。

神がすでに降りて住まいを定めた魂にかぎり、接触により神の実在を感受した魂にかぎり、この世のなにものも神の現前を奪いとることはできない。だが、神の現前の感覚を奪いとることはできる。人びとはキリストからこの感覚を奪いとった。

人間のなしうる悪、こうむりうる悪の拡がりを注視するとき、戦慄を禁じえない。この悪を埋めあわせる代償を、この悪にふさわしい慰めをみいだしうるなどと、どうすれば信じられるのか。この悪ゆえに神が磔刑に処せられて苦しんだというのに。

嫌悪をもってなんの慰めもなく、この悪に思いをはせることこそ義である。

30　善と悪。実在性。人間存在や事象により多くの実在性を与えるのが善であり、それらから実在性を奪うのが悪である。

ローマ人はギリシアの諸都市から立像をごっそり奪い、悪をはたらいた。これらギリシア人の都市や神殿や生は、立像を失って実在性をも失った。これらの立像は、ローマではギリシアにおけるのと同等の実在性を有しえなかったのだ。

(せめて数体の立像だけでも残してほしいと、ギリシア人が誇りをかなぐり捨てておこなった絶望的な嘆願。他者の精神のなかに自身の価値観を移しいれようとする、絶望的な企てである。かく理解されるなら、この企てに下劣さはない。だが当然ながら効果はない。他者の価値体系を理解し、自身の価値体系とおなじ天秤にのせて軽重を問わねばならない。その天秤を鍛造すること。)

31　ある種のことがらを可能とみて野放図に想像力をはたらかせる(あることがらの可能性を明晰に構築する——これは美徳の本質をなす[206]——のとは似て非なる)のは、すでにして抜き差しならぬ関与を含意する。好奇心がその原因だ。ある種の考え(構築することなく野放図にもてあそぶこと)を断念せねばならない。~のことを考えない。思考だけでは関与は生じないと信じられている。だが、もっぱら思考だけが関与を生じさせる。しかも思考の放縦にはありとあらゆる放縦が含まれる。~のことを考えない。これぞ至高の能力だ。純粋さとは否定の徳[207]である。至高のことがらは人間の言葉では否定的にしか表現できない。したがって模倣も否定的にしかおこなえない。悪しきことがらに延々と想像力をとどまらせたあげく、それらを言葉や行動で実践して社会的な障壁をふみこえてしまった輩と知りあいにでもなれば、もはや救われる見込みはほとんどない。これほどたやすいこともない。切断点がないのだから。溝が眼に入った瞬間、もう溝を跳びこえている。善についてはまったく逆だ。溝が眼に入るのは、これから跳びこえねばならぬ瞬間、心身が力づくでひき裂かれる瞬間である。ひとは善のなかに落ちこみはしない。低劣さという語が悪のこの特性をよくあらわす。

好奇心と力への欲望、「ラジャス」、拡張する傾向[208]。悪の原理たる思考の動きのなかに悪は現われない。悪に想像力がとどまるのを放置しておくのは一種の怯懦である。非実在的なものから享楽と知識を得て、自己増殖を測ろうとするのだから。(〜を考えないというのは一種の技術である。しかもほとんど知られていない。)

悪はたとえ成就しても非実在の特性を失わない。おそらくここに犯罪者の単純さが由来する。夢では万事が単純だ。(至高の美徳の単純さと対をなす単純さ。)

32　神によらずして悪が浄められることはない。悪は浄められねばならない。さもなくば生は不可能である。悪を浄める神、『バガヴァッド・ギーター』の考えだ。モーセとヨシュア、十字軍、ヒトラー信奉者(ヒトラーを一種の神的化身とみなす青少年)の考えでもある。だが、これらはまったく異なる二種類の浄めなのだ。どのように異なるのか。

ヤハウェ、中世の教会、ヒトラー(209)、これらは地上的な神々である。彼らのおこなう浄化は想像上のものにすぎない。

現代の誤謬は超自然的なものを欠くキリスト教に由来する。世俗主義がその原因であるが、まずは人文主義を嚆矢とする。

33 本質的に悪とは異なるもの、それは悪の可能性、なかんずく善の様相を呈する悪の可能性を明晰にみぬく知覚をともなう胆力にほかならない。

34 他者がもはやわれわれに悪をはたらきえぬ境地(すくなくともその近く、もしくはその途上にある)に達してはじめて、われわれもまた他者に悪をはたらくことを嫌悪するにいたる(そのとき究極的に他者を過去の自分自身のごとく愛している)。

35　われわれは人間の悲惨を観照するうちにひき剝がされて、神へと追いやられる。しかも人間の悲惨は自己のごとく愛された他者においてのみ観照できる。自己としての自己においても他者としての他者においても、人間の悲惨は観照できない。

36　罪と、力の威信。魂のすべてをあげて人間の悲惨を悟り、受けいれるすべを知らぬがゆえに、われわれは人びとのあいだに格差があると考える。その結果、自身と他者の利害を区別する、あるいは他者に分類された人びとの一部をえこひいきするといった、正義にもとる振舞いにおよんでしまう。

それというのも、人間の悲惨が他のなにかに還元できず増減もない定量であり、この定量が各人において可能なかぎり最大をめざすことを知らず、偉大さは唯一の神に由来するがゆえに人間と人間のあいだに同一性があることも知らないからである。

37　どうすれば世界に悪が存在しなくなるのか。世界がわれわれの欲望と無縁でなければならない。(210)だが、世界が悪をいっさい含まぬとなれば、われわれの欲望は全面的に悪しきものとなる。そんなことがあってはならない。

38　被造物と神とのあいだには、ありとあらゆる段階の懸隔がある。神の愛が不可能となる懸隔もある。物質、植物、動物。そこでは悪が充溢し、おのずから破壊される。神の無辜を映す合わせ鏡たる悪は、もはや存在しない。われわれは愛がかろうじて可能な地点にいる。たいへんな特権である。両者をつなぐ愛は懸隔に比例するからだ。
神が創造したのは可能なかぎり最良の世界⑾ではなく、善と悪のあらゆる段階を有する世界である。われわれ人間は可能なかぎり最悪の地点にいる。この段階をふみこえるや、悪は無辜となるからだ⑿。輪、円環、対蹠物の逆転。

一六　不幸

1　無辜《むこ》であるとは、全宇宙の重みを支えること。釣りあう錘《おもり》をおくことだ。無辜ならざる存在の苦しみは罰である。罰として感受され理解されるならば。さもなければ地獄の苦しみとなる。純粋な存在の苦しみは贖いである。ヒッポリュトス(213)。苦しむ人間の神にたいする優越。この優越が躓《スキャンダル》きの石とならぬために受肉が必要だった。
自己を無にして、自己をとりまく全宇宙をあげての圧迫にわが身をさらす。

2　わたしは自身の苦しみを愛さねばならない。有益だからではなく、そこに在るからだ。

3　苦々しさを受けいれねばならない。ただし、受けいれが苦々しさに影響をおよぼし、苦々しさを減じるのではいけない。活力と純粋さを減じてしまうから。受けいれるべき対象はあるがままの苦々しさであって、それ以外のなにかではない。キリストの苦しみについての聖トマスの言説。——イワン・カラマーゾフとともに糾《ただ》すべきだ。たったひとりの子どものたったひと粒の涙を埋めあわせるものはなにもないと[214]。にもかかわらず、あらゆる涙のみならず、涙どころではない数多の醜悪なことがらをも受けいれねばならない。なんらかの埋めあわせが含まれているからではなく、これらのことがらをそれじたいとして、あるがままに受けいれねばならない。これらが存在するというただそれだけの理由で。

4 この世界に不幸[215]が存在しないなら、われわれは地上の楽園にいると勘違いするだろう。戦慄すべき可能性。

5 地獄についてのふたつの構想。通常の考え(慰めなき呵責)。わたしの考え(偽りの至福、楽園にいるという勘違い)。二者択一なら迷わずに選ぶ。だが、極限の苦しみのなかでも——答は変わらないか。

かくて生の行動に大量の過誤が生じうる。(デカルト的方法に加えるべき。)

6　（ティボン。）身体的苦痛のいっそう大いなる純粋さ。——だから民衆にはいっそう大いなる尊厳がある[216]。

7　（不幸のなかにあっても）苦しまぬように、あるいは苦しみが減るように努めるのではなく、苦しみによって変節をきたさぬように努めねばならない[217]。

8　キリスト教の究極の偉大さは、苦しみに効く超本性的な治癒薬を求めるのではなく、苦しみの超本性的な活用を求めるところにある。

9　不幸を忌避すべく努めねばならない。われわれの遭遇する不幸が、完全に純粋で完全に苦渋にみちたものであるために。他者の不幸を阻止すべく努めねばならない。他者の遭遇する不幸が、われわれにとって純粋で苦渋にみちたものであるために。

10　歓びとは実在性の感覚の充溢である。

だが、実在の感覚を失わずに苦しむほうが望ましい。悪夢のなかに落ちこむことなく苦しまねばならない。苦痛が、ある意味では純粋に外的で、ある意味では純粋に内的であるように。そのためには苦痛がもっぱら感受性の内側にとどまらねばならない。苦痛は、魂の感受性にかかわらぬ部分の埒外にとどまる点で外的であり、宇宙の埒外にとどまる点で内的である(わたしはこの境地にはほど遠い)。苦痛とは感受性に喰いこんでくる時間と空間である。

11　ありえないと思えるものが実在することを、不幸はわれわれに否応なく認めさせる。

12　世界を織りなす組織、それが時間である。ところで時間とはなにか、わたしの思考を措いて。現在も未来もない。これらを志向するわたしをぬきにしては。もし、それらが無であるなら、世界も無である。一瞬とはなにか。であるなら、わたしは創造とかかわらざるをえないではないか。そのためには時間を共同創造者とみなさねばならない。だが、どうやって。

不幸。時間は思考する存在を、堪えがたくもまちがいなく到来するものへと、本人の意に反して引きずっていく。「この杯をわたしから遠ざけてください」[218]（刻一刻とすぎていく毎秒が、世界内にある存在を堪えがたいなにかへと引きずっていく）。

13　このままつづくことにも、そこから解かれることにも、もはや堪えられなくなる、不幸の限界点が存在する。

14　未来。われわれは未来が明日やって来ると考える。もう二度とやって来ないと思いいたるまでは。

ふたつの考えが不幸を多少は軽減する。ほぼ瞬時に不幸が終わるという考え。あるいは永遠に終わらないという考え。不幸を可能的または必然的なものと考えることはできても、たんに在るものと考えることはできない。これには堪えられない。

「そんなことはありえない」。ありえない（不可能な）状況とは、不幸がつづく未来に思考をむけることだ。未来へとむかう思考の自然な飛躍《エラン》は押しとどめられ、人間存在は自身の時間感覚のなかでひき裂かれる。

「一月が経つ、一年が経つ、どう堪えればよろしいのです」[219]。

願望は未来へとむけられた思考の飛躍である。まったく願望の対象とならぬ未来などありえない。

過去と未来の関連性から切り離された苦しみなど無にひとしい。だが人間にとってこの関連性よりも実在的なものがあるか。関連性とは実在そのものだ。

過去にも未来にも考えをむけることに堪えられぬ人間は、物質の状態にまで落ちこんでいる。ルノー工場[220]の白系ロシア人[221]。物質として服従するすべは学びうる。だが、おそらくは嘘にまみれた手近な過去と未来をこしらえていたのだ。

15　時間は暴力を振るう。これが唯一の暴力である。ほかの人間があなたに帯をしめさせ、あなたの行きたくないところへあなたを連れていくだろう[222]。時間はわれわれを行きたくないところへ連れていく。たとえわたしに死刑宣告がくだされても、途中で時間が停まるなら、わたしが処刑されることはない。どれほど戦慄すべきできごとが起きても、われわれは時間が停まることを願い、星辰がその歩みを停めることを願うものなのか。時間の暴力は魂をひき裂く。その裂けめから永遠[223]が入りこむ。

16　本性的に、人間は苦しみを避け、快楽を求める。もっぱらこの意味でのみ、歓びが善の表象となり、苦痛が悪の表象となりうる[224]。かくて楽園と地獄の表象作用が生じる。ただし事実上、快楽と苦痛は人間の生にあって不可分の対をなす。

17　秘儀への参入者[225]はなにかを学ぶのではない。彼らのなかに変容が生じて、その変容が彼らを教説にふさわしい存在とする。

「パトス」とは苦しみ（なかんずく死にいたる苦しみ）と修正（なかんずく不死なる存在への変容）とを同時に意味する。

18　知の源泉たる苦しみと享楽。蛇はアダムとエヴァに知識を差しだした[226]。セイレーンはオデュッセウスに知識を差しだした[227]。これらの物語は、快楽のうちに知識を求める魂は滅ぶことを教える。なぜか。快楽におそらく罪はない。そこに知識を求めないならばという条件つきで。一方、苦しみのうちにならば知識を求めても許される。

19　人間のうちなる無限は鋼《はがね》の小片にすぎぬ剣に翻弄される。それが人間の条件であり、空間と時間がその原因である。鋼の小片のひと振りは、ひき裂くような苦痛とひきかえに、人間のうちなる無限を切先の一点、柄《つか》の一点へと、唐突に切りつめずにはおかない。そうせずにはいられないのだ。しばし、人間の全存在が攻撃にさらされる。

神を迎えいれる余地など残らない。キリストにとってさえ、神への思念はせいぜい剝奪の思念でしかなかった。この地点に至らなければ受肉は生じない。全存在が神を剝奪された状態におかれる。乗りこえるにはどうすべきか。もはや復活しかない。ここまで行きつくには、剝きだしの鋼との冷たい接触が必要である。

鋼との接触にあたっては、キリストが感じたように、神からひき離されたと感じなければならない。でなければ、そんなものは神ではない。殉教者たちは神からひき離されたとは感じていなかった。だが、それは神ではなかった。おそらく殉教者なんかにならなかったほうがよかった。殉教者がそれがために拷問と死にさえも歓びをみいだした神は、ローマ帝国によって公式に養子縁組され、その後は殲滅の脅しをもって強制された神とさほど変わらない[228]。

20 この世界にはなんの価値もない、この生になんの価値もない、とうそぶき、その証左に悪をもちだすのは愚の骨頂だ。それらになんの価値もないのなら、悪はそこからなにを奪うというのか。

ゆえに不幸にあるときの苦しみや他者への共苦《コンパシオン》は[229]、歓びの充溢にいっそう明確に思いをいたすほどに、いよいよ浄らかに、いよいよ強くなる。歓びのない人間から苦しみはなにを奪うというのか。

歓びの充溢に思いをいたすなら、飢えが糧と関わりがあるように、苦しみもまた歓びと関わりがある。

超越的な歓び。極限の純粋な苦しみを介さずして感受性ではふれることができない(おそらく)。

魂のすべてをあげて知る、自分は無であると。無であることの歓び。

苦しみのうちに実在性をみいだすには、すでに歓びを介して実在性の啓示を得ていなければならない。さもなくば生は多少とも悪夢のごときものとなる。

虚無にして真空である苦しみのなかにこそ、いっそう充溢せる実在性をみいだすべく努めねばならない。

おなじく、死をよりいっそう深く愛するには、生をしっかりと愛さねばならない。

一七　暴力

1　死は人間に与えられたもっとも貴重なものだ。だからこそ死の誤用はこのうえなき不敬虔である。よくない死にかた、よくない殺しかた（だが、どうすれば自殺と殺人の両方を避けうるのか）。死についで貴重なのは愛である（類比的な問題、よくない享楽、よくない禁欲）。戦争と欲望《エロース》（愛の欲望）は人間にとって幻想と虚言の二源泉だ（両者の混淆は不純の極み）。

2　非暴力は有効でなければ無用である。ある青年が妹のことでガンディーに質問した。答はこうなるはずだ。腕力を使いたまえ。暴力に訴えずともおなじくらいの成功率で妹さんを護りうるのでないかぎり。すなわち、非暴力のエネルギー（もっとも即物的な意味での潜在的有効性）が筋肉に含まれるエネルギーに匹敵する威力を発揮しうるのでないかぎりは。(230)

そういう人びともいた。聖フランチェスコ[231]。

この手の非暴力を行使できるひとになるべく努めるべし。

非暴力が有効かどうかは相手にもよる。

この世界において、暴力をひとつまたひとつと、有効な非暴力でおきかえてゆかねばならない。

3　戦争。生への愛を自身のなかで無疵にたもつ（アキレウスとは異なる）[232]。自身がひきうける覚悟もないまま、死を他者に投げつけてはならない。

ある人間の生が自身の生ときわめて緊密につながっているので、両者の死が同時に出来《しゅったい》せずにはいないような場合、それでも相手が死ぬことを欲するだろうか。身体と魂のすべてが生を渇望し、しかも嘘偽りなく相手の死を欲すると答えうるなら、そのときにのみ、そのひとには殺す権利がある。

4　戦争の原因。個々の人間や個々の集団は、正当な権利によって、おのれを宇宙の支配者にして所有者だと感じている。ただし、この所有の概念は誤解にもとづく。地上の人間に許される範囲においてにせよ、おのれの身体（有限なるもの）を媒介として所有に近づくしかないことを知らぬがゆえに。

アレクサンドロス大王と(土地を所有する)農民との関係は、ドン・ファンと幸せな夫との関係にひとしい。

一八　十字架

1　剣をとる者は剣で滅びる。[233]そして剣をとらぬ（または剣を手放す）者は十字架上で滅びる。

2　キリストのおこなった病者の治癒や死者の甦りは、彼の使命のなかでも慎ましく人間的な、卑俗とさえいいえる部分である。超本性的な部分、それは血の汗[234]であり、友人たちに人間的な慰めを求めるも充たされなかった願望であり、受難から逃れたいという嘆願であり、神に見棄てられたという感覚である。

「わが神、わが神、なにゆえわたしを見棄てられたのか[235]」。

これこそキリスト教が神的なものであることの真の証左である。

3　神の不在は、完全無欠の愛をもっとも驚嘆すべきかたちで証する。だからこそ純然たる必然、あきらかに善とは異なる必然はこれほどまでに美しいのだ。

キリストは磔刑における臨終の瞬間に神に見棄てられる。いかなる愛の深淵が両者を分かつことか。

4 義人であるためには、裸で死んでいなければならない。想像力に訴えることなく。だからこそ正義の範型《モデル》は裸で死んでいなければならない[236]。十字架だけは想像上の模倣をうけつけない。

5 もっとも純粋な苦渋の苦しみ、刑罰の苦しみこそ真正さの保証である。
神に倣うことが言葉の綾に終わらぬためには、われわれの倣うべき義人が存在せねばならない。だが、われわれが意志のかなたに連れさられるためには、義人に倣うことを欲しうるようではいけない。十字架を欲することなどできないのだ。

禁欲や英雄行為なら、どれほど過激なものでも欲しうる。だが、刑罰の苦しみである十字架を欲することはできない。

キリストの十字架の神秘は矛盾のうちにこそ存する。同意された捧げものであると同時に、意に反してこうむる懲らしめでもあるのだから。捧げものの側面のみを認めるのなら、自身のためにこれを欲することもできよう。だが、意に反してこうむる刑罰を欲することはできない。

　十字架を捧げものの視点からのみ構想する人びとは、十字架に含まれる救いをもたらす神秘と苦々しさとを拭いさる。殉教を願うなどまだまだ生ぬるい。

　十字架は殉教を無限にこえる。

6　木材は聖とされた。驚くにあたいしない。梁《はり》の美しさ。葉緑素の効能から生まれる光エネルギーに支えられて、重力に逆らいつつ天へと伸びる樹木は、たとえ死んでも重力に抗いつづける。さらに人間の住居を築きあげることで、人間が重力に抗う助けとなる。

　十字架。罪の樹は本物の生ける樹であり、生命の樹は切られて死んだ梁である。果実をつけず、もっぱら垂直にのみ伸びゆくなにか。「人の子は挙げられねばならない。そして彼はあなたがたを引きよせるだろう」(237)。もっぱら垂直運動のみを保持することで、われわれは自身のうちなる生命エネルギーを殺すのだ。ひたすら昇ろうとするなら、葉も果実もエネルギーの無駄遣いでしかない。

7　エヴァとアダムは生命エネルギーのうちに神性を探そうとした。一本の樹、一個の果実のうちに。しかるに神性がわれわれのために設《しつら》えられたのは、幾何学的なかたちに切りだされ、亡骸を吊りさげる、死んだ樹のうえであった。われわれと神との類縁性の奥義は、われわれの死すべき運命のうちに求められねばならない。

8　われわれは時間と空間の無限の厚みを横切らねばならない。だが、まずは神がわれわれのもとに来るために横切ってくる。まず一歩をふみだすのは神なのだ。このとき愛は、もし可能ならばさらに大きくなる。愛は乗りこえるべき懸隔の大きさに対応する。

愛が最大であるためには、懸隔も最大でなければならない。ゆえに、この世界にあって、その一線をこえては善の可能性すら根本的に消滅するような極限にまで、悪は達しうるのだ。悪は自在にこの限界にふれられる。ときには限界をふみこえているとさえ思える。

この考えはある意味でライプニッツの考えの対極をなす(あきらかにこの考えのほうが神の偉大さと齟齬なく両立しうる。実現可能な諸世界のうち最良のものとしてこの世界を創ったとするなら、神にはいかにもお粗末な能力しかないことになる)(238)。

魂をとらえ、わがものとするため、神は時間と空間の無限の厚みをはるばる横切って、力を使いはたす。魂が抗い逃げるので、神は試みをくり返す。いくらかは不意をつき、いくらかは強制により、いくらかは貪欲の誘惑に訴えて、神は魂にひと粒の柘榴(239)の実を食べさせようとする。魂がほんの一瞬にせよ純粋で総括的な同意を与えると、神は魂を征服する。ついに魂を完全にわがものとするや、神は魂をおきざりにする。魂をひとり捨ておくのだ。こんどは魂のほうが、手さぐりで、愛する相手と再会するために、時間と空間の無限の厚みを横切らねばならない。これが十字架である。

9　神は磔刑に処せられた。必然、空間、時間に服する有限存在が思考するという事実のゆえに。

思考する有限存在としてのわたしは、磔刑に処せられた神であると知るべし。神に似なければならない。ただし磔刑に処せられた神に。

必然に縛られているかぎりでは、万能の神にも似なければならない。

10　プロメテウス、人間を愛しすぎたために磔刑に処せられた神。ヒッポリュトス、あまりに純粋で神々を愛しすぎたために罰せられた人間。人間的なものと神的なものの接近が懲罰をまねきよせる[240]。

11 われわれは神からもっとも遠い地点にいる。それより遠くからは神のもとへの回帰がもはや絶対的に不可能となる極限の分水嶺にいる。われわれのなかで神はひき裂かれている。われわれは神の磔刑である。わたしの実存が神を磔刑に処する。われわれは堪えがたき苦痛をも愛する。神から送られたものだから。天の向こう側から転移されたあの愛によって、神がわれわれを愛するのだ。われわれへの神の愛が受難である。善が苦しまずに悪を愛することは可能なのか。悪もまた善を愛することで苦しむ。神と人間との相思の愛は苦しみである。プロメテウス。ヒッポリュトス。

12 キリストの愛徳の諸次元[241]、それは神と被造物との懸隔である。

仲介の機能じたいが断裂を含意する。

ゆえに人間へとむかう神の降下（プロメテウス）、そして神へとむかう人間の上昇（ヒッポリュトス）を、両方向へとひき裂かれる衝撃すなわち苦しみなくして構想することはできない。

13　われわれが自己と神との懸隔を感受するには、神が磔刑に処せられた奴隷とならねばならない。われわれの感受性は下方にある懸隔にしか反応しない。一方、想像力に恃むならば、磔刑に処せられたキリストよりも創造主たる神の立場に身をおくほうが、はるかにたやすい。

14　神は世界の厚みを横切って、われわれのもとにやって来る。

15　受難、それは外見的な混淆を廃した完璧な正義の実存[242]である。正義とは本質的に能動ではない。正義とは、超越的であるか受苦的であるかのいずれかだ。
受難とは、ひたすら超本性的な正義であり、感受性に訴えるかぎりでの神の愛をも欠く、感受しうる救済をいっさい欠く正義である。

贖罪の苦しみは、苦しみを剝きだしの状態にしたうえで、その純粋さをたもったまま、これを実存の次元にまで押しあげる。贖罪の苦しみは実存を救う。『現象を救う[243]』。

16　対比(たんなる対比か)。聖餐式における聖別により、神は一片の糧《パン》という感覚的な知覚のうちに現前する。おなじく贖罪の苦痛すなわち磔刑により、神は極限の悪のうちにも現前するにいたる。

17　人間の悲惨《ミゼール》から神へ。だが埋めあわせや慰めとしてではなく。相関性として。

18　自身を神へと近づけるすべてが恩恵となる人びとが存在する。わたしにとっては神を遠ざけるすべてが恩恵となる。

わたしと神のあいだには全宇宙の厚みが横たわる。そこに十字架の厚みが加わる。

19　無辜との関連において、苦痛はこのうえなく外的であると同時に、このうえなく本質的である。

20　雪にしたたる血。[244] 無辜と悪。悪そのものが浄らかでなければならない。悪が浄らかであるためには、無辜なる人間の苦しみというかたちをとるしかない。苦しむ無辜なる人間は悪のうえに救いの光を投げかける。無辜なる神の可視的な表象として。ゆえに人間を愛する神、神を愛する人間、[245] そのいずれもが苦しまねばならない。

――幸せな無辜。ヴィオレッタ。これもまた無限に貴重である。だが、はかなくも壊れやすい幸せ、偶然にゆだねられた幸せである。林檎の花のように。[246]　幸せは無辜とむすびついてはいない。

21　神は人間たちに自身を与える。権能ある存在あるいは完全なる存在として。各人の選択しだいで。

一九　天秤と梃子《てこ》

1 天秤として、梃子としての十字架。上昇の条件たる下降。地へと降りてくる天が地を天へと押しあげる。

2 梃子。上げたいなら下げる。「みずからを低くする者は高められる[247]」とおなじ仕組《メカニスム》である。

3 (恩寵の領域にも必然と諸法則がある。)逆転――想像上の善と悪。「地獄にも固有の諸法則があるのか[248]」。相反する相関性。統一と区別、分離と混淆。

4 いっさいの恣意と偶然を排除する厳密な必然が、物質にかかわる諸現象を規定する。精神にかかわる諸現象はといえば、自由意志にもとづくにもかかわらず、恣意と偶然のはたらく余地は(そんなことが可能ならば)いよいよ限られてくる。

5　一は整数のなかで最小の数だ。「唯一の賢者たる一者」[249]。無限なのはこの一である。増加するとき、数は自身が無限に近づきつつあると考える。むしろ遠ざかっているのに。上昇するには下降せねばならない。

一が神なら、∞(無限大)は悪魔である。

6　神の叡智の秘密は人間の悲惨《ミゼール》のなかにある。快楽のなかにはない。快楽の追求はことごとく人工楽園の追求である。酩酊と拡張の追求である。だが、なにも得るものはない。むなしく徒労に終わる追求であったという経験のほかは。自身のもろもろの限界と悲惨を注視することだけが、われわれを上位の次元に押しあげる。

「みずからを低くする者は高められる」[247]。

上昇運動は、それが下降運動に先行されているのでないかぎり、徒労に終わる(いや、それ以下だ)。

7　**「十字架は、み身体を支える天秤となりて[250]」。**
正しい天秤、それは磔刑に処せられた身体、自身に割りあてられた時間と空間の一点へと還元された身体である。

8　裁いてはならない。みずからは裁かない天の父[251]に倣って。天の父によって人びとはみずからを裁く。あらゆる人びとを自由に来させ、彼らにみずからを裁かせる。天秤にならねばならない。

みずから裁くことのない真の裁判官の表象となるなら、もはや裁かれることはない。

9　宇宙がそのすべての重みでもってわれわれを押しつぶすとき、これと釣合いをとるために、天秤のもう一方の皿に載せるべき錘は、神——真の神——のほかにはありえない。偽りの神々は、たとえ真の神の名で呼ばれていても、無力である。悪は、物質、空間、時間とおなじく非限定的《アンデテルミネ》[252]という意味で、無限である。真の無限のみがこの種の無限を凌駕できる。それゆえ十字架は天秤となって、その皿に載せられたもろくて軽い身体——ただしその身体は神だった——が全世界の重みを押しあげた。「われに支点を与えよ。世界を押しあげてみせよう[253]」。この支点は十字架である。ほかに支点はありえない。この支点は、世界と世界ならざるものとの交叉点に位置すべきだ。十字架がこの交叉点である。

二〇　不可能なもの

1　人間の生は不可能である。不幸のみがこれを痛感させる。

2　不可能な善。善が悪をひきずっていき、悪が善をひきずっていく。この循環はいつ終わるのか[254]。

悪は善の影である。あらゆる実在的な善は硬さや厚みをそなえ、悪という影を生みだす。想像上の善のみが影を生みださない。

おなじく、偽りは真の影である。いかなる真なる断定も、その対蹠物と同時に考えなければ誤りだ。ところで人間は対蹠物を同時に考えることができない。存在の深奥で痛感される矛盾、それは身も心もひき裂く。それは十字架である。

3　善は不可能である。しかるに人間はいつでも想像力をあやつって、個々の事例に即して善の不可能性を自身に蔽いかくす。——個々のできごとに即して、自身がすでに巻きこまれて粉砕されているならともかく、悪の一部を蔽いかくし、虚構の善をつけ加えさえすればよいのだから。たとえ粉砕されていてもかかる操作ができる人びとは、同時に「必然の本質と善の本質とはいかに異なるか」[255]を自身に蔽いかくし、さらには神との真の出逢いをも自身に禁じてしまう。ところで、神とは善そのものであり、この善はこの世界のどこにも存在しないのだ。

4　欲望は不可能である。その対象を破壊するから。恋人たちはひとりになれず、ナルキッソスはふたりになれない。ドン・ファン、ナルキッソス[256]。なにかを欲望することは不可能なのだから、無《リアン》を欲望せねばならない。

5　われわれの生は不可能であり、不条理である。われわれが欲するものはすべて、欲望の対象に貼りついている諸条件や諸結果とことごとく矛盾する。われわれの呈示する断定はすべて、相反する断定を含んでいる。われわれの感覚はすべて、相反する感覚と混ざりあっている。というのも、われわれは被造物であり、神であると同時に、無限に神から遠い存在でもあって、われわれ自身が矛盾にほかならないからだ。

われわれが万象でないことを、矛盾のみが痛感させる。矛盾はわれわれの悲惨であり、われわれの悲惨の感覚とは実在性の感覚である。自身の悲惨をわざわざ捏造《ねつぞう》しはしないのだから。この悲惨は本物である。だから慈しまねばならない。それ以外はすべて想像上のものだ。

6 不可能性——明晰に知覚された根源的な不可能性、不条理——は超自然へといたる扉である。われわれは扉を叩くだけだ。ほかのだれかが扉を開けてくれる。

7 「天にましますわれらの父[257]」。いささか滑稽である。あなたがたの父なのか。ならば、ちょいと上のほうに探しにいけばよかろう。ところが地上から身をひき剝がすことができない点では、われわれもミミズとまったく選ぶところがない。天の父にしても、われわれのところに来るには降りてくるしかない。神と人間との関わりをあらわすのに、受肉ほど知解不能な手法があるだろうか。受肉はこの知解不能性をきわだたせる。この不可能な降下を考えるもっとも具体的な手法なのだ。である以上、真理でないはずはない。

8　われわれが自身ではむすびえない絆[258]は超越的なものの証左である。絆の存在意義でもある。神はわれわれに公案[259]を与える。

9　われわれは認識を得て、意欲をおぼえ、愛情をいだく存在である。だが、われわれの注意を認識や意欲や愛情の対象にむけるなら、不可能ならざるものはなにもないことを、自明の理として認めざるをえない。虚言のみがこの自明の理を蔽いかくす。この不可能性の自覚はわれわれを駆りたて、われわれの認識や意欲や願望のむかういっさいを仲介として、捉えがたきを捉えるべく不断に願わずにはいられない。

10　どれほど努力してもあるものを手にいれることが不可能だと思えるとき、その次元における限界があらわになり、ゆえに次元を変える必要性、いわば天井をつき破る必要性が示される。したがって、この次元で努力を使いはたすなら堕落する。限界を受けいれ、注視し、苦渋をあまさず味わいつくすほうがよい。

11　原動力《モビル》としての過誤。エネルギーの源泉としての過誤。友人をみかけたと思い、駆けよる。まもなく、自分が駆けよっている相手はべつの見知らぬひとだと気づく。

顔や衣服などが作りだす染み、一瞬まえは動きをうながす源泉だったが、いまはそうではない。エネルギーは放出されたのだ。

個別の原動力はことごとく過誤である。いかなる原動力にも養われていないエネルギーのみが善いものだ。たとえば神への従順。われわれには構想も想像も表象もできぬという意味での、無への従順。不可能であると同時に必然でもある——超本性的といってもよい。

12 恩恵。善きわざを実践しつつも、善きわざなどぜったいに不可能なのだと、魂のすべてをあげて自覚していなければならない。

「善をおこなう」。わたしがなにをやっても、それは善でないことを、わたしはこのうえなく明晰に知っている。善きひとでなければ善をおこなえないのだから。「神のみが善きかたである」[260]。

あらゆる状況において、なにをやっても、ひとは悪をおこなう、それも堪えがたい悪を。

自身のおこなう悪がひとつ残らず、もっぱら直截にわが身に降りかかる状況を求めねばならない。それが十字架である。

13
純粋かつ不可能な善へとひたすら注意と意図を方向づけつつ、純粋な善の望ましさと不可能性とを虚言で蔽いかくすことなく達成しうる行動、それこそが善きわざである。

かくて徳は芸術的な霊感にきわめて似ている。言語化できぬ霊感をあくまで言語化できぬものとして、言語化できぬ霊感にひたすら注意を方向づけつつ、書きあげる詩こそが美しい。

二一　矛盾

1　精神がぶつかるもろもろの矛盾こそ、唯一の実在にして、実在的なものをみきわめる規準だ。想像上のものに矛盾はない。矛盾は必然性をみきわめる試金石である。

2　もろもろの相反するものをつなぐ表徴可能な相関性は、もろもろの矛盾をつなぐ超越的な相関性の一表象である。

相反するものをつなぐ相関性は梯子《はしご》に似ている。梯子のひとつひとつは、相反するものを統一する関係が存在する高次の地平へと、われわれを押しあげる。ついには、相反するものを同時に考えねばならず、しかも両者の統一される次元には手がとどかない、といった地点へと達するまでに。そこが最後の梯子の最上段だ。これ以上は昇れない。じっとみつめ、待ちのぞみ、愛さねばならない。すると神が降りてくる。

3 真正なる善はすべて相矛盾する諸条件にともなわれている。したがって善は不可能である。この不可能性に真の注意をそそぎつつ、なおかつ行動にでるひとは、善をおこなう。

おなじく、あらゆる真理は矛盾を含んでいる。

矛盾はピラミッドの尖頂(261)である。

4 善－悪の相関性の一方の項をさす善という語と、神の存在そのものをさす語とに、おなじ意味はない。

5 経験にもとづく存在論的証明。わたしのなかに上昇の原理はない。空気を這いあがって天まで昇ってはいけない。わたしより優れたなにかに思考をむけてはじめて、そのなにかがわたしを上方にひきあげる。わたしが現実《レエルマン》にひきあげられたのなら、そのなにかは実在的《レエル》である。想像上の完全性はわたしをひきあげはしない。たとえ一ミリメートルでさえも。想像上の完全性は、おのずから、それを想像するわたし自身と数学的にひとしい次元にあって、それより高くも低くもない。実在的な完全性へとむけられた思考がわたしをひきあげるのだ。

思考の方向づけの効能に暗示と比べうるものは皆無である。毎朝、自分に暗示をかけるとしよう。わたしは勇敢だ、怖くなんかないと。勇敢になれるかもしれない。ただし、その勇敢さは、現在の不完全なわたしが勇敢さの名で思いえがくもの、したがってこの不完全さをこえるはずもないものに、きっちり釣りあうだけの勇敢さにとどまる。それは同次元での修正であって、次元の変更ではない。

矛盾が規準である。暗示によっては両立不能なことがらを獲得しえない。恩寵のみにこれができる。心根のやさしいひとが暗示で勇気を得ると酷薄になる。ときに野蛮な快感をおぼえつつ自身のやさしさを嬉々として捨てさる。恩寵のみが心根のやさしさを損なわずに勇気をはぐくみ、勇気を損なわずに心根のやさしさをはぐくみうる。

上昇の比喩がこれに呼応する。山腹を歩いていると、水平の道からは、まず湖がみえ、べつの水平の道からは、数歩いくと森がみえる。湖か森か、どちらかを選ばねばならない。同時に湖も森もみたいのなら、(262) さらに高く登らねばならない。

ただ、かかる山は存在しない。空気の山に登ることはできない。ひっぱりあげられねばならない。

6　幼少期に始まり死ぬまでつづく人間の大いなる苦痛とは、眺めることと食べることがふたつの異なる営為であることだ。[263] 永遠の至福（『ファイドロス』[264]）とは、眺めることと食べることが一致する境地である。

われわれが地上で眺めるものは実在ではない。舞台の装飾にすぎない。[265] 食べるものは滅びさり、実在ではなくなる。

原罪がわれわれのうちにこの分離を生みだした。[266]

7　本性的な徳、すなわち社会的な模倣物を排除した正真正銘の本性的な徳[267]が、一貫した振舞いとして現われでるには、内奥を超本性的な恩寵で照らされた人間を媒介とするほかはない。これら本性的な徳の持続は超本性的な現象である。

8　相反するものと相矛盾するもの。相反するものの諸連関を介して、われわれは自然的な存在にふれる。おなじく、同時かつ包括的に（真の意味で同時かつ包括的に）思考された相矛盾するものを介して、神にふれるのである。

9　神の霊感をうけた人間とは、表象不能な絆でむすばれた振舞い、思考、感情をそなえた人間のことだ。

10　ピュタゴラス派の概念。善はつねに相反するものの結合《ユニオン》によって定義される。悪に相反するものを褒めそやすとき、われわれはこの悪と同次元にとどまる。この相反するものを体験したのち、最初の悪に舞いもどる。これが『バガヴァッド・ギーター』が「相反するものによる迷妄」[268]と呼ぶ状況だ。かくてフランスでは旧体制の反動として一七八九年の大革命が生じた。マルクス主義者の《弁証法》[269]なるものは、おびただしい毀損と歪曲を加えられたこの迷妄にもとづく見解である。

11　相反するものの悪しき結合《ユニオン》。マルクス主義が増長させた労働者帝国主義。[270]解放されたての奴隷の傲慢を語るラテン語の俚《り》諺《げん》。傲慢と卑屈はあいまって悪化する。弱者が弱者のまま行使する支配権《ドミナシオン》は善である。十字架上のキリスト。相反するものの悪しき結合と善き結合、それぞれの特徴はなにか。

真摯な無政府主義者《アナキスト》は、相反するものの結合の原理を霧のなかで垣間みて、被抑圧者に支配権をゆだねれば悪を滅ぼせると信じた。

相反するものの悪しき結合、虚言にすぎぬがゆえに悪しきこの結合は、相反するものが存在する同一平面上でのみ成りたつ結合にすぎない。真正なる結合はこれより上位の次元で成りたつ。数学。

苦痛の機能。相反するものの結合をひとまず分離し、第一の結合がおこなわれた平面よりも上位の平面上であらためて結合させる(これが歓び)。苦痛－歓びの脈動。だが歓びは数学的には苦痛にまさる。

苦痛は烈しく、歓びは穏やかだ。しかし歓びのほうが力づよい。

抑圧－支配の相対性。被抑圧者に支配権をゆだねるという不可能な夢想。支配権の上位に来るのは一致《ユニテ》の生じる一点、すなわち権力の制限である。この制限により、弱者は強者よりも強くなる(ウパニシャッド、『ゴルギアス』[271])。法にのっとって。均衡にほかならぬ法。

12　相矛盾するものの合一《ユニオン》とは断裂である。相矛盾するものの結合じたいが受難《パッシオン》であって、極限の苦しみをともなわずにはいない。

13　必然は不可能性の、実存は必然のやや堕落した表象である。

夢想から抜けでるには不可能性にふれねばならない。夢想に不可能性はない。無力感があるだけだ。

相矛盾するものの相関性とは執着の断念である。特定のなにかへの執着は、これと両立不能のなにかへの執着によらなければ滅ぼしえない。ゆえに、「あなたたちの敵を愛しなさい[272]……」。それも敵をあくまで敵とみなしつつ。「わたしを愛するがために、自分の父と母を、そして自分の魂さえも憎まぬならば[273]……」。

なにかに釘づけになった注意がそこに存在する矛盾――あらゆる思考の、あらゆる感覚の、あらゆる意志の根底には、かならず矛盾が存在する――をあらわにするとき、一種のひき剝がしが生じる。それでも歩みをとめずにいるなら、いつかは執着を断てる。

14 魂の振舞いにおける両立不能なものの同時的な実存。両腕が同時にさがる天秤、それこそ聖性、小宇宙《ミクロコスモス》の実現、世界の秩序の模倣である。

15 魂における相反する徳の同時的な実存は、神をつかみとる鉗子《ピンセット》[274]の役目をはたす。相反する諸力に(恩寵にうながされて)服従するか、いやいや服従させられるか、ふたつにひとつである。

16　多くの深遠な言説が人間の条件にかかわる個別の事例に光をあててきたが、それらの条件をさだめる諸法則を発見し、明文化せねばならない。
かくて、きわめて高位にあるものはきわめて低位にあるものを再生産する、ただし置換されたかたちで。

17　悪と力、悪と存在との近親性、善と弱さ、善と虚無《ネアン》との近親性。
同時に、悪は剝奪である。相矛盾する事実がいずれも真である状況を解明すべき探求の方法。なにかを思いついたらすぐさま、いかなる意味でその逆もまた真であるかを探求する。

18　ひたすら善を欲するなら、照らされた物体を影にむすびつける法則、実在的な善を悪にむすびつける法則に逆らうしかない。そして世界の普遍的な法則に逆らった以上、不幸のなかに落ちこまずにはいない。
あらゆる善は悪と表裏一体をなす。もし善を欲し、なおかつ善に呼応する悪を自身の周囲に撒きちらすことを欲しないのであれば、この悪を避けることができぬ以上、これをもっぱらわが身に凝縮するしかない。

かくて、完全に純粋かつ可能なかぎり最大の善を欲するなら、極限の不幸をわが身にひきうける覚悟をせねばならない。

二二　必然と善とを分かつ懸隔

1　必然とは、神をわれわれからさえぎる蔽い《ヴェイル》である。

2　神はすべての現象を例外なくこの世界の仕組《メカニスム》にゆだねた。

3　神のなかには人間的な徳のすべてに匹敵するものがある。従順の徳に匹敵するものも。神における従順の徳とは、神がこの世界で必然にゆだねた偶然の戯れである。

4　必然とは、神の無関心と神の公正とを知性が捉えるための表象である。

ゆえに奇蹟をめぐる通俗的な観念は一種の不敬でさえある。（第二原因ぬきで第一原因(275)のみを有する事象を奇蹟とみなす観念。）

5 必然と善との懸隔とは、被造物と創造主との懸隔にほかならない。

6 必然と善との懸隔。これを果てしなく観照すべき。ギリシアの偉大なる発見。トロイアの陥落から学んだのではないか。

悪の正当化の試みはことごとくこの真理に逆らう過誤である。それは在る[276]、という理由だけを例外として。

7 悪を浄めるものは、神か、社会という獣[277]か、そのいずれかである。

善－悪の相反する一対のもたらす堪えがたき重荷、アダムとエヴァの担った重荷を投げすてたいと、われわれはひたすら切望する。

「必然の本質と善の本質[278]」を混同するか、この世界から抜けでるかしかない。

8 純粋さは悪を浄める。力も浄めるが、やりかたはまったく異なる。なんでもできる人間にはすべてが許される。全能の権力者に仕えるなら、主人の力でなんでもできる。力は善－悪の相反する一対からわれわれを解放する。力をあやつる者を解放し、力をこうむる者すらも解放する。主人にはあらゆる放縦が許される。奴隷もまた然り。

強制されるなら、という但書つきで。剣は、その両端において、その柄《つか》においても切先においても、堪えがたき重圧である義務からわれわれを解放する。恩寵もまた義務から解放する。ただし恩寵にあずかるには義務に迫られねばならない。単一性《ユニテ》へと昇っていくか、無際限《イリミテ》へと沈んでいくかして、われわれは限界《リミット》から逃れる。

9　無際限《イリミテ》は一者《アン》をみきわめる試金石である。時間は永遠を、可能性は必然性を、変分は不変量をみきわめる試金石である。[279]

10　限界があるのは、神がわれわれを愛している証左である。

11　間近に迫った世界の終末への待望が、原始キリスト教会の振舞いを型にはめた。終末が近いという信念が信徒の心に「必然的なものを善から分かつ底知れぬ懸隔の忘却[280]」を芽生えさせたのだ。

二三　偶然

1　わたしの愛する人びとは造られた存在である。彼らは彼らの父と母との出逢いという偶然から生まれた。わたしと彼らとの出逢いもまた偶然である。彼らはいずれ死ぬ。彼らの考え、感じ、おこなうことには限界があり、善と悪とが混ざりあっている。このことを全霊あげて知りつくし、なおかつ彼らを変わらず愛さねばならない。神は有限な事物を有限なものとして無限に愛する。

2　なんらかの価値あるものはすべて永遠であってほしいと、われわれは欲する。ところが、価値あるものはすべて出逢いの産物である。（まず、わたしがそうだ。わたしの父と母をいかなる偶然が出逢わせたのか。……わたしの愛する人びとも、すべての人間も、人間の手になるいっさいも。）あらゆる価値は出逢いにより持続し、出逢いが別れに転じるときに終焉する。仏教の（そしてヘラクレイトスの）中枢にある考えだ。この考えはわれわれを神へとまっすぐ連れていく。

わたしの父と母を出逢わせた偶然に思いをはせて観照することは、死に思いをはせて観照する以上に有益である。

偶然の出逢いに端を発さぬなにかが、わたしのなかにひとつでもあるか。神のみがそうだ。にもかかわらず、神をめぐるこの考えもまた偶然の出逢いに端を発している。

3　星辰と花咲く果樹。完璧な恒久性と極度のはかなさは、ひとしく永遠の感覚を与える。

4　かならず頭角を現わす天才、進歩、その他の諸説が生まれるのは、この世界で貴重なものが偶然にゆだねられていると考えることに堪えられないからだ。しかるに堪えられないからこそ、深く思いをはせて観照せねばならない。

創造とはまさにこの観照である。

偶然に左右されない唯一の善とは、この世界のそとにある善である。

5　貴重なものが傷つきやすいのは美しい。傷つきやすさは存在の徴《しるし》だから。

6　トロイアの滅亡。花咲く果樹から落ちる花びら。このうえなく貴重なものが実存《エグジスタンス》に根をもたぬことを知る。美しい。なぜか。魂を時間のそとに投げだすからだ。(281)

7　ある女性が雪のように白く、血のように紅い子どもを望み、子どもを得るが、自身は死に、子どもは継母にゆだねられる。(282)

二四　愛すべきものは不在である

1　神が被造界に現前するには不在のかたちをとるしかない。

2　悪と神の無辜《むこ》。神を悪に染まらぬ無辜の存在とみなすには、無限に隔たった地点に神を想定するしかない。ひるがえって、悪が存在するからこそ、無限に隔たった地点に神を想定すべきなのである。(283)

3　「寂れし東国《オリエント》で……(284)」。寂れた無人の地点に身をおかねばならない。愛すべきものが不在なのだから。

4　おのれの生命を神への信仰に託する者は、その信仰を失うことがある。だが、おのれの生命をほかならぬ神に託する者が、その生命を失うことはありえない。断じてふれることができぬもののうちに、おのれの生命を託さねばならない。そんなことは不可能だ。それは死である。もはや生きぬこと。これが必要なのだ。

5　実存《エグジステ》するものはなにひとつとして愛されるにあたいしない。

ゆえに実存しないものを愛さねばならない。

だが、愛がむかうこの対象は実存せぬとはいえ、実在《レアリテ》を欠くのではなく、虚構《フィクシオン》でもない。われわれの紡ぎだす虚構がわれわれ以上に愛にあたいするわけがない。そもそも、われわれ自身が愛にあたいしないというのに。

6　善への同意。把握可能で表象可能な善への同意ではなく、われわれが善として表象するなにかへの同意でもなく、絶対善への無条件の同意。魂は不意打ちを喰らったかのごとく、それがなにかも知らず、超本性的な歓びの瞬間に同意を与えてしまい、熟考する余裕ができたときにはすでに契約をかわしている。コレーの柘榴の実。(285)

7　自身が善として表象するものに同意するとき、われわれは善と悪との混淆物に同意している。この同意が善と悪とを生みだす。われわれのうちなる善と悪の比率は変わらない。自身がいまもこれからも表象しえぬ善への無条件の同意は、純粋な善にかかわり、善のほかにはなにも生みださない。この状態が充分に持続しさえすれば、ついには魂のすみずみまでが善となる。

8　信仰とは（自然的なものの超自然的解釈とみなされるなら）超自然的な体験にもとづく類比的推測である。したがって、神秘的観照の恩寵にあずかっている人間は、神の憐れみ《ミゼリコルド》をその身に体験しただけでなく、他の人びともおなじ経験を共有していると知っているがゆえに、神とは憐れみであるから、この被造界もまた神の憐れみのわざであると推測する――信[286]。しかるに、この憐れみを自然のなかで直截に確証する段になると、眼もみえず、耳も聞こえず、憐憫《ピティエ》もおぼえずにいるほかはない。ゆえに、自然のなかに神の憐れみの証左をみいだそうとするユダヤ教徒やムスリムは無慈悲なのだ。キリスト教徒も往々にして彼らと選ぶところがない。

だからこそ神秘主義は人間の徳を生みだす唯一の源泉である。世界という遮蔽幕の背後に無限の憐れみが存在することを信じない。あるいは、この憐れみが遮蔽幕の前面に存在することを信じる。いずれの信念もひとの心を冷酷にする。

9 地上において神の憐れみ《ミゼリコルド》を裏づける四つの証左。観照する人びとへの神の顧慮。彼らの放つ輝きと彼らのいだく共苦《コンパシオン》(彼らのうちなる神のいだく共苦)。世界の美。第四の証左は、地上における憐れみのまったき不在である。

10 受肉。神は公平だから力がない。非-行為または無為の行為[287]。陽光と雨を善人にも悪人にもそそぐ[288]。天の父の分け隔てのなさとキリストの力のなさは呼応する[289]。神の不在。「天の王国は芥子種《からし》のごとく……[290]」。神はなにも変えない。人びとはキリストを殺した。怒りにまかせて。彼が神でしかなかったから。

11 神は意志的な行為によってわたしに苦痛を与えたのだ、それもわたしを益するためにと考えるなら、わたしは自身をなにがしかの存在だと思いなし、苦痛の主たる効用をとり逃すだろう。自身が無《リアン》にすぎぬことを教えてくれるのが苦痛の効用なのだから、かかる考えは許されまい。むしろ苦痛を介して(超本性的な愛の器官で神の現前と実在を感受し)、鉛筆を介して紙の硬さを感受するがごとく神を愛さねばならない。

おなじく、わたしは他者の悲惨を眺めて、彼らが無であると了解する。なおかつ彼らに自己を同化させるなら、わたしもまた無である。特定の個人としてのみならず、ひとりの人間として、ひとつの被造物としても無なのである。

無であることを愛さねばならない。まかりまちがって、なにがしかの存在であったとすれば、どれほどおぞましいことか。おのれの虚無《ネアン》を、虚無であることを愛さねばならない。遮蔽幕のかなたに位置する魂の一部といっしょになって、おのれの虚無を愛さねばならない。意識が知覚しうる魂の部分が、虚無を愛するどころかこれを唾棄するがゆえに。たとえその部分が虚無を愛していると思っても、愛しているのは虚無ならざるなにかである。

人間をとらえて離さぬ極限の不幸が人間の悲惨を生むのではない。これをあらわにするだけだ。

12　神は悪人にも善人にも無差別に不幸をもたらす。雨や陽光をそそぐのとおなじに。(神は十字架をキリストの専売特許にとっておいたのではない。)純粋に霊的な恩寵によらずして神があるがままの個々の人間と接触することはない。この恩寵は神へとむけられたまなざしに呼応して、すなわち個人が個人であるのをやめる度合に厳密に比例して与えられる。いかなる事象も神の顧慮とはいえない。恩寵のみが例外である。

13 聖体拝領《コミュニオン》[291]は善人には善を、悪人には悪をもたらす。かくて地獄堕ちの魂は地上の楽園にあっても、この楽園が彼らには地獄となる。

14 苦しみの叫び。なぜが『イリアス』全篇に響きわたる。『スペインの遺書』。キリスト[292]も。

苦しみの解明とは苦しみの緩和である。よって苦しみは解明されてはならない。だからこそ無辜の人間の苦しみにはすぐれて価値がある。この苦しみは創造における神による悪の受容に似ている。神も無辜なのだから。

15 苦しみには他のなにかに還元できぬ特性があり、ひとを苦しみのなかで恐怖によって打ちのめす。この特性がめざすのは、不条理が知性を阻止するがごとく、不在あるいは非在が愛を阻止するがごとく、意志を阻止することだ。人間的な諸能力の限界にいたるとき、ひとは両手を差しのべ、立ちどまり、みつめ、ひたすら待つ。

16 「神は無辜の人びとの不幸を笑う[293]」。神の沈黙。地上の喧騒はこの沈黙を真似る。

なにも意味しないのだから。

純粋な必然の価値がどこにあるかをシャルティエはほとんど理解していない。

あらゆる喧騒のうちに神の沈黙を聞くこと。

もしも地上の喧騒になにかの意味があったなら、われわれに神の沈黙が聞こえるだろうか。喧騒がなにひとつ意味のあることを語ろうとしないのは、神の善意のなせるわざなのだ。

神は(子なる)神が自身にむかって叫ぶにまかせ、答えようとしなかった。

意味ある喧騒を臓腑の底から必要とするとき、答が欲しいと叫んでも与えられぬとき、われわれは神の沈黙にふれる。

われわれの想像力は、皺くちゃの敷布や煙にさまざまな形姿を暇にまかせて読みとるのだが、たいていは喧騒にもそれらしい語をあてはめる。だが疲労困憊も極まって、暇をつぶす余力も失われるや、嘘偽りのない語が必要になる。われわれはそれを求めて叫ぶ。この叫びは臓腑をひき裂く。なのに沈黙しか得られない。

この一線をこえると、ある者は狂人のように独白をはじめる。その後は、彼らがいかなる振舞いにおよんでも憐憫しかいだくべきではない。数においてはごく少数にせよ、心のすべてを沈黙にゆだねる者もいる。

二五　浄めるものとしての無神論

1　真正な矛盾の例。神は実存《エグジステ》する、神は実存しない。問題はどこにあるのか。わたしは神の実存を迷わず確信する。わたしの神への愛が幻想でないことを確信するがゆえに。わたしは神の実存はありえないと迷わず確信する。実在するものがなにひとつ、この名を発するときにわたしが構想するものと似ていないことを、迷わず確信するがゆえに。だが、構想できなくても幻想ではない。構想できないというこの感覚は、わたしの実存の感覚よりも無媒介的に与えられているのだ。

2　ふたつの無神論(294)があり、うちひとつは神の観念を浄化する。おそらく、悪であるすべてに第二の側面――善へと進化する過程における浄化――がある。第三の側面――より高次に位置する善――もある。これら三つの側面を過たずに区別すべき。混同すると、思考にも生の実践にも大いなる危険が生じる。

3　神の臨在を体験していないふたりの人間のうち、神を否認する人間のほうがおそらく神に近いところにいる。

偽りの神は、接触がかなわないという一点をのぞき、万事において真の神に似ているが、われわれが真の神に近づくのをどこまでも妨げる。

カントの「可能的な百ターレル」[295]。神もまた然り。

実存を欠くという一点をのぞき、万事において真の神に似ている神を信じねばならない。われわれは神が存在する地点にいまだ到達していないからだ。

4　宗教は、慰めの源泉であるかぎり、真の信仰への障碍となる。この意味で無神論は一種の浄化である。神のために創られたのではないわたし自身の一部とともに、わたしは無神論者であらねばならない。いまなお超本性的な部分が覚醒していない人びとにあっては、無神論者のほうが理にかなっており、信仰者のほうが誤っている。

5　家族をひとり残らず拷問で殺された男がいて、自身も強制収容所で果てなくつづく拷問に苦しめられたとする。部族の大虐殺をひとり免れた一六世紀の中米の先住民もいる。(296) かかる人びとにあっては、それまでは神の憐れみ《ミゼリコルド》を信じていたとしても、もはや信じなくなるか、以前とはまったく異なるふうに考えるだろう。わたしはこれほどの苦境を経験していない。だが、それらが現実にあることは知っている。よって大差はあるまい。

運命がわたしの身に、わたしの周囲の人びとの身に、いかなる試練を与えようとも、消滅したり変質したりすることなく、なおかついかなる人間にも侮辱を加えることなく伝達しうるような、神の憐れみについての構想を得るべく努めねばならない。

二六　注意と意志

1　新奇な事象を理解する必要はない。忍耐と努力と方法の限りを尽くし、存在のすべてをあげて、明証的な真理を理解せねばならない。

2　信仰の諸段階。低俗きわまる真理も、魂をくまなく蔽いつくすなら、一種の啓示となる。

3　意志ではなく注意[297]によって誤謬を正すべく努めねばならない。

4　意志の力がはたらくのは、手近な品物の移動を想定し、移動にむすびつく複数の筋肉を動かすときだけだ。わたしは意志の力で掌を机に押しつける。内的無垢、霊感、思惟の真理がこの種の仕草に必然的にむすびつくのなら、無垢、霊感、真理も意志の対象となりえよう。ところが、そうではない。それらが与えられるように嘆願するしかない。嘆願するのは、天に父がいると信じているからだ。あるいは願うのをやめるべきか。それは最悪の判断だろう。内面にとどまる嘆願のみが理にかなっている。状況にまるで関係のない筋肉をむやみに硬直させずにすむ。美徳や詩作、または問題解決のために、筋肉を硬直させ、歯を喰いしばるのは愚の骨頂である。注意とはそんなものではない[298]。

傲慢とは硬直である。傲慢な人間は(語の二重の意味で)優雅さ／恩寵《グラース》を欠く。誤謬の結果である。

注意は、至高の次元にあるとき、祈りにひとしい。かかる注意は信仰と愛を前提とする。

5 注意なしでも存在しうるものにむけられた注意は純粋ではない。注意と印象の混淆物である。絶対的に純粋な注意、もっぱら注意でしかない注意は、神へとむけられた注意である。神は注意なきところに存在しないのだから。

もっぱら善でしかない善、善以外の特性をもたぬ善が神であるように、もっぱら注意でしかない注意は祈りである。

実在を捉えるのは注意である。思考が注意で充ちていくほどに、思考の対象は存在で充ちていく。

6　知性を善へと方向づけるなら、魂のすべてが否応なく徐々に善へと惹きつけられずにはいられなくなる。

7　ギリシア人は幾何学のうちに受肉の表象（神的表象、実在の反映）をみていたからこそ、論証《ロゴス》の発明を可能にした厖大にして緻密な注意すなわち宗教的な注意を、幾何学にそそぎこんだとは考えられないか。驚嘆すべき考え……。

究極の注意が人間の創造的な能力を構成する。しかるに宗教的でない究極の注意など存在しない。一時代における創造的な天才の総量は、究極の注意の総量すなわち真正な宗教の総量に厳密に比例する。（一八世紀はどうか。）

8　悪しき探求法。注意をひとつの問題に貼りつける。これもまた真空嫌悪の一現象。努力がむだになるのを望まず、がむしゃらに探求する。だが、発見したいと思ってはならない。度のすぎた献身とおなじく、努力をそそぐ対象に依存しすぎるから。われわれは外的な報いを必要とする。たまたま手に入ることもあるが、たいていは真理をゆがめてでも手に入れようと躍起になる。

願望なき努力（ひとつの対象に貼りついていない努力）のみが、まちがいなく報いを含んでいる。

追求する対象のまえで一歩退くこと。迂回のみが功を奏する。まずは後退しなければ、なにも始まらない。梃子、船舶、労働全般。

葡萄の房をむりに引っぱると粒が地面に落ちてしまう[299]。

9 追求する目的に逆らう結果をもたらす努力もある（気難しくなった信心女、似非《えせ》禁欲家、ある種の献身など）。目的にとどかなくても有益な努力もある。

どう識別するか。

おそらく、前者の努力には、内的な悲惨の（虚言を弄した）否認がつづく。後者の努力には、自身と愛の対象とを分かつ懸隔へと収斂されてゆく注意がそそがれる。

10 注意は願望にむすびつく。意志ではなく願望に。（より精確には同意に。注意とは同意だ。だからこそ善にむすびつく[300]。）

愛《エロース》は神々と人間を教え導く。[301] 学ぶことを願わずして学べる者はだれもいない。真理は真理である以前に、善であるがゆえに追い求められる。

11　われわれは自己の内部でエネルギーを小刻みに増量しつつ解き放つ。そのつどエネルギーはたちまちなにかに貼りつく。いかにして全エネルギーを一挙に解き放てるのか。自己の内部でそうなるように願い求めねばならない。ほんとうに願い求める。ひたすら願い求める。成就させようと試みるのではなく。この方向でのあらゆる試みは無益であり、高い代償を払うはめになる。かかる活動にあっては、わたしが〈われ《ジュ》〉と呼ぶいっさいは受動的であらねばならない。わたしに要請されているのは、もっぱら注意のみ、〈われ〉を消しさるほどに充溢せる注意のみである。わたしが〈われ〉と呼ぶいっさいから注意の光をもぎ離し、構想をこえるものを照らさねばならない。

12　ひとつの思念をきれいさっぱり追いはらう能力は、永遠へといたる扉である。一瞬に込められた無限。

13　もろもろの誘惑には、下心のある相手が話しかけても応じず、聞こえない振りをする貞潔な女に倣って対処すればよい。

14　善にも悪にも無関心であらねばならない。だが、無関心であることで、すなわち善にも悪にもひとしく注意の光をそそぐことで、いわば自動的な現象として善が浮上する。これこそ枢要な恩寵である。それは善の定義であり規準でもある。

神の霊感は過つことなく逆らいがたく機能する。われわれが霊感から注意をそらさず、これを拒まずにいるならば。なにかをする必要はない。霊感の存在を認めるのを拒まずにいるだけでよい。

15　愛をもって神（あるいは程度は劣るが真に美しい事象のすべて）へとむけられた注意は、ある種のことがらを不可能にする。魂のなかで祈りが担う無為の行為[302]。実行されるやこの注意を曇らせる振舞いがある。ひるがえって、この注意はかかる振舞いを不可能にする。

16　魂のなかに永遠の一点が生まれるや、あとはそれを守りとおせばよい。穀粒のようにおのずから育っていくからだ。武装した護衛を立ててしっかりと周囲を守らせ、厳密な定数や定比率の観照をつうじて、この一点を養い育てねばならない。

身体のなかの不変量を観照することで、魂のなかの不変量を養い育てるのである。

17　執筆とは出産である。もう限界だと思える努力をせずにはいられない。だが行動もおなじだ。もう限界だと思える努力をしていないのではと危惧する必要はない。自己に嘘をつかず、注意をこらしていればよい。

18　詩人は実在的なものに注意をそそいで美を生みだす。愛の行為もおなじである。飢えて凍えているこのひとが、自身とおなじくほんとうに実存し、ほんとうに飢えて凍えていると知る。これで充分である。この認識におのずと行動がつづく。

人間の活動における真、美、善の真正にして純粋な価値は、唯一無二の行為、すなわち充溢せる注意を対象にそそぐ行為から生じる。

かかる行為を注意の鍛練によって可能ならしめる。教育はそれ以外の目的をもつべきではあるまい。

知育に付随するその他すべての特典に価値はない。

19　学業と信仰(303)。祈りとは純粋なかたちの注意にほかならず、学業は注意をはたらかせる体操に相当する。よって学習行為のひとつひとつが霊的な生の屈折矯正とならねばならない。ただし方法が必要である。ラテン語文を訳するにせよ、幾何学の問題を解くにせよ、方法は問わずではなく、それぞれに固有の方法がある。この方法にのっとった注意の体操は注意をいっそう祈りにふさわしくする。

20　表象《イマージュ》や象徴《シンボル》などを理解する方法。解釈しようとするのではなく、ついには光が溢れでるまでじっと注視せねばならない。ゆえに表象や象徴の実在性を不当に減じることを怖れねばならない。たとえば『バガヴァッド・ギーター』のなかに真の戦いはないなどと断じるのがそうだ。表象や象徴をあまりに軽々しくうけとるくらいなら、過度に字義どおりにうけとる危険をおかすほうがよい。まずは完璧に字義どおりにうけとり、これらをじっくりと長いあいだ注視せねばならない。つぎに字義からいくらか離れて、ふたたび注視せねばならない。これを段階的にくり返し、その後あらためて完璧に字義どおりにうけとる方法にたち帰る。そして、かかる観照から湧きでる光がいかなるものであっても、この光を飲みほさねばならない(岩から湧きでる泉(304))。これこそ民間伝承を解釈する方法である。

一般論として、知性を鍛錬する方法は注視のうちにある。

数学に適用できるか。

（第三種認識？）

実在にもとづくものと錯覚によるものとの識別にこの方法を適用する。感覚的な知覚において自身がみているものに確信がもてないとき、注視はやめずに自身の位置をずらすと、実在的なものが現われる。内的な生では時間が空間の代わりを務める。時間の経過とともにわれわれは修正《モディフィエ》されるが、修正をこうむりつつも、まなざしは同一の事象にとどめおかねばならない。最終的には錯覚が霧散し、実在が現われる。ただし、とどめおかれる注意がまなざしであって執着ではない、という条件がつく。

21　義務に貼りつけられた意志と悪しき願望とが衝突するとき、善に割りふられたエネルギーが磨滅し、願望の咬み傷に受け身で堪えねばならない。自身の悲惨を痛感させる苦しみとして咬み傷に堪えつつ、注意を善へとむけておく。するとエネルギーが質の階梯を上昇する。第二種認識から第三種認識への移行[305]。

願望から時間の志向性を奪い、願望からエネルギーを盗みとらねばならない。

22　われわれの願望は要求がましい自負においては無限であるが、願望を生みだすエネルギーには限度がある。それゆえ恩寵の援けがあれば、これらの願望を抑えこみ、すり減らし、ついには滅ぼせる。これを明確に了解したうえで、注意をこの真理と接触させつづけるなら、願望をうち負かしたも同然である。

23　「わたしはより善きものを見る《ヴィデオ・メリオーラ》が、悪しきことを求めてしまう《デテリオーラ・セクィオール》」(306)。「わたしは自分のしていることがわからない。自分がしたいと思うことをしているのではなく、わたしが憎むことをおこなっている」(307)。かかる状態にある人間は善について考えているような印象を与える。ある意味では考えている。ただ、その実現可能性については考えていない。

24　矛盾の鉗子《ピンセット》(308)で捉えうる真空は、疑いもなく上方に位置する真空である。知性、意志、愛といった自然的能力を研ぎすますほどに、いっそうよく真空を捉えうるからだ。自然的能力を萎えさせたあげくに転がり落ちる真空は、下方に位置する真空である。

25　知性は完全な自由を必要とする。神を否む自由をも含めて。宗教は愛にかかわるのであって、肯定や否定にかかわるのではない。善きものが知性を損なうはずがない。しかし超自然的な愛は、認否機能を有してはいないが、知性以上に十全な実在把握をなしとげる。このことは、超自然的な愛がやどる魂において、知性そのものの行使によって確認されうる。実存しない超自然的な愛について、知性が判断をくだせるはずもないからだ。

知性が把握できぬものは把握できるものより実在的であることを、われわれは知性の行使によって知る。

超越の体験。矛盾する概念と思える。しかるに接触なくして超越を知ることはできない。われわれの能力を総動員しても超越はでっちあげられないからだ。

26　孤独。その価値はどこにあるのか。たんなる物質(空、星、月、花咲く樹木)、すなわち人間精神よりも(おそらくは)価値的に劣る事象とむきあうとき、注意がはたらく可能性が高まる。ここに孤独の価値がある。人間たちとむきあっているときも、注意をおなじ水準に維持できればよいのに……。

27　罪とは人間の悲惨をめぐる無知にすぎない。無意識にとどまる悲惨であり、だからこそ罪がある。キリストの物語が実験的に証明してみせたように、人間の悲惨はほかのなにかに還元できるものではなく、罪のない無辜の人間にも罪びとにもおなじ重圧でのしかかる。ただ、この悲惨は光に照らされている。

28　われわれは神についてひとつのことしか知らない。すなわち神とは、われわれがそうではないなにかである。われわれの悲惨のみが神を表象する。われわれが自身の悲惨を観照すればするほど、神を観照することになる。

29　人間の悲惨を認識するのは富者や権力者にはむずかしい。ほとんど抗いようもなく、自己をなにがしかの存在であると思いなす傾向があるからだ。この認識は、みじめな境遇にある人びとにとってもひとしくむずかしい。ほとんど抗いようもなく、富者や権力者をなにがしかの存在であると思いなす傾向があるからだ。

30　死にいたる罪を構成するのはおそらく過誤ではない。いかなる過誤にせよ、過誤をおかすときに魂にあった光の程度によって、死にいたる罪となるかどうかが決まる。

31

純粋さとは穢《けが》れを注視する力である。

究極の純粋さは、純粋なものも不純なものもひとしく注視できる。不純さはどちらも注視できない。純粋なものには脅かされ、不純なものには呑みこまれてしまう。

(不純さには純粋なものと不純なものとの混淆物が必要なのだ。)

二七　馴致

1　不可能なものに達するには可能なことをやり遂げねばならない。意志、知性、愛といった自然的能力の義務にもとづく適正な鍛錬が、霊的実在との関連ではたす役割は、身体の運動が感覚的事象の知覚との関連ではたす役割にぴたりとかさなる。身体が麻痺した人間に知覚はできない(309)。

2　純粋に人間的な義務を厳密にやり遂げることは、推敲、翻訳、計算といった作業における正確さとおなじ次元に属する。正確さに無頓着であるのは対象への敬意を欠くことだ。義務に無頓着なのも。

3　遅延からゆたかな糧を得るのは霊感にかかわる事象にかぎられる。自然的な義務や意志にかかわる事象に遅延は許されない。

4　戒律は実践を目的として与えられるわけではない。ただ、戒律を理解するには実践が求められる。戒律とはいわば音階である。音階を学ばずしてバッハ(310)は弾けない。一方で、音階のためだけに音階を学びもしない。ウパニシャッド、老子。

5　自身のなかに思いがけず傲慢な考えや虚栄心を発見したとき、しばし、過去の生の屈辱的な思い出に注意のまったきまなざしをむけ、もっとも苦々しく考えうるかぎりもっとも堪えがたいものを選びださねばならない。馴致《ドレッサージュ》(311)。

6　願望や嫌悪または快楽や苦痛を、自己のなかで変質または抹殺しようとすべきではない。それらを色彩の感覚印象《サンサシオン》とおなじく、感覚印象によせる以上の信頼をよせることなく、受動的に甘受せねばならない。わたしの窓ガラスが赤ければ、一年じゅう昼も夜も合理的であろうと努めても、部屋がばら色に染まるのを見ずにはいられない。また、部屋がこう見えるのは必然にして当然のなりゆきだと知っている。同時に、窓ガラスとの関連性を知っているので、情報としてはこの色調に限定的な信頼をおくにとどめる。わたしのなかに生じるあらゆる願望や嫌悪または快楽や苦痛は、かく甘受すべきであって、これ以外のかたちで受容してはならない。すべてを無差別に生起させる必然に由来するかぎり、それらすべては神に由来する。それ以外にはありえない(スピノザの認識による救済[312]とはこのことか)。

他方、われわれは内部に暴力原理すなわち意志をも有するのであるから、限界はあるにせよ、この限界に達するまでは、この暴力的な原理を暴力的に行使せねばならない。あたかも、かかる願望や嫌悪をもたぬがごとき行動へと、暴力的に自己を駆りたてる。しかも感受性を説得するのではなく強いて服従させる。すると感受性は反撥する。この反撥を、外在的な事象とおなじく、窓ガラスが赤い部屋のばら色とおなじく、受動的に甘受し、味わい、愉しみ、感じとり、受けいれねばならない。

この精神にうながされて自己に暴力を振るうたびに、自己のうちなる動物[313]を馴致する作業において、われわれは多少の差こそあれ現実に進歩する。動物のなかに無限が存在しない以上、この馴致作業には限界がくる。早すぎる死により頓挫しなければ、いつかはついに馴致が完了すると確信できる。なにがあっても完了するまえにやめてはならない。

限界(暴力によって意志を行使する限界)をどこにさだめるかは問題ではない(同様に、おのれに課する日々の祈りが二分間であろうと七時間であろうと、実践しさえすれば長さは問題ではない)。

いうまでもなく、かかる作業によって馴致をうながすには、感受性が理性に反する願望や嫌悪をひきおこすときにかぎり感受性を笞打つべきであって、願望や嫌悪が理性にかなっていたり無関係であったりするときに笞打ってはならず、暴力はたんなる手段、馴致の手段でなければならない。犬を馴致によってサーカスの学者犬に仕立てあげるには、笞打つためではなく馴致するために笞打たねばならない。ゆえに、犬が訓練で失敗をしたときのみ笞打てばよい。ときに笞を砂糖の塊にかえても不都合はない(砂糖だけが有効な時期もある)。重要なのは笞でも砂糖でもなく馴致である。規律もなくむやみに笞打てば、いっさい馴致に適さない犬にしてしまう。これが悪しき禁欲主義のもたらす結果だ。

自己に加える暴力は、理性に由来するか抗いがたい衝動によって課せられるか、そのいずれかである。もっとも後者の場合、暴力が自己に由来するとはいえない。

自己におよぼす暴力のうち、筆頭にあげるべきもっとも必然的な暴力は、明確に義務と思えることの実践である。

7　わたしを襲うさまざまな困難の源泉は、疲弊や生命エネルギーの欠如ゆえに、わたしが通常の活動の水準にさえ達していないことに起因する。なにかがわたしを捕らえ、持ちあげるなら、わたしは上昇する。すると、この瞬間を通常の活動に浪費するのが惜しくなる。ほかの瞬間には、自己に加える勇気のない暴力を自己に加えねばならなくなる。

結果として生じる振舞いの変則性を受けいれることもできよう。だが、受けいれるべきで[314]はないと、わたしは知っているし、知っていると思う。この変則性は他者への怠慢の罪を内包する。そしてわたし自身はこの変則性の囚徒である。

では、いかなる方法があるか。

「あなたがお望みなら、わたしを浄くすることができます[315]」。

努力の感覚を苦しみの受動的な感覚に変容する訓練を積まねばならない。これは確かだ。わたしには稀なことだが、努力くらいはできる、やりかたを選ばぬならば。

8 「山よ、岩よ、われらのうえに倒れかかり、仔羊の怒りから匿《かくま》ってくれ[316]」。わたしはこの瞬間にも仔羊の怒りにさらされるにふさわしい。

十字架の聖ヨハネ[317]によると、容易だが凡々たる義務の遂行を妨げる霊感は、よからぬ方面からやって来る。これを忘れてはならない。

義務は自我《モワ》を殺すために与えられる。なのに、わたしはかくも貴重な道具を錆びるにまかせてきた。

外的世界の実在を信じるには、命じられた瞬間に義務をはたさねばならない。

時間の実在性を信じねばならない。さもなければ夢をみているのだ。

もう何年もまえに、自分のなかに怠惰の宿痾《しゅくあ》を認め、その重大さを理解しておきながら、一掃する手をいっさい打たずにきた。どんな言い訳があろうか。(318)一〇歳に始まり、ひたすら膨れあがっていったのではないか。だが宿痾はいかに大きくても有限である。それで充分だ。たとえ大きすぎて、この生において根絶する可能性を、したがって完徳に到達する可能性を奪われているとしても、存在する万象とおなじくこの宿痾もまた、愛をもって受容されねばならない。宿痾が存在し、悪性で、有限であると知っていれば、充分である。これら三側面を別個かつ総括的に知ることは、宿痾の撲滅の工程《プロセス》の開始、その後のたえまなき継続を暗に示唆する。逆に、この工程が始まらないのは、自分の書いていることすら、ほんとうには知らないのだという兆候《シーニュ》である。

　わたしは「はい、主よ」と答えながら、葡萄園に行かなかったほうの息子だ。「いいえ」と断ったほうがましだ。せめて嘘はつかずにすむ。

必要なエネルギーはわたしのなかにある。生きるためのエネルギーだから。このエネルギーを自己からひき剝がすのだ。そのために死ぬことになろうとも。

9 たえざる内的な祈りを措いて、善悪を識別する完璧な規準はない。この祈りを中断させぬものはすべて許され、これを中断させるものはすべて禁じられる。祈りながら行動して他者に危害を加えることなどできない。ただし、真の祈りであるという条件がつく。とはいえ、かかる境地に達するまえに、諸規律の遵守によって意志をすり減らしておかねばならない。

10 障碍といえども有限であり、わずかずつでも削りとっていけばいずれは抹消できると知って、落胆せずにいれば、それで充分である。このことを知らぬ者はダナオスの娘たちのうけた呵責にさらされる(319)。

自身のうちにかかえる悪が有限であり、一瞬にせよ魂がわずかでも善の方向をむきさえすれば、悪を微量ながらも削減でき、さらには霊的な領域にあって善は善しか生まない。この認識が希望である。

11　純粋に霊的な領域においては、過つことなく善は善を生み、悪は悪を生む。[320] 逆に、心理的なものも含めた本性的な領域においては、善と悪とは互いを生みだしあう。ゆえに霊的な領域に達するまで安心はできない。――自力ではなにひとつ手に入らず、すべてを外部から、つまり高みから期待するしかない、まさにそういった領域に達するまでは。

二八　知性と恩寵

1　知性で捉えられぬものは知性で捉えうるもの以上に実在的であることを、われわれは知性を駆使して知っている(321)。

2　信仰とは知性が愛によって照らされる経験である。善の光としての真理。諸本質を凌駕する善。われわれが真理を認めるわれらのうちなる器官、それは知性である。われわれが神を認めるわれらのうちなる器官、それは愛である。

「魂の眼がほかならぬ証明である」(322)。真理のために。だが、神性を観照する魂の眼とは愛である。

ただ、知性は自身に固有の手段によって、すなわち事実確認と論証によって、愛の優位を承認せねばならない。知性は、屈服する理由を完璧に緻密で明晰なる方法で知ってはじめて、愛に屈服すべきである。さもなくば屈服は誤りであり、知性が屈服しているのは、名札《エティケット》とは関係なく、超本性的な愛以外のなにかである。（たとえば社会的な影響など。）

3　知性の領域における謙遜の徳とは注意にほかならない[323]。

4　悪しき謙遜[324]は、個《ソワ》としての自身、特定の人間存在としての自身を、無にすぎぬと思わせるにいたる。

真の謙遜とは、人間存在としての自身、より広義には一被造物としての自身を、無にすぎぬと知ることである。

知性がここでおおいに力を発揮する。普遍的なものを構想せねばならない。

5　われわれがバッハやグレゴリオ聖歌の旋律に耳を傾けるとき、この完璧な美しさをそれぞれの流儀にしたがって捉えるべく、魂のあらゆる能力は沈黙し、身構える。なかんずく知性が活躍する。知性にとっては肯定すべきものも否定すべきものもない。ただ、自身を養う糧をみいだせばよい。

信仰とはこの種の同意であるべきではないのか。

信仰にかかわる諸秘義は肯定や否定の対象となるや堕落はまぬかれない。秘義は観照の対象であるべきだから。

6 真の愛における知性の特権的な役割は、機能するまさにその瞬間にみずからを抹消するという、知性の本性に由来する。もろもろの真理に近づくための努力はできるが、ひとたび真理が眼のまえに現われるや、わたしはもうなにもできない。

7 知性ほど真の謙遜に近いものはない。現実に知性を行使しつつ知性を誇ることなどできない。知性を行使するとき、知性に執着はできない。たとえ自身がつぎの瞬間に知的能力のすべてを失い、生涯そのままだったとしても、真理は存在しつづけると知っているからだ。

8 カトリック信仰のもろもろの秘義は、他の宗教的・形而上学的伝承の秘儀とおなじく、魂のすべての部分に帰依を求めるようにはできていない。聖体《ホスティア》にキリストが現前するといっても、ポールの身体にわが友ポールが現前するのとおなじ含意の事実ではない。でなければ超然的ではなくなる。（いずれもひとしくわれわれの理解を超を諸事実を把握するわたしの部分にとって信の対象となってはならない。この点で(受肉あるいは理神論については)プロテスタントの教義に一面の真理がある。だが、聖体におけるキリストの現前は一象徴にとどまらない。[325] なぜなら象徴とは抽象と表象の結合であって、人間の知性にとって表徴可能ななにかであるから、超本性的なものではない。この点で真理を擁するのはカトリックであってプロテスタントではない。超本性的なものにふさわしく創られた部分だけが、これらの秘義に帰依すべきである。ただし、この帰依は信というより愛である。愛徳と信仰の相違とはなにか。

知性――肯定か否定かを決定し意見を措定するわれわれの一部――の役割はもっぱら服従の一語につきる。わたしが真だと構想するいっさいは、わたしがその真理を構想できぬままに愛している諸事象ほども真ではない。十字架の聖ヨハネは信仰を暗夜と呼んでいる。キリスト教の養成をうけた人びとにあっては、魂の低劣な部分がまったく資格がないにもかかわらず、これらの秘義に厚かましくも愛着をよせたりする。だからこそ彼らには浄化が必要である。その諸段階については十字架の聖ヨハネが詳述している。無神論や不信心はこの浄化の等価物たりうる。[326]

9 新奇なものを発見したいという願望は、すでに発見された事象にひそむ超越的で表徴不能な意味に思考をとどめおく妨げとなる。ところが、才能を完全に欠くわたしにかかる願望をいだく可能性はない。すばらしい恩恵というべきだ(327)。知的賜物の欠落を自覚し、これを受諾するなら、私利私欲なく知性を行使するほかなくなる。

10 探求すべき対象は、超自然的なものではなくこの世界でなければならない。超自然的なものは光である。対象にしてはならない。貶めてしまうから。

11 この世界は複数の意味をやどす織布《テクスト》(328)である。人間は労働を介してひとつの意味からべつの意味へと移動する。外国語のアルファベットを習得するときとおなじく、労働には身体の関与が欠かせない。このアルファベットは何度も文字をなぞるうちに手のなかに入りこむ。

これ以外の流儀で思考法に生じる変化は幻想にすぎない。

12 あれやこれやの見解からどれかを選びだす必要はない。すべての見解を受けいれ、それらを垂直に積みあげ、それぞれに適した水準に位置づければよい。

偶然、運命、摂理についての見解もまた然り。

13　知性は秘義の深奥に入りこむことはできない。しかるに知性は、というより知性のみが、秘義を記述する語の妥当性を判断しうる。知性は、他のいかなる任にもましてこの任をまっとうするために、いっそう射抜くがごとく鋭く、いっそう精確さと厳密さをきわめ、いよいよ決然たる要請を突きつけねばならない。

14　ギリシア人は真理のみが神的な事象にふさわしく、誤謬や概略《おおよそ》はふさわしくないと信じていた。神的な特質が認められるや、精確さの要請は緩められるどころか厳しくなった。ところが、われわれは宣伝《プロパガンダ》の悪習のせいでひどく堕落してしまった。ギリシア人が厳密な論証を発明したのは、幾何学のうちに神的な啓示を認めていたからだ。ゆえにピュタゴラスは犠牲を捧げた(329)。

15　人間と超本性的なものとの関係性の領域においては、数学を超える厳密さを求めねばならない。科学を超える厳密さがなければならない。これが科学の一効用であるべき。

16 デカルト的な意味での合理的なもの、すなわち機械論《メカニスム》、あるいは人間が表徴しうる必然は、それが可能なところではいつでも想定されねばならない。合理性へと還元できぬものに光をあてるために。

科学は、今日、自身をこえる霊感の源泉を探すべきだ。さもなくば滅びるしかない。

17 理性を活用するなら、諸事象は精神にとって透明となる。だが透明なものは眼にみえない。われわれは透明なものの向こうに不透明なものをみる。透明なものが透明でなかったときに背後に隠されていた不透明なものをみるのだ。われわれがみるのはガラスについた埃、もしくはガラスの向こうの景色である。ガラスそのものはみえない。埃をきれいに拭っても景色がみえるだけだ。理性は、真の神秘にぶつかるために、実在的なものにほかならぬ真に証明不可能なものにぶつかるためにのみ、論証するという自身の役割をはたさねばならない。理解不能ではないがいまだ解明にいたらぬものがあると、真に理解不能なものが埋もれてしまう。だからこそ前者は理性によって除去されねばならない。

洞窟。照らされた諸事物は不透明である。(330)

18　科学の効用。三つしかない。(一)技術的応用――(二)チェス競技――(三)神へといたる道程。(チェス競技は試合や賞金やメダルによって娯楽の要素を煽られる。)

19　数学をめぐるこの神秘的な構想のみが、幾何学の草創に必要な注意の質量を供給しえた。(そもそも天文学が占星術から派生し、化学が錬金術から派生することは認知されているではないか。ただしこの派生は進歩と解されている。じっさいは注意の頽落にすぎぬのに。超越的な占星術または錬金術とは、恒星または諸物質の結合が供する象徴群のうちに永遠なる諸真理をみてとる観照のことである[331]。天文学と化学は、超越的な占星術と錬金術の頽落である。魔術としての占星術と錬金術は、天文学と化学にも劣る頽落である。宗教的な注意のうちにしか注意の充溢はない。)

20　カトリックの宗教にとって大いなる不幸はガリレオの断罪であった。断罪が不当であったからではない。むしろ、ある意味で、根底において申し分なく正当であったにもかかわらず、形態においてあまりに不当であったがゆえに、その正当性が贖いようもなく隠蔽されてしまった。

かつての円環運動に代えて際限なき直線運動を原理としたがゆえに、科学はもはや神へといたる架け橋たりえなくなった。

21 カトリックの宗教の哲学的な清掃[332]はついぞ実行されなかった。これを実行するには内部にいると同時に、外部にも身をおかねばならない[333]。

二九　読み

1　他者。個々の人間（自身の似姿）を、そのなかにひとりの囚徒が住まっている独房とみなし、その周囲に全宇宙があると考えよ。[334]

2　エレクトラは権力者の父の娘でありながら奴隷の境遇におちぶれて、ひたすら弟に希望を託していたが、行きあった若者から弟の死を告げられる。エレクトラが悲嘆の淵に沈んだ瞬間、この若者が弟だと知る。[335]「彼女らは彼を園の番人だと思っていた」[336]。見知らぬ他者のうちに弟を認めるように、世界のうちに神を認めねばならない。

3　われわれは他者を読み、同時に他者から読まれてもいる。[337] 複数の読みの相互干渉。われわれの読みどおりにおまえ自身を読めと他者に強いる（隷従）。われわれ自身についての読みどおりにわれわれを読めと他者に強いる（征服）。

いかなる仕組《メカニズム》なのか。

往々にして耳の聞こえない者どうしの対話となる。

公正／正義《ジュスティス》。他者というものは、当人をまえにして（あるいは当人を思いうかべて）われわれが読みとるものとは別物たりうることを、いつでもすみやかに認める心構えでいなければならない。あるいはむしろ、他者とはわれわれの読みとはまちがいなく別物である、それどころか似ても似つかぬ代物であることを、他者のうちに読みとらねばならない。

だれもが自分にたいする別様の読みを求めて沈黙の叫びをあげている。

4　愛徳と不正はさまざまな読みを介してはじめて定義しうる——したがって、いっさいの定義をまぬかれる。善き盗賊の奇蹟は神に思いをはせたことではなく、隣人のうちに神を認めたことだ。ペテロでさえ、鶏鳴を聞くまではキリストのうちに神を認められなくなっていた。でなければ否認したはずがない[338]。

偽りの預言者たち（奇蹟をおこなう偽者たち——本物の奇蹟をおこなう偽者たちか[339]）のうちに誤って神を読みとり、殺される人びともいる。かかる犠牲は神の王国へと導きはしない。

つねに正しく読めると自負できる人間がいるだろうか。

だからこそ真理を乞い求めねばならない。

（神の摂理によって各人にふさわしいものが与えられるなら、つねに正しい読みができると確信できるか。そうではない。）

公正にそむく意図をもって、あるいは公正の誤った読みによって、われわれは不正をおかしうる。たいていは第二の場合による。

公正への愛がどれほどあれば、誤った読みをせずにすむ保証となるのか。

だれもが自身の読みとる公正にしたがってつねに（ほとんどつねに）行動する。ならば公正と不正を分かつ相違はなにか。

ジャンヌ・ダルク。今日、彼女を大仰に弁じたてる人びとも、当時に居合わせていれば、ほぼ例外なく断罪する側に回っただろう。もっとも審問官たちは、聖女または祖国のために戦う乙女ではなく魔女を断罪したのである。

あれやこれやの誤った読みをもたらす原因。世論はきわめて強力な原因となる。もろもろの情念も。

ジャンヌ・ダルク。その物語のうちに当時の世論が命じたものが読みとれる[340]。ただ、ジャンヌ自身にも確信はなかった。キリストは……。

虚構の道徳問題に誹謗中傷は存在しない。

偉大な文学作品。真理を隠す蔽い。だが蔽いは透明である。『エレクトラ』『アンティゴネー』。アンティゴネーさえ疑いをいだく……[341]。

無辜《むこ》であることが認知されぬのなら、いかなる希望がありえよう。

5　さまざまな読み。一定の質の注意が与えられぬかぎり、読みは重力にしたがう。

われわれは重力が示唆してくる諸見解を読みとる。

より高度な質の注意が与えられるなら、重力そのものを読み、さらには可能な均衡の諸体系を読むこともできる。

6　多重の読み。感覚印象《サンサシオン》の背後に必然を、必然の背後に秩序を、秩序の背後に神を読みとらねばならない。

7　「裁いてはならない」[342]。キリスト自身も裁かない。彼自身が裁きである。裁きの尺度としての苦しむ無辜の存在。

裁き、遠近法[343]。あらゆる裁きは裁きをくだす者を裁く。裁いてはならない。だからといって無関心でもなく放棄でもない。それは超越的な裁きであって、われわれには不可能な神の裁きの模倣である。だが「天の父が完全であるように、あなたたちも完全でありなさい」(344)とも。

三〇　ギュゲスの指輪

1　ヨーロッパ以外の諸文明。瑕疵《かし》の存在じたい、それらが依拠する宗教の不完全さの証左である、とされる。ところで、ヨーロッパにおける過去二〇世紀の歴史を振りかえると、他の文明に負けず劣らずの瑕疵が容易にみつかる。アメリカ大陸を虐殺により、アフリカ大陸を奴隷制により荒廃させ、南仏《ミディ》を度重なる殺戮により蹂躙した(345)。これらはギリシアの同性愛の風習(346)、ギリシアやインドの乱痴気騒ぎの祭儀に文句なく匹敵する。しかるにヨーロッパではキリスト教の完全さにもかかわらず瑕疵が生じたのだが、他の文明では当該宗教の不完全さゆえに瑕疵が生じたという理屈である。

かかる見解は、誤謬を生みだす仕組《メカニズム》の典型として熟考にあたいする。別枠におく。ギリシアやインドを裁定するさいには悪を善との関連でとらえる。キリスト教世界を裁定するさいには悪を別枠におく。

そうと気づきもせずに別枠におく。そこに危険がある。さらにまずいのは意志的な行為によって別枠におくことだ。ただし自身の意識を逃れてこっそりと。その後、別枠においたことすら知らんぷりを決めこむ。知りたくもない。知りたくないと思いつめるうちに、ついには知ることができなくなる。

2　別枠におくという裁量権はあらゆる犯罪への道をひらく。教育や馴致が堅固かつ解消困難な絆を生みだす領域の圏外にあるすべてにとって、この裁量権は限界なき放縦をもたらす鍵となる。そのせいで人びとはみごとに支離滅裂な振舞いに走る。なかんずく社会的なもの、(347)集団的な感情、戦争、国籍／階級差ゆえの憎悪、政党や教会への愛国心《パトリオティスム》にも似た執着などが介入するや、一貫性は失われる。社会的事象の威信に蔽われたものは、ことごとく他とは異なる場所《トポス》に配されるので、ある種の関係性をまぬかれる。このせいでわたしには時間の経過がひどくつらく感じられる。

われわれが快楽の魅惑に屈するときも、くだんの鍵が使われる。

わたしが義務の遂行を一日また一日と先延ばしするときも、この鍵が使われる。義務と時間の経過とを分けて別枠においているのだ。

この鍵を投げすてることがなにより望まれる。二度と拾いあげられぬ井戸の底にでも投げすてればよい。

鍵を投げすてる、ギュゲスの指輪[348]を投げすてる行為は、意志に固有の努力である。闇のなかで眼もみえぬまま、洞窟のそとへとふみだす苦痛にみちた歩みである。

3　ギュゲスの指輪、すなわち姿をみえなくすること、これこそ別枠におく行為である。自身と自身のおかした犯罪とを分けて別枠におく。両者をつなぐ絆をみいださずにおく。一方でわたしが存在し、他方で犯罪がおこなわれる。

ギュゲス。わたしは王となった。前王は暗殺されていた。——ふたつの事象になんの関係もない。指輪の効能。

ある工場主。わたしにはあれこれ金のかかる娯楽があり、うちの労働者たちは窮乏に喘いでいる。自工場の労働者に心からの憐憫をいだきつつも、自身の娯楽と労働者の窮乏とを関係づけはしない。おおいにありうる。

思考が関係を生みださぬかぎり、いかなる関係性も形成されない。2と2はいつまでも2と2のまま残る。思考が加算をして4を生みださぬかぎりは。

われわれは自身が形成する気のない関係性を形成せよと、われわれに強いる人びとを疎ましく思う。

互いに類比する諸事象のあいだに、相似変換の諸項をつなぐ同一の関係性を確立する。たとえそれらの事象の一部がわれわれと個人的な関わりがあり、ある種の愛着の対象である場合であっても。それこそが公正《ジュスティス》／正義である。

このように構想された正義の徳は、本性的なものと超本性的なものとの接点に存する。意志と明晰なる知性の領域に、すなわち洞窟(349)の領域に属する(われわれの明晰さとは暗闇なのだから)。とはいえ、光のなかへとふみだす覚悟なしには、洞窟のなかで挫《くじ》けずにいることはできまい。

三一　宇宙の意味

1　われわれは全体を模倣すべき一部分である。

2　アートマン[350]。それぞれの人間の魂が全宇宙をおのれの身体とすればよい。魂にとって全宇宙が、蒐集家にとっての蒐集品、「皇帝万歳」と叫んで斃《たお》れた兵士にとっての皇帝ナポレオンとなればよい。魂はいずれ固有の身体から抜けでて、ほかのもののうちに移りすむものだ。であるなら全宇宙のうちに移りすめばよい。宇宙そのものと一体になればよい。宇宙の総体にわずかでも欠けるものは、部分にすぎぬので外的な諸力にさらされるがゆえに、苦悩に服する定めにある。

わたしが死んでも事情は変わらない。宇宙は存続する。わたしが宇宙ならざるなにかであるなら、慰めはない。だが、わたしの魂にとって宇宙がもうひとつの身体であるなら、わたしの死は見知らぬだれかの死とおなじく、いっさいの重要性を失う。私の苦悩もまた然り。

杖が盲人にとっての手であるような[351]意味で、全宇宙がわたしにとっての身体となればよい。じっさい、盲人の感受性はもはや手にはない。杖の先端にある。読み。

それには見習修業《アプランティサージュ》が必要である。

ようするに遠近法的な展望を失うことだ。（空中浮揚と絵画における空間遠近法にむけられた中国の関心は、展望の喪失に呼応するのではないか。）

3 自身の愛をまずは純粋な対象に限定し、ついで全宇宙にまで拡張する——おなじことだ。

ストア派とおなじ考えである（わたしは所有するいっさいを一身に帯びている[352]）。

正当な理由により貴重とされる諸事象は仲介《メタクシュ》である。

自己と物理的（？）世界との関係性を変える。職人が見習修業を介して自己と道具との物理的な関係性を変えるように。水夫は自己と船との関係性を変える。怪我をする。そのつど肉体に入りこむのは仕事《メティエ》である。苦しみのひとつひとつが宇宙を肉体に入りこませるとよいのに。

道具は感受性の一様態を失わせ、他の様態に取って替わらせる。自身の疲弊も苦しみも感じない。切削盤《フライス》が部品に接するのを感じ、どのように接するかを感じる。仕事というものは感受性の転移のうえに成立する。梃子——下がっているのに上がっていると感じる。(353)

習慣、熟練、自身の肉体ならざる対象への意識の移動。

その対象が宇宙、四季、太陽、星辰であればよい。

虚空《エスパス》が感受できるとよいのに。

ブラフマンは虚空である。(354)

ジョット。(355)

肉体と道具との関係性は見習修業を介して変わる。肉体と世界との関係性も変えねばならない。

持続における変化。

執着を断つのではない。執着の対象を変える。森羅万象に執着するのだ。

憎んでいるものをやがては愛せるかもしれない。とことん憎悪を味わいつくす。憎んでいるものを知りつくすこと。

わきあがる感覚を逐一たどって降りてゆき、アートマンとひとつになる。

だれが憎んでいるのか。

それはわたしではない。ほんとうだ。わたしではない。空間のこの一点にいるのは、わたしではない。

ひとつひとつの感覚印象を介して宇宙を感受する。それが快楽であろうと苦痛であろうとかまわない。愛するひとと久しぶりに再会して握手をする。相手が強く握りすぎて痛いからといって、それが問題だろうか。

あまりの苦痛に世界が失われる段階がある。その後、ふたたび世界をみいだすなら、安らぎがおとずれる。その後にまた激痛の発作に見舞われても、安らぎもまたおとずれる。

このことを知っているなら、苦痛の段階そのものが安らぎを予感させ、世界との接触を断たれずにすむ。

4　自身が無になるすべを知らぬかぎり、自身をのぞく森羅万象が実存しなくなる瞬間に立ちいたる危険と背中合わせである。

5　外的な必然または呼吸のごとく抗しがたい内的な欲求。「中枢にある気息たらん」[356]。胸の痛みゆえに呼吸がいかに苦しくても、呼吸はする。そうするほかないのだから。

6　肉体の生命の律動（呼吸が時間を測る）を世界の生命の律動（恒星の自転）に関与させ、この関与をたえず感受し（知識としてだけでなく身をもって感受する）、物質のたえざる交流をも感受せねばならない。この交流のおかげで人間は世界のなかに浸っていられるのだから。

ひとりの人間から生あるかぎり断じて奪いえぬものとは、意志の力がはたらきうる運動としては呼吸（ほかに、例外はあるにせよ意志の支配のおよばぬ有機的な変容、または鎖で縛られる四肢の運動）、知覚としては空間（独房に放りこまれて眼球や鼓膜を抉《えぐ》られても知覚せずにはいられぬもの）である。

いかなる状況でも奪われたくはないもろもろの思考を、この交流に貼りつけねばならない。

7　「おのれとおなじく隣人を愛せよ[357]」は、万人をひとしく愛せという意味ではない。わたしも自身の実存様態のすべてをひとしく愛しているわけではない。また、隣人をぜったいに苦しめてはならぬという意味でもない。わたしも自身を苦しめることを拒みはしないのだから。むしろ各人にたいして、全宇宙について考えるひとつの様式を、宇宙の一部ではなく全宇宙について考えるべつの様式に関連づけねばならない。

わたしから十歩離れたところにいる人間は、わたしにたいして特定の懸隔（十歩）を擁するなにかであるが、ひとつの知覚にもとづく展望でもあって、その展望のもとに森羅万象が現われでる。わたしと他者との関係性と盲人と杖との関係性には、なんの類比も認められず、その逆の関係性にも類比は認められない。ゆえに奴隷の境遇は自然と理性の双方に逆らう。

8　**世界に生起するできごとを認めないのは、世界がかく在らぬ[358]ことを願うにひとしい。わたしは自力でこの願いを叶えうる。願えば、叶う。だが、わたしは宇宙の腫瘍となる。**[359]

（民間伝承における祈願。願いには危険がつきものだ、叶えられるという危険が。）

世界がかく在らぬことを願うとは、自身が、このままで、すべてでありたいと願うことにほかならない。

9　全宇宙が、わたしの足もとの小石から遥かなる星辰にいたるまで、その両端に介在する万物をもひっくるめて、あらゆる瞬間に、わたしにとって、アルノルフにとってのアニェス、[360] またはアルパゴンにとっての小箱[361]に匹敵する充溢をともなって存在すればよい。

第二の身体。盲人の杖はその一例。アルパゴンの小箱はべつの一例。

わたしが望むなら、財宝が守銭奴に属するように、世界がわたしに属することもありうる。だが、それは増えない財宝である。

10　他のなにかに還元できぬ〈われ《ジュ》〉、わたしの苦しみの揺るがぬ基盤たる〈われ〉を、普遍的なものにすること。

11　わたしのなかに一度も歓びがなくてもかまわない。神のなかには恒常的に完全なる歓びがあるのだから。善性、知性、その他すべてについても然り。

12　自身の救霊を願うのはよくない。利己的《エゴイスト》だからではない（利己的たるは人間の力に余る）。魂を存在の充溢へと、無条件に存在する善へと導くのではなく、個別的で偶然に左右されるたんなる可能性へと導くからである。

13　わたしが願い求める——したがってわたしが善とみなす——いっさいは実存する、実存した、どこかで実存するだろう。なにからなにまで発明する力はわたしにはないのだから。ならば願いが叶えられぬわけがない。

14　ブレアル[362]。かつては、生きている彼を、わたしには心地よい会話を可能にする場である自宅でくつろぐ彼を想像せずにはいられなかった。……ゆえに彼の死を意識したとき、ぞっとする寂寥に襲われた。鋼鉄の冷たさ。ほかに愛にふさわしい人びとがいたとしても、それがなんになる。わたしが彼にそそいでいた愛、彼とでなければ成立しえない交流の内的な素描にともなわれた愛は、その対象を失った。いまはもう、彼を生きていると想像はしない。彼の死も堪えられぬほどつらくはない。思い出はいまでは心地よい。ほかにも友人はいる。当時はまだ知らなかった人びとだが、その死からもおなじ衝撃をうけるだろう。

ドトゥフ[363]はまだ死んでいない。だが、わたしが彼にいだいていた友情は死んだ。おなじような苦痛をかきたてて。彼はもはや影にすぎない。

その他の人びとについても同様の心境の変化が生じるとはとても想像できない。ほんのすこしまえまで、わたしの意識には存在していなかった人びとなのだ。

わが子が三年まえには無であったことが実感できない両親のように、われわれは愛する人びとをつねに知っていたのではないことを実感できない。

おそらくは、わたしの愛しかたがよくない。さもなくば、こんなふうにはなるまい。限られた人びとに愛を貼りつけたりせずに、愛されるべき万象にこそ愛を差しだしたろうに。

「あなたたちも天の父とおなじく完全でありなさい[364]」。太陽が輝くように愛する。愛をまずは自身に連れもどし、ついで森羅万象へと拡げる。神のみが森羅万象を愛し、かつ神は自身のみを愛する。

神において愛する。想像をこえる至難のわざである。

15 (頭痛のときのように)わたしは自身のみじめさで全宇宙を穢し、しかもそれを感知せずにいることもできるし、みじめさを自身にのみ集中させることもできる。

16 想像と事象との不一致に堪えねばならない。あたらしい事象に適合させるために、あらたに想像の体系を構築してはならない。

「わたしは苦しい」のほうが「この景色はみにくい」よりましだ。

17　世界の天秤——ゼウスの黄金の秤(365)——におかれた自身の重みを変えようと欲してはならない。

18　乳は牝牛の全身に蓄えられているが、乳房からしか搾れない(366)。同様に、全世界が聖性を生産する。

三二　仲介《メタクシュ》

1　わたし自身を含めたこの世界の創られたもののいっさいは、わたしにとって目的であることを拒否する。これはわたしにたいする神の究極の憐れみである。これこそが悪である。悪とは神の憐れみがこの世界でひきうける形相《フォルム》である。

2　この世界は閉ざされた扉だ。障壁であると同時に、通路でもある。

3　隣りあう独房にいるふたりの囚徒は、壁を叩いて意志を伝えあう。壁はふたりを隔てるが、意志の疎通を可能にもする。われわれと神も然り。あらゆる隔離は一種の絆である。

4　われわれは善への願望をあまさずひとつの事象にそそぎこみ、この事象から自身の実存条件をつくりあげる。といっても、われわれの実存は善ではないので、この事象を善とするわけではない。われわれはつねに実存以上のなにかを欲する。

5　被造物である諸事象は本質からして仲介《メタクシュ》(367)である。

互いに仲介の役割をはたしあい、この連鎖は終わらない。それらは神へと導く仲介である。

被造物を仲介として、認識、愛、行動のうちに感受せねばならない。

6　ギリシア人の架け橋(368)。われわれはこれを相続した。だが使いかたを知らない。われわれはそこに家を建てるために作られたと信じた。摩天楼を築き、いまもたえず階に階を継いでいる。それが架け橋——通るために作られた、神へといたる道程——であることを知らない。

7　超本性的な愛で神を愛する者のみが、もろもろの手段をたんなる手段とみなし、この地上に実存するいっさいを必然に帰することができる。

8　権力は純然たる手段である。だからこそ、理解していない人間にとっては至上目的となる。

9　この世界は必然の領域であって、手段以外のものをなにひとつ提供しない。相対的な善も手段にすぎない。われわれの意欲は、玉突きの玉のごとく、不断にひとつの手段からべつの手段へと追いやられる。
あらゆる願望は糧への願望とおなじく矛盾をまぬかれえない。

10　愛。愛するひとから愛されたいと思う。だが、そのひとが完全にわたしに献身的になってしまうや、そのひとは実存しなくなる。わたしはそのひとを愛するのをやめる。満腹。他方、そのひとが完全に献身的にならぬかぎり、わたしをしかるべく愛しているとはいえない。

11　願望は悪しきもので、虚言を弄する。とはいえ願望なくして、われわれが真の絶対を、真の無際限を求めることもない。願望を経由するほかはない。疲労ゆえに願望の源泉たる余剰エネルギー(369)を奪われた人びとは不幸である。

願望ゆえに分別を失った人びとも不幸である。

おのれの願望を両極の中軸に引っ掛けておかねばならない。[370]

12 滅ぼすことが悪であるものとはなにか。低きにあるものではない。そんなものに価値はないのだから。高きにあるものでもない。滅ぼしたくても手がとどかないのだから。種々の仲介。仲介とは善悪の混在する領域である。

いかなる人間からもその仲介をなにひとつ奪ってはならない[371]。

13 真の地上的な善は仲介である。自身の所有する地上的な善もしょせんは仲介にすぎぬと考える人びとのみが、他者の所有する地上的な善（たとえば異邦の都市《シテ》[372]）を尊重できる。さらに自身の善を仲介と考える時点で、これらの善を必要としない境地に近づきつつあるといえる。

14 唯一の原理から発して、すべての能力が自由に混淆することなく機能する状態。これが小宇宙《ミクロコスモス》、宇宙の模倣である。聖トマスの描くキリスト[373]。『国家』の義人[374]。（きわめて重要。プラトンが専門化をとりあげるとき、単独の人間における諸能力の専門化を語っているのであって、複数の人間の分担する専門化を語っているのではない。序列についても然り。『政治家』[375]を読むこと。現世的なものは、もっぱら霊的なものによって、霊的なもののためにのみ意味を有するが、霊的なものと混淆することはない。現世的なものは郷愁に誘われて、超克によって霊的なものへと導かれる。架け橋として、仲介としての現世的なもの。これがギリシアとプロヴァンス地方の召命である[376]。)

オック語圏、ギリシア、力の崇拝なき文明。現世的なものは架け橋にすぎない。彼らは種々の心情《エタ・ダーム》[377]における強度を求めず、種々の感情《サンチマン》の純粋さを愛した。

力の影響をまぬかれているものは純粋である。

彼らにとって、愛は征服欲とは無縁の純粋な願望であった。人間が神にいだく愛もそうだ。

三三　美

1　美とは偶然と善の織りなす調和である。

2　必然の創造主たる神。美の創造主たる神。善の創造主たる神。〈父〉〈ことば〉[378]〈霊〉。自身の固有の法則に、もっぱらその法則にのみ忠実でありつつも、善に服従する必然、これが美である。肉のうちに受肉した正義、これが厳密な意味での美である。肉のうちに正義と関わりのあるものなど皆無である。

3　宇宙を神の作品とする。宇宙をひとつの芸術作品とする。
これがギリシア科学の目的《オブジェ》である。

古典科学の目的。われわれが自身のうちにみいだす知によって「自然の主人にして所有者となる」[379]（**ギリシアの神とはまったく異なる神への同化**）。（ア・プリオリな再構築。解読された暗号文にもとづく未知の暗号の類推。）

現代科学の目的。代数学の言語で自然の規則性を表明する。自然を利用するために。

目的はひたすら劣化の一途をたどる。

進歩のあるところ、水準は必然的に劣化する。「術《わざ》は果てなく、生は短し[380]」。

4 芸術の目的。空間と時間をわれわれに感知させる。われわれのために人為的な任意の空間と時間をつくりだす[381]。にもかかわらず、それは時間そのもの、空間そのものである。

5 自然における美、すなわち感覚的な印象と必然の感覚との合一《ユニオン》。（まずもって）かく在るべきであり、まさしく、それはかく在る[382]のである。

6 美は肉を誘惑する、魂にまで入りこむ許可を得るために[383]。

7 美には、数多《あまた》ある相反するものの一致のほかにも、なかんずく瞬間と永遠との一致が含まれている。夕陽と黎明の力強さの所以。あらゆる芸術においても然り。

8 美とは観照に堪えうるものだ。何時間でも注視していられる影像や絵画。

美とは注意をそそぎうるなにかである。

グレゴリオ聖歌[384]。一日に何時間も、毎日、来る日も来る日も、おなじものを歌うとする。至高の秀逸さにわずかでも劣るものは、いずれ歌うに堪えられなくなり、淘汰される。

影像。ギリシア人は彼らの神殿をじっと注視していた。

われわれがリュクサンブール公園の影像群に堪えていられるのは、ろくすっぽ注視しないからだ。

無期禁錮に服する囚徒の独房に掛けても残酷だと誹《そし》られずにすむような一幅の絵画。

芸術と持続。後世の評価は持続を代替していた。

9 動きのない演劇のみが真に美しい。シェイクスピアの悲劇は『リア王』をのぞき二流である。ラシーヌの悲劇は『フェードル』をのぞき三流である。コルネイユの悲劇は何流とさえいえない。

10 芸術作品には作者がある。にもかかわらず、完璧な作品には本質にかかわる匿名性がある。神のわざの匿名性の模倣である。かくて世界の美は、人格的であると同時に非人格的な神、さらにそのいずれでもない神を証明する。

11 美は肉的な魅惑であるが、われわれに隔たりを課し、ある種の放棄を暗に命ずる。もっとも内的な放棄、想像力の放棄をも含めて。われわれは美をのぞく願望の対象をことごとく食べたがる。美のみが食べたいと思わずに欲しうる唯一の対象である。われわれは美がかく在る[382]ことを欲する。

12 じっと不動のままで、自身の欲するものに近づくことなく、ひとつにむすばれる。われわれはこのようにして神とむすばれる。神には近づけないのだから。
隔たりこそが美の真髄[385]である。

13 みつめて、待つ。美にふさわしい姿勢。われわれが構想やら願望やら期待やらを自在にめぐらせているかぎり、美が現われることはない。
だからこそあらゆる美には、他のなにかに還元できぬ矛盾、苦渋、欠落が刻みこまれている。

14 詩。ありえない苦痛と歓び。胸を衝く筆致、郷愁。プロヴァンスと英国の詩がそうだ。あまりに純粋で混じりけがないからこそ、痛みを与える歓び。（あまりに純粋で混じりけがないからこそ、痛みをやわらげる苦痛。ギリシア的。）

15 美。手を伸ばさずに、ひたすらみつめる果実[386]。おなじく、後ずさりせずに、ひたすらみつめる不幸。

16 ギリシアの彫像には二重の下降運動が認められるのではないか。二重の下降運動はすべての芸術の鍵ではないのか。

17 これら下降運動は恩寵を映す鏡であるが、あらゆる音楽の本質でもある。その他の部分はこの本質を囲いこむ役にたつにすぎない。

音符の上昇はもっぱら感覚的な上昇である。下降は感覚的な下降であって、霊的には上昇である。それこそすべての魂が欲する地上の楽園であり、この楽園を自然本性の傾きが善へと上昇させてくれる。

18　われわれの心に純粋で真正なる美の感覚を生じさせるいっさいのうちに、神の実在的な現前がある。世界には神の受肉に相当するものが存在し（『ティマイオス』(387)）、世界の美はその徴《しるし》である。調整することば。

美は受肉が可能であることの体験的な証左である。であるなら、一流の芸術はすべて本質からして宗教的である（これは今日もはや知られていない）。グレゴリオ聖歌のひとつの旋律は、ひとりの殉教者の死に匹敵する証左である。

19　美が物質における神の実在的な現前であり、美との接触が語の十全な意味における秘蹟であるなら、なぜかくも多くの邪な耽美主義者がいるのか。ネロ(388)はどうか。黒ミサ(389)愛好家が聖別された聖体《ホスティア》を渇望するのに似ているのか。あるいは、もっとありうるのは、かかる耽美主義者は真正にして純粋なる美ではなく、その悪しき模倣に執着しているのではないか。神的な愛と悪魔的な愛（『饗宴』(390)『国家』）があるように、悪魔的な芸術もあるからだ。ネロが愛したのは悪魔的な芸術なのだろう。われわれの芸術の大半は悪魔的である。

音楽の情熱的な愛好家が邪な人間であることは大いにありうる。だが、グレゴリオ聖歌を渇望するひとが邪悪であるとはとうてい信じがたい。

20　われわれはさまざまな犯罪をおかしたあげく、よほど呪われた存在となったにちがいない。宇宙の詩情をことごとく失ってしまったのだから。

21　芸術に(無媒介的な)未来はない。というのも、あらゆる芸術は集団に帰属すべきなのに、もはや集団の生は存在せず、死せる集団しか存在しないからだ。さらにまた、身体と魂とをむすぶ真の契約が破棄されてしまったからでもある。ギリシア芸術が幾何学の黎明期および運動競技と軌を一にすることに留意すべき。中世芸術は職人仕事と軌を一にし、ルネサンス芸術は機械工学の黎明期と軌を一にする。一八世紀と一九世紀は民衆感情のめざめと軌を一にし、《一体主義《ユナニミスム》》[391]そのものも戦前でなければ成立しえなかった……。一九一四年以降、まったき断絶が生じる。喜劇が成立する余地もほぼ失われた。せいぜい残されているのは諷刺の可能性だ(いつならユウェナリス[392]をもっと容易に理解できたろうか)。大いなる無秩序《アナルキア》の渦中からでなければ、芸術の再生はあるまい。おそらくは叙事詩。というのも不幸がもろもろの事象を単純化しているはずだから。深きにある民衆的源泉に端を発する演劇、さらには建築も。ゆえに、おまえがダ・ヴィンチやバッハを羨むのはまったく意味がない。今日、偉大さは前人未到の道をゆくしかない。連れもなく、華もなく、反響もなく……。(しかるに反響なき芸術など存在しない。)

三四　代数学

1　現代世界の頽廃《デカダンス》の特徴のひとつは、努力と努力の成果をむすぶ関係性を具体的に思考できないことだ。これを忘れてはならない。介在物が多すぎる。他の場合とおなじく、関係性は思考ではなく事象のなかにやどる。すなわち金銭のなかに。

金銭
機械使用《マシニスム》
代数学
現代文明の三つの怪物。完璧なる類比。

2　代数学と金銭はともに平準化する。(393) 前者は知的な地平において、後者は情緒的な地平において。

3　農民たちの生がヘシオドスの描くギリシアの農民の生に似るのをやめて、半世紀になる（ティボンの父）[394]。同時期に、ギリシア人の構想にもとづく科学が衰退した。金銭と代数学が同時に勝利したのだ。

4　記号《シーニュ》と記号内容《シニフィエ》とをつなぐ関係性は滅んだ。記号間の交換の戯れはおのずから増幅し、おのがために増幅する。しかも、この現象は倍増する。というのも、増加の一途をたどる複雑さは、諸記号のためにさらなる諸記号を要請するからである。

5　集団的思考は思考としては実存できぬので、（記号、機械といった）事象のなかに入りこむしかない。かくて逆説が生じる。思考するのは事象のほうで、人間は事象の状態へと貶められるという逆説が。集団にたいする個人の依存、諸事象にたいする人間の依存、「唯一にして無二のもの」[395]。
もろもろの関係性は精神の外部でむすばれる。

6　集団的思考など存在しない。ところが、われわれの科学は集団的だ。技術もまた。専門化[396]。われわれは結果だけでなく、理解もせずに方法まで継承する。そもそも両者は分離できない。代数学の結果は（微積分学といった）他の諸科学に方法を供給するのだから。

7　われわれの文明の財産目録を作成する、もしくは批判する。なにを意味するのか。人間を自身が生みだした諸発明の奴隷に貶めた陥穽を、厳密なやりかたで白日のもとにさらすべく努めねばならない。無意識はいかなる経路から思考や方法的な行動にまで浸みこんできたのか。原始的な生へと逃げこむのは怠惰な解決策である。われわれがその渦中に生きる文明そのものをつうじて、精神と世界が交わした原初の契約を再発見せねばならない。これはまず実現不能な責務である。人間の生は短く、協働や継承もままならない。とはいえ試みを諦める理由にはならない。われわれは、もっとも若い者も含めてみな、獄中で死を待ちながら竪琴を奏でる練習に励んだソクラテス(397)に比すべき状況にある。

8　量の重みに屈する精神は、もはや効率性のほかに規準をもたない。いずれにせよ、なにかの規準は必要なのだから。

9　現代人の生は無謀さに浸蝕されている。無謀さが万象——精神および行動、公共および私的な生——を蝕んでいく。（たとえばスポーツ。選手権——陶酔または不快をもよおすほどの興奮、朦朧となるまでの疲労困憊、等々。）芸術も頽廃する。均衡など消えうせた。（ル・コルビュジエの企ても虚しい[398]……。）カトリックの保守運動も部分的にはかかる傾向への反動である。たしかにカトリックの儀式は無疵で残っている。一方で、カトリックの儀式が人間実存とまったく関係がないのも事実である。

10　**中心命題**。

資本主義は自然が集団たる人類に振るっていた暴威からの解放を（けっこうな余暇、方法、などで）実現した。しかるにこの集団は、かつて自然が個々の人間に行使していた抑圧的な機能を、自然から継承した[399]。

このことは物質的な面でも妥当する。火、水、など。（「人間の諸力を無限に超える[400]」）これら自然の諸力を、集団が奪ってわがものとした。

問い。社会がなしとげたこの征服を個人の手に移譲させうるか。

三五「社会の烙印を……」

1　おのれの行動とその結果、努力とその成果とのあいだに、おのれのあずかり知らぬ意志が介在するかぎり、その人間は奴隷である(401)。今日、このことは奴隷にも主人にもひとしく当てはまる。人間がおのれの行動を成立させる諸条件と正面きって対峙することは絶えてない。社会が自然と人間のあいだに遮蔽幕として立ちはだかる(402)。

2　人間ではなく自然と正面きって対峙すべし。これが唯一の規律だ。おのれのあずかり知らぬ意志に依存するとは、奴隷となることだ。ところでこれは万人の定めである。奴隷は主人に依存し、主人は奴隷に依存する(403)。一方を嘆願者に、他方を独裁者に、あるいは同時に両方に(「支配すべく万事において僕《しもべ》となる(404)」)ならしめる状況。逆に、意志なき惰性的な自然をまえにするとき、人間は思考のほかに手だてをもたない。

3　抑圧の観念などじつに愚かしい。『イリアス』を一読すればわかる。抑圧的な階級の観念などいよいよもって愚かしい。社会の抑圧的な構造についてなら語りうる。この構造が自動的におのれの対蹠物を生みだすことは断じてない。生みだすのは対蹠物の概念にすぎない。ヘラクレイトスを参照[405]。

4　奴隷と市民の相違(モンテスキュー[406]、ルソー[407]……)。奴隷は主人に、市民は法に服する。もっとも、主人がきわめて寛大で、法が苛烈をきわめることもある。だからといって事態は変わらない。気まぐれと規則との隔たりにこそ核心がやどるのだから。したがって気まぐれな自然に服していると思いなす人間は奴隷であり、厳密な法に統治された自然に服している自覚のある人間は世界の市民である(マルクス・アウレリウス[408])。

この認識を人びとに、すなわち社会と個人にまで拡げていけばよい。奴隷でさえ……。エピクテトス[409]。

気まぐれへの従属が奴隷状態をもたらすのはなぜか。究極の原因は魂と時間の関係性のうちにある。恣意的なものに従属する人間は時間の糸に吊りさげられている。待たねばならない、つぎの瞬間がもたらすものを（いちじるしく品位を貶める状況……）。現在がもたらすものをうけとるしかない。自分の瞬間のひとつひとつを自由に処理できない。現在という瞬間も、かかる人間にとっては、未来に影響をおよぼす梃子《てこ》たりえない。

5　事物との対峙は精神を解放する。人間との対峙は品位を貶める。彼らに依存している場合はそうだ。屈服のかたちをとるにせよ、命令のかたちをとるにせよ。

ディドロ。「格好をつける」（『ラモーの甥』[410]）。

なぜこれらの人びとが自然とわたしとのあいだに介在するのか。

断じて未知の思考に頼ってはならない……（さもないと偶然に左右される）。

当座の解決策。同志的絆を有する者はべつだが、人びとを景色のごときものとみなし、断じて友情を求めてはならない。彼らのただなかにあって、サン・テティエンヌからル・ピュイにむかう列車[411]のなかにいるがごとく生きる。なかんずく友情の夢想を断じて自身に許してはならない。すべてに対価がある。「自分しかあてにするな」[412]。

6　抑圧も一定の段階をこえると、権力者はその奴隷たちから必然的に崇拝されるにいたる。絶対的な強制のもとで他者の玩具になりはてたと考えるのは、人間にとっては堪えがたい。だから、強制をまぬかれる手段がすべて奪われている以上、強制的にさせられていることを自発的にやっているのだと、みずからを説得する。ようするに服従を献身にすりかえるのだ。（ときには課される以上に骨折りをすることで、苦しみはやわらぐ。ちょうど子どもが、罰として課されるならへこたれるような身体的な苦痛も、遊びのためなら笑ってこらえるのとおなじ現象による。）かかる迂回路をへて隷従は魂の品位を貶める。じっさい、この献身は自身にたいする虚言にもとづく。どんな理由をあげても吟味に堪えないからだ。（この点で従順というカトリックの原則は解放をもたらすと考えてよい（エディ[413]）。しかるにプロテスタント派は犠牲と献身という理念に依拠する。）唯一の救いは、強制されているという堪えがたい思念を、献身という幻想ではなく必然の観念に取って替わらせることだ（『エミール』の一節[414]）。そもそも必然の観念に含まれているのは完全な無力ではない。

逆に、反抗というものは、ただちに的確かつ有為な行為として結実せぬかぎり、この無為に由来する根源的な無力感の生みだす屈辱のせいで、その対蹠物に変わりはてるのがつねである。抑圧者の主たる支援は被抑圧者による効果なき反抗であると、いってもよい。

（ナポレオン麾下《きか》の新兵を主人公にした小説が書けるだろう。）

「わが心いかにせん、もしも心がこの憎悪を愛さぬのなら、
わが足がかくも甘やかにふみしだく、数えきれぬ頭をもたげる憎悪を(415)」

しかるに、このことをほかならぬセミラミスはぜったいに認識できない。献身の虚言は主人をも欺くからだ。

強いられた服従において自己の尊厳をたもつ唯一の方途は、主人をひとつの事象とみなすことだ。『エミール』の続篇(414)。万人は必然の奴隷であるが、自覚のある奴隷は必然をはるかに凌駕する(416)。

7　権力の座にある人間たちをつねに危険な事象とみなすべき。自身を蔑まずにすむ程度に、万事において権力者を避けねばならない。それでも、彼らと一戦交えて玉砕せずには怯懦の誹《そし》りをまぬかれない、そんな日がきたなら、自分は人間ではなく諸事象の本性にうち負かされたと考えるべきだ。例。鎖でつながれて独房に放りこまれる。麻痺と失明に見舞われる。両者に違いはない。

8　社会問題。社会的な生を息がつけるものにするのに不可欠な超自然的なものの割

合を、最小限に抑えこまねばならない。この割合を大きくする傾きはすべて悪しきものだ(神を試み[417]ることだから)。

9　真空を可能なかぎり(といっても微々たるものだが)社会的な生から除かねばならない。真空は恩寵のためにしか用をなさぬのであるが、この社会は神に選ばれし人びとの集団ではない。選ばれし人びとのためにはいつだって充分な真空がある。

三六　巨獣

1　巨獣(418)とは偶像崇拝の唯一の対象であり、神の唯一の代替物《エルザッツ》であり、無限にわたしから隔たっており、なおかつわたし自身であるなにかの唯一の模倣物である。

2　利己主義者《エゴイスト》になれたら、さぞ気分がよいだろうに。すこしは気が安まる。だが文字通り不可能である。

いかなる方法によってもわたしは自身を目的とみなすことができない。わたしの同類を目的とみなすことも。わたしと似たり寄ったりなのだから。物質に属するものもふさわしくない。目的性の受け皿としては人間存在よりもさらに無限に劣るのだから。

この地上で目的とみなしうるものは事実上ひとつしかない。人間の人格《ペルソンヌ・ユメーヌ》をいわば超越するもの、すなわち集団的なものである。だからこそ集団的なものはわれわれを地上に縛りつける。それはあらゆる偶像崇拝の対象である。貪欲。黄金は社会的なものだ。あらゆる富も然り。野心。権力は社会的なものだ。科学、芸術もまた然り。愛はどうか。愛は多少とも例外をなす。だからこそ、貪欲や野心ではなく愛を媒介とするなら、神へとむかうことができる。とはいえ、ある存在へと押しやる動きにおいて、この存在に社会性が欠けているわけではない。男女の貴顕[419]、著名人、社交界の名花《コケット》等々、なんらかの威信を有するあらゆる存在が愛をかきたてるのだ。他方、下位の人間にたいする愛となると、支配と所有の精神は欠けているどころではない。かかる愛はいよいよ大量の個人を費消する方向性をめざす。ドン・ファン[420]。

3　ふたつの善があるが、名称はおなじでもまったく異なる。ひとつは悪の対蹠物たる善、いまひとつは絶対善だ。絶対的なものとは善にほかならない。絶対的なものに対蹠物はない。相対的なものは絶対的なものの対蹠物ではなく、交換不能の関係性から派生する。われわれが欲するのは絶対善である。われわれの手がとどくのは悪の相関物にすぎぬ善である。われわれは後者を自身の欲するものと勘違いをする。女主人ではなくその小間使いを愛する心づもりでいる王子[421]。勘違いをひきおこすのは衣服である。相対的なものに絶対性の彩りを与えるのは社会的なものだ。愛も、食道楽でさえ、社会的な影響をこうむる。流行というやつだ……。解決策は関係性の概念である。

関係性はわれわれを力ずくで社会性の外部へと連れさる。関係性は個人の専売特許だから。社会的な善はことごとく規約による善にすぎない。社会的な約束ごと、一般論として社会的な約束ごとへの適合性、より精確には都市《シテ》の秩序すなわち法は、焔すなわち本物の光であって、地上的なものとはいえ、本物の影を投げかける。たとえば王政といったある種の約束ごとは工作物である。われわれは約束ごとの影を追い求めている。われわれは社会に鎖でつながれている。社会は洞窟である。洞窟からの脱出は孤独である[422]。

関係性は孤独な精神に属する。いかなる群衆も関係性を構想できない。〜との関連において、〜のかぎりにおいて、これは善である、これは悪である、と考えるのは、群衆のなしうるわざではない。群衆には足し算のひとつもできない。

社会的な生を超える水準にあるひとは、望むときにいつでも社会に戻れるが、社会的な生に達しない水準にあるひとはそれができない[423]。万事において然りである。より善きものとより善くないものとの関係は交換できない。

4

植物的なもの[424]と社会的なものは、善の入りこまないふたつの領域である。

キリストは植物的なものを贖ったが、社会的なものは贖わなかった。この世界のためには祈らなかった(425)。

社会的なものがこの世の王の領域(426)であることはいかんともしがたい。社会的なものにたいするわれわれの義務は、悪を限定する試み以外にはない。

リシュリュー。「国家の救済はもっぱら現世においてなされる(427)……」。

(教会のごとく神的な起源を主張する集団《ソシエテ》は、集団を穢す悪による以上に、そこに含まれる善の代替物ゆえに、いっそう大きな危険となりうる。)

植物的および社会的なものはいずれも心理的なものではない。

社会的なものに貼りつけられた神の名札。あらゆる放縦を含みこむ酩酊をもたらす雑多な混淆。偽装せる悪魔。

5 意識は植物的な生では無きにひとしく、たとえあっても社会的なもので無為に費消されている。余剰エネルギー(428)は(その大半が?)社会的なものに宙吊りになっている。ここからエネルギーをひき剝がさねばならない。このひき剝がしが難儀である。

社会の仕組《メカニスム》についての瞑想はこの点でもっとも重要な浄化となる。

(わたしがかくも長きにわたって政治の周縁にとどまったのも誤りではなかった。)

(あらゆる執着は社会と関わりがあるのではないか。)

社会的なものをとくと観照することは、俗世から隠遁するのに匹敵する王道である。

6　超越的なもの、超本性的なもの、真に霊的なものの領域に入りこんではじめて、人間は社会的なものを凌駕できる。それまでは事実上、どうあがいても社会的なものは人間にとって超越的でありつづける。

7　超本性的ならざる次元にあって、社会《ソシエテ》は障壁のごとく機能してわれわれを悪（のある種の形態）から隔てる。犯罪者や放蕩者の集団《ソシエテ》は、たとえ数人で構成されたものにすぎぬにせよ、この障壁をうち壊す。

だが、なにがかかる集団への加担をうながすのか。必要に迫られてか、軽薄さに誘われてか。両方の混淆もめずらしくない。しかも自身が巻きこまれるとは思わない。というのも、最低のかたちをとる悪徳や犯罪へと本性的に堕ちていくのを妨げるのは、超本性的なものをのぞけば、もっぱら社会のみだということを知らないからだ。自身がべつのものになるとは知らない。自身のなかで外的に修正可能なものの領域がどこまで拡がりうるかを知らないのだ。われわれはいつもそうと知らずに巻きこまれる。

8　ローマ、それは自身のみを崇拝し、無神論と唯物論に染まった巨獣である。イスラエル、それは宗教的な巨獣である[429]。いずれも愛されるにふさわしくない。巨獣はつねに嫌悪をもよおさせる。

9　重力のみが支配する社会での生は可能なのか。それとも、わずかにせよ超自然的なものの存在は生きていくために必要なのか。ローマではおそらく重力のみが在った。ヘブライ人にとってもおなじだったのか。彼らの神は重かった。

10　古代の民のなかで完璧なまでに神秘を欠くおそらく唯一の民、すなわちローマ。いかなる秘義によるのか。逃亡者たちの建てた人為的な都市。イスラエルも然り[430]。

11　真正であるかぎりのマルクス主義は、巨獣についてのプラトンの描写に余すところなく含まれている。それにたいする反駁もまた。

12　複数の人間のあいだの合意には実在性の感覚が含まれる。さらには義務の感覚も。

この合意からの乖離は罪とみなされる。かくて、あらゆる変節が可能となる。社会的順応とは恩寵の一種の模倣である。

13　奇妙で不可思議な現象だが——社会的なものが作用するがゆえに——職業は平凡な人びとに彼らがかかわる対象との関係において種々の美徳を附与する。これらの美徳が生のあらゆる状況にまで敷衍されるなら、凡人でさえ聖人にも英雄にもなれる[431]。だが、社会的なものが作用するがゆえに、これらの美徳は自然なものとなる。したがって、この種の美徳は埋めあわせの代償を求める。

14　ファリサイ派。「まことに、わたしはいう。彼らは報いをうけている[432]」。逆に、キリストは収税人や娼婦に「まことに、わたしはいう。彼らは懲らしめ（すなわち社会の糾弾）をうけている[433]」といえたはずだ。彼らが社会から懲らしめられている以上、隠れたところにいます父から懲らしめられることはない。ひるがえって、社会の糾弾をともなわぬ罪は、隠れたところにいます父からたっぷりと懲らしめられる。かくて社会の糾弾は運命の与える恩恵となる。だが、この糾弾の圧力のもとで、自身が好き放題に振舞える周縁的な社会環境を生みだすような人びとにあっては、社会の糾弾はあらずもがなの余分な悪を増殖する。犯罪者や同性愛者の集団。なぜなのか。

15 偽りの神（受肉のかたちは問わず社会的な巨獣）への奉仕は、悪からおぞましさを除いて悪を浄める。この神に仕える者にとって、奉仕を怠る場合はべつだが、なにひとつ悪とは思えず、思えるはずもない。真の神への奉仕は悪のおぞましさを減じるどころか、悪をいっそう尖鋭化する。心底おぞましく思う悪でさえ、依然としておぞましく思いつつも、神の意志に由来するがゆえにこれを愛するのだ。

16 もはや実存しえぬものが善かもしれぬと考えるのは苦しいので、この考えを斥ける。巨獣への屈従[434]である。

一九四〇年七月。

今日、敵対する二陣営の片方に善があると信じている者は、この陣営の勝利も信じている。

善として愛されているひとつの善が、間近に迫った一連のできごとの推移のなかで粉砕されると考えることは、堪えがたい苦痛をもたらす。

「天才はかならず頭角を現わす」。巨獣への屈従。

共産主義者たちの胆力は、自身が善とみなすものに向かっているだけでなく、不可避的かつ緊急に生じるはずのものに向かっているという確信にも由来する。だからこそ、もっぱら正義のためにひとり聖人のみが堪えうる危険や苦しみに、聖人でないにもかかわらず——それどころではない——堪えぬくことができる。

共産主義者の精神状態はいくつかの点で原始キリスト教徒の精神状態にきわめて似ている。

終末が近いと説く宣教手法は、原始教会に加えられた迫害をみごとに説明する。
17 「少し赦された者は少し愛する」(435)。この手の人間にあっては社会的な美徳が幅をきかす。つまり恩寵が入りこむための空疎な場がない。善とたまたま合致する巨獣への従順、これが社会的な美徳である。
18 ファリサイ派とは巨獣への従順ゆえに美徳を積む人間のことだ。
19 ある国《ペイ》において個人の霊的発展の条件たるものを、われわれは博愛《シャリテ》により愛しうるし、また愛さねばならない。一方で、悪しき秩序でも無秩序よりはましな社会的秩序を愛する。他方で、言語、もろもろの儀式や慣習、美にあずかるいっさい、一国の生を包みこむ詩情いっさいを愛する。あらゆる国を愛しうるし、また愛さねばならないが、自身の国にたいしては特別な義務を有する(436)。

だが、ありのままの国家《ナシオン》は超本性的な愛の対象となりえない。魂がないのだから。

国家は巨獣である。

20　しかし都市《シテ》なら……。ヴェネツィア(437)……。

もっとも、都市は社会に属していない。呼吸する空気ほどの自覚もない、ある種の人間的環境《ミリュー》である。自然、過去、伝統との接触。ひとつの仲介《メタクシュ》。

根づきと社会的なものとは別物である。

21　愛国心《パトリオティスム》。われわれは博愛のほかに愛をいだくべきではない。国家《ナシオン》は博愛の対象たりえない。国《ペイ》は対象たりうる。永遠の伝統を担う環境として。すべての国にはその可能性がある。

三七　イスラエル

1　キリスト教世界は全体主義的、征服主義的、殲滅主義的になりはてた。地上における神の不在もしくは非‐行動の観念を熟成させられなかったからだ。キリストにすがりつくのと同程度にヤハウェにもすがりついた。神の摂理を旧約聖書の流儀で構想したのである。ひとりイスラエルのみがローマに抵抗しえた。似ていたから[438]。そして生まれつつあったキリスト教はローマ帝国の国教になる以前に、ローマの穢れに染まってしまった。ローマのはたらいた悪がほんとうに償われたことは一度もない。

2　エジプトが魂の永遠の救いへと心を傾けていた時代に、神はモーセとヨシュアにひたすら世俗的な約束をした。ヘブライ人[439]はエジプトに託された啓示を拒み、おのれの身の丈にあった神を得た。バビロン捕囚まではだれの魂にも語りかけなかった（「詩篇」においては例外か）、肉的で集団的な神である。旧約聖書の挿話の登場人物ではダニエルのみが浄らかである(ほかにはアベル、エノク、ノア、メルキセデク、ヨブ(440))。逃亡奴隷もしくは逃亡者の子孫からなる民が、その地の甘美さと豊饒さゆえに、地上の楽園というべき地を虐殺によって略奪したのは驚くにあたらない。幾世代もの文明が耕してきた地の労働の実りを、くだんの民は育てるどころか損なうことしかしなかった(441)。——かかる民がなにほどかの善をもたらすなどありえない。かかる流儀で地上の一隅に善をうちたてることはできない。この民との関連で《教導する神(442)》を云々するのは悪趣味な冗談である。

唾棄すべき虚言ゆえに基盤と霊感までもが蝕まれた文明——われらの文明——に、おびただしい悪が瀰漫《びまん》していても驚くにあたるまい(443)。イスラエルへの呪詛がキリスト教世界に重くのしかかる。数々の残虐行為、異端者と不信仰者の殲滅、これらはイスラエル(444)であった。資本主義、これもイスラエルであった。(今日でも妥当する、ある程度まで……。) 全体主義、これもイスラエルである(なかんずくイスラエルの最悪の仇敵において)。すでにヨセフがそうだ(445)。

3　人間と神とのあいだに人格と人格との接触はありえない。〈仲介者〉の人格を介するのでないかぎりは。この〈仲介者〉を措いて、人間にたいする神の現前は集団もしくは国家にたいする現前にかぎられる。イスラエルは国家神を選ぶと同時かつ一挙に、仲介者を拒んだ。イスラエルもときには真の唯一神教をめざしたのかもしれない。だが、しばらくするとかならず部族神へと落ちこんだ。落ちこまずにはいられなかった。

4　超本性的なものとの接触を有する人間は本質において王である。[446] 無限に微々たる形象をとるにせよ、社会において社会性を超越する秩序の現前にほかならないからだ。その人間が社会的序列において占める地位はまったくどうでもよい。いかなる地位にあっても重力の中枢に位置するのだから。

社会的次元における偉大さに参与しうるのは、巨獣のエネルギーの大部分を捕捉しえた者にかぎられる。だがそうなると、超本性的なものへの参与は叶わない。

モーセ、ヨシュア。社会的エネルギーをたっぷり捕捉した人間が、どの程度まで超本性的なものに参与しうるかの見本である。[447]

イスラエルは超本性的な社会的生の試みである。この種のものとしては上々の成功をおさめたといってよい。もう充分。くり返すにはおよばない。その結果、巨獣がいかなる種類の神の啓示を許容しうるかはわかったのだから。[448] 旧約聖書とは社会的なものに翻訳された啓示である。アブラハムもメルキセデクのまえでは謙虚になれた。[449]

はじめてイザヤが浄らかな光をもたらした(450)。

5　イスラエルのみが宗教的にローマに抵抗した。イスラエルの神は非物質的な存在でありつつ、ローマ皇帝と同水準の現世的な君主でもあったからだ。この迂回路のおかげで、キリスト教は誕生することができた。その意味でたしかにイスラエルは神に選ばれていた。イスラエルの宗教は充分に高度な霊性に達していなかったので、純粋さゆえの脆《もろ》さを呈するにはいたらなかった。だが、この堅牢さが幸いして、至高の霊性を擁する宗教の発芽を保護できた。

6　受難が可能であるためには、イスラエルが受肉という概念を知らずにいる必要があった。ローマも然り。おそらくイスラエルとローマの民だけがこのことを知らなかった。とはいえイスラエルもいくらかは神から分け前を得る必要があった。霊性ぬきで、超本性的な要素ぬきで可能なかぎりではあったが、精いっぱい神性の分け前を得た(受肉ぬきで超自然的な生はありえない)。もっぱら集団的な霊性。この無知、この愚昧の闇ゆえに、イスラエルは選民であった。イザヤの言葉も腑に落ちる。「わたしは彼らの心を頑なにした、わたしの言葉を聞いて悟ることがないように(451)」。

だからイスラエルではすべてが罪で穢れている。受肉せる神性への参与なくして浄らかさはたもてない。かくてイスラエルにおけるかかる参与の欠落があらわになった。

7 イスラエルの歴史は売春によって始まる。原初の穢れ[452]。第二の穢れとは、ヤコブが挑んだ天使との闘いではないのか[453]。

「よって、永遠なる主はユダに責任を問い、ヤコブをその行いゆえに懲らしめ、その行いにしたがい報いを与える。ヤコブは母の胎にいたときから兄を押しのけ、成人するや神を負かした。天使と闘って勝ち、天使は泣いて憐れみを乞うた」。

神と闘って負けないのは、このうえない不幸ではないのか。

8 アブラハムに始まり、その末裔すべて(数人の預言者——ダニエル、イザヤは例外か、ほかは?)において、すべてが穢れと残虐さにまみれている。あたかも図ったかのごとく明瞭に示さんがために、「気をつけろ、そこに悪があるぞ!」と。

蒙昧の闇に沈むべく、キリストの処刑者になるべく選ばれた民。

9 ユダヤ人、このひと握りの根こぎにされた人びとが、全地表を蔽いつくす根こぎをひきおこした。彼らがキリスト教にかかわったがゆえに、キリスト教世界はみずからの過去から根こぎにされてしまった。ふたたび根づかせようとするルネサンスの企ては頓挫した。ルネサンスには反キリスト教的な志向性があったからだ。《啓蒙》の趨勢、一八世紀、一七八九年、政教分離その他が、進歩の虚言によって根こぎを果てしなく増殖させた。そして根こぎにされたヨーロッパは、植民地征服により世界の他の地域も根こぎにした。資本主義や全体主義は根こぎの蔓延の一端を担っている。反ユダヤ主義者がユダヤの影響力を拡散させたのは言を俟たない。ユダヤ人は根こぎをもたらす毒だ。だがユダヤ人が毒をもって根こぎにおよぶまえに、東方ではアッシリアが、西方ではローマが剣をもって根こぎを完了した[454]。

原始キリスト教は進歩の観念という毒を調合した。根底にあるのは、人間をキリストの使信にふさわしく鍛えるために神が教育するという発想である。諸国にあまねく浸透する回心への期待、および切迫する現象としての世界の終末への期待と、進歩の観念とはみごとに折りあいがついた。しかるにいずれの期待も成就しなかったので、一六、一七世紀が終わるころには、進歩の観念はキリスト教の啓示以前にまで遡らせるにいたった。爾来、この観念は反転してキリスト教に逆らうものとなった。

「ヨハネの黙示録」に神の教育という発想の痕跡はいっさいない。聖パウロはどうか。あるとは思えない。もっと後代のものなのだろう。聖トマスか。吟味すべき。キリスト教の真理に混入されたその他の毒はユダヤ起源である。しかし前述の毒はキリスト教に固有のものだ。

神の教育という暗喩は、個人の運命を諸国民の運命のうちに解消させてしまう。救済にとっては個人の運命のみが重要だというのに。

キリスト教は歴史のなかに調和を求めた。ヘーゲルの、したがってマルクスの萌芽が認められる。志向性を有する継続とみなされた歴史観はキリスト教的である。

これほど完璧に誤った概念はめったにない。生成のうちに、永遠とは相反するもののうちに調和を求めるとは。相反するものの悪しき一致。

人文主義《ユマニスム》とこれに付随して生じたものは古代への回帰ではなく、キリスト教内部における毒の増殖である。

11　自由なのは超本性的な愛である。これに強制を加えると、本性的な愛にすり替わってしまう。逆に、超本性的な愛ぬきの自由、一七八九年の自由はかぎりなく空疎で、たんなる抽象にすぎず、実在性を得る可能性はいっさいない。[455]

三八　社会の調和

1　なんらかの秩序にたいしてより高次にある秩序、したがって無限に超越的な秩序は、低次の秩序においては無限に微小なものとしてのみ表象可能である。一瞬と永遠も然り。

2　円と直角の接点（タンジェント）。高次の秩序が低次の秩序において無限に微小なかたちをとって現前する例。キリストは人類と神とをつなぐ接点、すなわちタンジェントである。

3　雪白姫と七人のこびと。「だれがぼくのコップから飲んだのか」(456)。きまって慎みぶかさとして現われる善の無限小の性質。

4　都市《シテ》にたいする市民の愛、主君にたいする封臣の愛もまた、超本性的な愛でなければならない。

忠誠は超本性の刻印である。超本性的なものは永遠だから。

5　社会における個人は無限小である。

均衡とは、ひとつの秩序がこれを超越する秩序に服従することをさす。しかも、後者は前者において無限に微小のかたちで現前する。

かくて、真の王国《ロワイヨテ》は完璧なる都市《シテ》ともなろう。

各人は社会にあって、社会的なものを超越する秩序、かつ無限に宏大な秩序をあらわす無限小である(457)。ストア派。賢者はつねに王である、たとえ奴隷の身であっても(458)。

社会的なものすべてに力が存在する。

均衡のみが力を無効にする。

社会のどのあたりで均衡が崩れているかを察知したなら、軽すぎる皿に錘《おもり》をのせるべく万全を尽くさねばならない。たとえその錘が悪であっても、均衡を回復する意図であやつるなら、おそらくは自身を穢すことになるまい。だが、そのためにはあるべき均衡を構想したうえで、「勝者の陣営から逃亡する(459)」正義の女神に倣って、いつでも陣営を変える気構えでいなければならない。

6　社会の秩序とはもろもろの力の均衡状態にすぎない。均衡のみが力をうち砕き、力を無効にする。天秤。

恩寵を得ていない人間が義《ただ》しくあること(460)など期待できない。よって、恒常的な揺れのなかで不正が互いに互いを罰しあうべく組織された社会が必要である。

7　幾何学についての『ゴルギアス』の有名な一節の意味（「きみは幾何学を等閑に(461)……」）。諸事象の本性からして際限なき発展などありえない。世界《コスモス》(462)は総体として節度と均衡に礎をおく（「幾何学的平等」の根拠）。都市《シテ》においても同様である。あらゆる行動は《節度の欠如》である。

「きみは幾何学を等閑にしている」。

野心家がすっかり失念していること、それは比例の観念である。

「愚昧なる民よ、わが力がわれを鎖もて汝に繋ぎとめる
ああ、わが矜持さえ、汝の腕を必要とする」(463)

8　封建的な主従の絆は服従を人間と人間との関係に限定し、巨獣[464]の役割を大きく削減した。

法への服従はさらに削減を大きくする。

法か人間にしか服従すべきではない。修道会の例がおおむねこれに相当する。この範例にもとづき都市《シテ》を築かねばならない。オック語文明圏[465]。

巨獣に借りた威厳ではなく、もっぱら臣従の誓いにもとづく威厳をそなえた、生身の、人間である主君に服従する。

9　よくできた社会においては、国家《エタ》の役割は舵のごとく消極的な行動にかぎられる。不均衡の芽を摘むために、ここぞという瞬間に舵を軽く切るだけでよい。

10　プラトン『政治家』[466]の意図。いわく、勝者と敗者の双方からなる混成階層によって、権力は行使されねばならない。しかるに、勝者が未開人である場合はともかく、そんなことは本性に逆らう。この点で、未開人が文明人に勝つほうが、その勝利が殲滅をめざすのでないかぎり、文明人が未開人に勝つよりも、いっそうゆたかな結果をもたらす[467]。

技術は力と文明をおなじ陣営におくので、勝者と敗者の混淆による再活性を不可能にする。技術は呪われている。

強者と弱者が混在する初期の攪拌期をのぞき、両者が力を均等に分けあうのは人間本性に逆らう。超本性的な要因の介入なしには不可能である。

社会における超本性的なもの、それは二重のかたちをとる合法性(468)——法と至高権力の付託——である。法の抑制をうけた君主政なら、『政治家』の推奨する混淆を実現できるのではないか。宗教なくして合法性はありえない。

11　合法性に照らされぬ権威を振りかざす人間への服従、これぞ悪夢である。

12　法的な権威の実存は社会的な生における行為や労働に合目的性をもたらす。自己拡張への渇望(経済自由主義《リベラリスム》公認の唯一の動機)とは異なる合目的性を(469)。

合法性とは時間における継続性である。永続性、不変数である。合法性は、いまも実存し、これまでもつねに存在し、これからも存在するだろうと思われるなにかを、社会的な生に合目的性として与える。合法性こそが(470)、社会的な生の行為のひとつひとつにおいて、人びとがまさにかく在るものを欲するようにうながす。

合法性の断絶すなわち根こぎが、外的征服に起因するのではなく、権力の濫用によって合法性の感覚を損なうという、合法的権威の背信による自殺行為に起因するとき、進歩という強迫概念、および蓄財と昇進への渇望とをかならずや引きおこす。合目的性は未来をめざすしかないからだ。一七八九年、ロシア革命。

合法性をして、いっさいの力の痕跡をまぬかれた純粋な概念、なにかしら至高の存在――至高中の至高たる存在にして、弱者に強者との均衡を与える法《ダルマ》――とする唯一のもの、それは思考である。つねにそうだったし、これからもそうだ。

だからこそ改革はかならずつぎの二者択一に帰着する。頽廃するにまかせてきた過去への回帰か、既存制度のあらたな諸条件への適応か。ただし適応の目的は変化ではなく、逆に不変数たる比例の維持である。たとえば12対4の比例関係において4が5になったとき、真の保守主義者なら12対5を是とするのではなく12を15に増やそうとするはずだ。

13　無神論的唯物論は必然的に革命をめざす。この地上で絶対善を志向するなら、これを未来に措くほかないからだ。この前のめりの躍動を補完すべく、人間は来るべき完全性と現在とをつなぐ仲介者を必要とする。この仲介者が〈指導者〉である。たとえばレーニン。無謬にして完璧に浄らかだ。この仲介者を経由するなら悪も善となる。神を愛するか、〈指導者〉に託すか、日常の生のもたらす些末な善悪に一喜一憂するか、そのいずれかを選ばねばならない。

14 進歩と低次元との結びつき（一世代が先行世代の終焉時に継承しうるものは必然的に外的なものにとどまる）は、力と低劣さとの類縁性をしめす一例である。

15 マルクス主義者と一九世紀全般の大いなる過ちは、まっすぐ歩みを進めていけば空中に昇っていけると信じたことだ[471]。

16 すぐれて無神論的な概念とは進化の概念である。経験にもとづく存在論的証明の否認であるから。凡庸なものが秀逸なものをおのずから生みだすことを含意するから。ところで現代科学は総力をあげて、閉じた系としての進歩の概念を論破し、あらゆる進歩が外部に由来することを証明すべく競いあう。ダーウィンはラマルク説に含まれていた内在的進化の幻想を論破した[472]。突然変異の理論は偶然と淘汰の余地しか残さない。エネルギー論によれば、エネルギーの質は堕落するが向上はせず、蕩尽されるが増大はせず、一方の大幅な下降なくして他方の上昇はない[473]。これは植物的・動物的な生にも妥当する。

真正なる信仰を利するような現代科学の活用法の原則。きわめて重要。

社会学と心理学は、エネルギー観に類する活用、進歩のあらゆる幻想とは相容れぬ活用を俟ってはじめて科学たりうる。そのとき両者は真正なる信仰の光に燦然と照らされるだろう。

17　ひとり永遠なるものだけが時間によっても傷つかない。芸術作品が変わらぬ讃美の対象となり、愛や友情が生涯をつうじて（おそらくはたった一日にせよ純粋なものとして）持続し、芸術作品が何時間も何日もの注視に堪え、いかに多様な経験と運命の転変に見舞われようとも人間の生の条件についての構想が同一でありつづけるには、天の向こう側に位置する世界から降りてくる霊感が必要である。

18　実現の可能性がまったくない未来、スペインの無政府主義者[474]の理想のごとき未来は、堕落の度合がはるかに少なく、可能性にみちた未来と比べれば、永遠との隔たりもはるかに少ない。可能性の幻想が紛れこまぬなら、堕落はまったくない。可能性なしとみなされるなら、この種の未来はわれわれを永遠へと連れていく。

可能なものは想像力の場であり、堕落の場でもある。厳として実存するものか、断じて存在しえぬものか、そのいずれかを欲さねばならない。さらに望ましいのは両者を欲することだ。存在するものと存在しえぬものはいずれも生成の埒外にある。

19 過去は――想像力の玩具となっている場合はともかく――なんらかの遭遇によって純粋なかたちで現われる瞬間、永遠の色彩をおびた時間に属する。そこでは実在の感覚は純粋である。そこに純粋な歓びがある。そこに美がある。プルースト[475]。

現在にわれわれは縛られている。未来をわれわれは想像力でつくりあげる。過去のみが、つくり直されないかぎり、純粋な実在である。

20 時間は時間に服するもの――遺憾ながら、本質的に永遠なるものの多くが、ギリシアの詩と彫刻、ドルイドの宗教その他が含まれる――を、その経過のなかで磨滅させ破壊する。したがって、その他の事情がおなじであるならば、現在よりも過去のほうにより多くの永遠が含まれる。あるいは過去には時間に服するものが少ないからこそ、永遠の比率が高まるというべきか。正しく理解された歴史の価値はプルースト的想起の価値にひとしい。それゆえ過去は、われわれ以上に実在的で秀逸なるもの、われわれを高みに引きあげるなにかを呈示する。未来にかかる機能はない。

21　過去、この世界の実在。しかも手がとどかず、一歩たりとも近づけず、そこから発する光を迎えるべく自身を方向づけるべきなにか。だからこそ過去は、永遠にして超自然的な実在性のすぐれた表象である。

プルースト(475)。だから、ありのままの想起のうちに歓びと美があるのではないか。

22　どこから再生《ルネサンス》はやって来るのか、地表をくまなく収奪し汚染しつくした、このわれわれに。

もっぱら過去からのみ、もしわれわれが過去を愛するならば。

23　相反するもの。今日、われわれは全体主義を渇望し、かつ唾棄する。ほぼ例外なくだれもがある種の全体主義を愛し、別種の全体主義を憎んでいる。

こんなふうに愛の対象と憎悪の対象との一致はかならず存在するのか。自身の憎むものを他の形態で愛する欲求――その逆も――を感じるからなのか。

24　力の犠牲者は生起する暴力に責任はないのだから、彼らの手に力をゆだねるならば、これを正しく行使するはずだと信じる。これが〈革命〉の幻想である。しかるに、聖性にかぎりなく近づいた者は例外だが、犠牲者もまた加害者とおなじく力の穢れに染まっている。剣の柄にある悪は切先にも伝わる。かくて力の頂点に据えられ変化に酔いしれた犠牲者は、前任者とおなじかそれをうわまわる悪行に走り、ほどなく失墜する。

　社会主義は敗者のうちに善を、人種主義は勝者のうちに善を認める。しかし社会主義の革命的な一翼は、たとえ出自は低くとも本性と召命からして勝者たる人びとを革命の道具とする。かくて人種主義とおなじ倫理に落ちつく。

25　現代の全体主義と一三世紀のカトリック全体主義の関係は、世俗的フリーメーソン精神とルネサンスの人文主義《ユマニスム》(476)の関係にひとしい。人類はひと揺れするたびに堕落する。どこまで堕ちていくことか。

26　われわれの文明は没落したのち、ふたつの路のいずれかをたどる。

数多ある古代文明のごとく――ギリシアとローマは例外――跡形もなく消滅する。あるいは、中央集権化を脱した世界に適応する。

中央集権化(そもそも定義からして粉砕できない)を粉砕するにはおよばない。未来をととのえることがわれわれの責務である。

27　われわれの時代は内的序列[477]を破壊した。その粗雑な表象にすぎぬ社会序列を存続させておけようか。

28　すべてが失われたこの時代よりも恵まれた時代に、おまえが生まれることはとうてい望めまい。

三九　労働の神秘

1　人間と、人間をとりかこむ自然の諸力とのあいだには、均衡がない。これが人間の条件の秘密である。人間が無為の状態にあるときは「人間を無限に凌駕する」(478)自然の諸力にたいして、人間はおのれを再創造する行為すなわち労働によってのみ均衡を勝ちとりうる。

プラトンさえも先触れにすぎない。ギリシア人は芸術や競技を理解していたが、労働には理解がなかった。奴隷が主人を造るという意味で、主人は奴隷の奴隷である(479)。

2　人間の偉大さとはつねにおのれの生を創りなおすことだ。与えられたものを創りなおす。意に反してこうむるものをすら鍛えあげる。労働を介しておのれの本来的な実存を生みだす。科学を介して象徴群を手段に宇宙を創りなおす。芸術を介しておのれの身体と魂との絆を創りなおす（エウパリノスの議論(480)）。労働、科学、芸術の三様の創造は、他の二者とは無関係に単体で考察されるとき、どことなく貧相で空疎で無為なものであることに留意すべき。三者の一致。《労働者》の文化《キュルチュール》(481)／教養(いますぐとはいかぬにせよ……)。

3　ふたつの責務。

機械を個別化する。

科学を個別化する(大衆化)。

4　企画。種々の仕事《メティエ》の基礎を教えるソクラテス方式の民衆大学《ユニヴェルシテ・ポピュレール》。(482)

5　肉体労働。労働にたいする嫌悪の善用(483)を論じた労働者や農民の神秘家がひとりもいないのはなぜか。

この嫌悪はまず例外なく労働につきまとい、まちがいなく脅威となる。だが、魂はこれを避け、(自己保存本能に組みこまれた)植物的な反応(484)によって、魂自身にもその存在を隠そうとする。これを認めるのは死の危険をともなう。かくて民衆の階層に固有の虚言が生じてくる(いかなる階層にも固有の虚言がある)。

嫌悪が存在すると自身に認め、嫌悪に流されるなら、堕ちるしかない。存在を認めながらも嫌悪に屈せずにいるなら、昇っていく。

この嫌悪は時間の重圧に起因する。(485) 十字架。

あらゆる形態をとる嫌悪は、昇るための梯子として人間に与えられたこのうえなく貴重な悲惨のひとつである。(わたしはこの恩恵にたっぷりとあずかっている。)

嫌悪。暗夜。

あらゆる嫌悪を自身への嫌悪に変えねばならない。

6　単調さは、世界でこのうえなく美しいかこのうえなく醜悪か、そのいずれかだ。永遠を反映するとき、このうえなく美しい。グレゴリオ聖歌(486)。そうでないときは、このうえなく醜悪である。

円環は美しい単調さの範型《モデル》(487)であり、振り子の揺れはおぞましい単調さの範型である。

7　労働の霊性。毬《まり》のごとく撥ね返されてくる合目的性の現象を、労働は心身をうちのめす執拗さで感じさせる。食べるために働く。働くために食べる。いずれか一方のみを、あるいは両方の行為を別個に目的とみなすならば、もはや救いはない。円環が真理を含んでいる。

檻のなかでくるくる回る栗鼠《りす》と、天球の回転。究極の悲惨と究極の偉大。

丸い檻のなかでくるくる回る栗鼠にわが身をかさね、なおかつ虚言を弄さずにいるなら、救われる日は遠くない。

自分の尻尾を摑まえようとする犬。

8　肉体労働の大いなる苦悩。もっぱら実存するためにだけ、かくも長時間にわたって努力を強いられる。

奴隷とは、疲労困憊の代価としていかなる善も目的とはならず、たんなる実存しか与えられない、そういった人間のこと(484)だ。

執着を断つか、植物的エネルギーの次元にまで落ちこむか、しかない。

9　善のためではなく必然に迫られて努(488)力する。惹かれてではなく押しやられて。あらたに獲得するためではなく、いま在るがままの実存を維持するために。いずれにせよ隷属であることに変わりはない。

善とは、われわれがつねに志向するなにか、われわれが手にできぬなにかである。

その意味で、肉体労働者の隷属は他のなにかに還元しえない。もっとも、(ロシアやアメリカの工業設備といった)例外的な状況はこの限りではない。

合目的性なき努力。

怖ろしい——あるいはなによりも美しい、それが目的なき合目的性(489)であるならば。

美のみがそこに在るものに充足をみいださせる。

労働者は糧《パン》よりも詩情を必要とする。生が詩である必要性。永遠の光の必要性。

ひとり宗教のみがこの詩情の源泉たりうる。

民衆の阿片、それは宗教ではなく革命である(490)。

この詩情の喪失があらゆる形態の意気阻喪を説明する。いかなる地上的な合目的性も労働者を神から隔てはしない。これは労働者に固有の状況である。他の条件はすべて固有の目的を含意し、それらがいかに聖なる目的であっても、人間と純粋善とを隔てる幕となる、願望が幕をつき破らぬかぎりは。労働者にとってかかる幕は存在しない。その身からひき剝がさねばならぬ余剰などない。あるのは欠如だけ。裸性。

隷従とは、永遠の光なき労働、詩情なき労働、宗教なき労働である。ローマ帝国の奴隷たちの大いなる不幸であった。

永遠の光が、生存と労働の理由ではなく、理由を探さずにすむ充溢を与えてくれるとよいのに。

さもなくば強制と利得が唯一の刺戟になるしかない。強制は民衆の抑圧を、利得は民衆の腐敗をそれぞれ含意する。

10　肉体労働。身体に入りこむ時間。

聖体の秘蹟を介してキリストが物質になるように、労働を介して人間は自身を物質にする。労働は死に似ている。

死を通過せねばならない——古い人間は死なねばならない(491)。だが、この死は自殺ではない。殺されるのでなければならない。重力に、世界の重みに堪えるのだ。宇宙がずしりと人間の腰にのしかかる。痛みを与えられても驚くにはあたらない。

刺戟のない労働は死にひとしい。行動の実りを放棄して行動する(492)。これなら隷属民《シュードラ》(493)にもできる。

労働とは——疲労困憊のとき——物質とおなじ流儀で時間に服することだ。思考は一瞬また一瞬を刹那的にやりすごせと強いられる。これが服従である。

11　苦労にともなわれた歓び。感覚的な歓び。食事をする、休息をとる。（かつての）日曜の愉しみ。金銭はそうではない。

民衆にかかわるいかなる詩情も、そこに疲労の痕跡と、疲労に端を発する飢えと渇きの痕跡が認められぬかぎり、真正とはいえない。

訳　註

一　重力と恩寵

（1）「naturel」は「自然的な」、「surnaturel」は「超自然的な」とも訳せるが、人間の本質にかかわる特性をさす場合は「本性的」および「超本性的」と訳した。

（2）出典不詳の本断章は編者ギュスタヴ・ティボン（一九〇三―二〇〇一）の要約か。南仏のアルデシュで農業に携わるかたわら、キリスト教とニヒリズム、自然との共生、精神の凋落、価値の物象化を主題に警句集を世に問うた。一九四一年八月にヴェイユと出逢い、一九四二年五月、アメリカに発つヴェイユから「カイエ」を託され、一九四七年、その抜粋を編纂して『重力と恩寵』（本書ではティボン版）を刊行する。

（3）「動機 motif」と「原動力 mobile」は行動を可能にする動力源、エンジンを駆動させるガソリンのごとき燃料を意味する。「動機」や「原動力」の倫理的水準は「行動」の倫理的水準と厳密に対応する。外面的に同一の行動であっても、動機が低劣か高邁かで価値的には差がある。賞讃の渇望、懲罰の恐怖、勝者への怨嗟、敗者への残虐さなど、大量のエネルギーを供給しうる低劣な動機にくらべ、無力な死者への忠誠、不在の神への従順といった高邁な動機が行動に供給しうるエネルギーは微量である。

（4） 配給の肉や卵を確保するための行列は、敗戦後のフランスにおける日常の光景であった。

（5） 光と重力は宇宙を別様に支配する。「麦と葡萄とは葉緑素を介して固着し凝縮した太陽エネルギーである。麦と葡萄によって太陽のエネルギーが身体に入りこみ、身体を動かす。／太陽の光はつねに神の恩寵を、さらには魂をうるおす聖霊の啓示をあらわす、およそ考えうる最良の表象とみなされてきた。多くの典礼書はキリストを太陽に喩えている。／キリストがわれわれに食されるために聖体のうちに受肉するように、太陽の光はわれわれに食されるために植物のうちに（そして植物を介して動物のうちに）結晶化する」（「キリスト教と田園の生」IV-1 268-269）。

（6） 原因不明の烈しい頭痛に生涯苦しんだヴェイユは、恒常的な肉体的苦痛は不幸そのものではないが、不幸の構成要因とみなす。「苦しみのなかで、肉体的な苦痛またはその類似物にむすびつかぬものは、すべて人工的で想像上のものにすぎず、思考を適当に仕向ければ雲散霧消する。愛するひとの不在や死でさえも、悲しみのなかで他に還元できぬ部分はどこか肉体的な苦痛に似ている。（……）きわめて長期の、またはきわめて頻繁に生じる肉体的な苦しみは（……）往々にして苦しみ以外のなにかである。多くの場合、それは不幸である」（「神の愛と不幸」IV-1 347）。ヴェイユの「頭痛」は恒常的かつ激烈であり、一過性の苦痛にすぎぬ歯痛とは質的に異なる。二・断章4を参照。なお本書では、身体的・物理的な「苦痛 douleur」とより心理的・継続的な「苦しみ souffrance」とを可能なかぎり訳し分けた。

（7） 「熱力学的な意味での代償作用」は閉鎖系での物理学的なエネルギー移動と同時に、毀損器官が他器官に補われる生物学的な代償も示唆する。心理的な代償作用については（56）（57）（58）を参照。

(8)「besoin」は「欠乏」「欲求」とも訳せる。プラトンは『饗宴』一五―一六で「割符《シュンボロン》」の寓話を語り、「欲求《エロース》」を「おのれに欠けているものへの憧れ」と定義した。『根をもつこと』が列挙する生死にかかわる「欲求」は、暴力からの保護、住居、衣服、暖房、衛生、病気の看護などの身体的なものから、精神的なものにおよぶ。「これらがみたされなければ、人間は多かれ少なかれ死に類する状態へと、多かれ少なかれ純然たる植物的な生に近い状態へとすこしずつ落ちこんでいく」(ヴェイユ『根をもつこと 上』「魂の欲求」冨原眞弓訳、岩波文庫、二〇一〇年、一三―一四頁、V-2 114-115)。

(9) 光から養分を生みだす葉緑素は人間と恩寵との関係をあらわす比喩のひとつ。「われわれが葉緑素を有しているなら、われわれも樹木のように光を糧とすることができよう」(VI-4 328)。次行の「裁いてはならない」は「マタイ福音書」七章一節の引用か。

(10)「わたしの糧とは……」は「ヨハネ福音書」四章三四節のイエスの言葉。

(11)「puissance」は数学の「冪《べき》」と「力」の両方を含意する。

(12)「翼の本質的な特性とはものを高みに運ぶこと」(プラトン『ファイドロス』二四六d)にもとづき、「翼とは超自然的な器官であり、恩寵である」(「プラトンにおける神」IV-2 108)と結論する。本断章の前半で、完全なる義人において受肉する義のイデア(プラトン『国家』四七二b)と、義人の魂に許される天球の外側に在るイデアの観照(『ファイドロス』二四七b)が語られる。

(13) 直後に『バガヴァッド・ギーター』の三種のエネルギー様態「グナ」への言及がつづく。ヴェイユは惰性的で混沌としたエネルギー様態を「タマス」、激情的で拡張をめざす様態を「ラジャス」、上昇をめざす様態を「サットヴァ」と解し、これら三種の様態がさまざまな比例で錯綜して構成される総合体を「グナ」とみなした。一般には「純質《サットヴァ》」「激質《ラジャス》」「暗質《タマス》」と訳される(『バガヴァッド・ギーター』上村勝彦訳、岩波文庫、一九九二年、一四章五節、一一三頁)。ヴェイユはマルセイユ時代にアヴァンギャルド派詩人の旧友ルネ・ドーマル(一九〇八—四四)と再会。仏教の三蔵や鈴木大拙(一八七〇—一九六六)の書の翻訳でも知られるドーマルの手ほどきで、『バガヴァッド・ギーター』のサンスクリット語による読解、注釈、仏語への翻訳を始め、重要語句の一覧を作成した(ヴェイユ訳『バガヴァッド・ギーター』IV-2 547-605)。「グナとは、さまざまな形態をとりつつ(……)無限に変化する比率で、三種類ともに併存する。この現象には、物理的と心理的とを問わず、いっさいの例外なく、もっとも高次のものも含まれる。神のみがこれら三種の網に絡めとられることがない。それは、下降力、拡張力、上昇力である。[それぞれに、闇(タマス)、情念(ラジャス)、実在(サットヴァ)という字義的な意味がある。]上昇力《サットヴァ》は徳を可能ならしめる。ただし超越への移行は徳からの離脱さえ含意する」(同、IV-2 606)。

(14)「神とマモナスの両方に仕えることはできない」(「マタイ福音書」六章二四節、「ルカ福音書」一六章一三節)。ギリシア語「マモナス」は「不正に蓄えられた富」の比喩として使われる。冒頭の「この放棄」は、自分を崇めるなら全世界の権威と栄光を分けあたえようという悪魔の申し出をイエスが断り、この世の権勢を放棄したという「ルカ福音書」四章六節の挿話をさす。

(15)「憐憫 pitié」や「同情 sympathie」は、不幸なひとと一体化してみずからも苦しむ「共苦／同苦 compassion」と異なり、憐憫や同情をいだく側の心理的優越あるいは対象との距離を含意し、対象となる相手を意図せずしてときに傷つける。

(16)「カイエ」では、もはや人間的な慰めをうけつけぬ不幸が憐憫ではなく嫌悪をひきおこす例として、ソフォクレスの悲劇やラシーヌの『フェードル』が挙げられる(VI-2 144)。

二　真空と代償作用

(17) ジョット(一二六七頃―一三三七)のフレスコ画の特性については八・断章6、一〇・断章9、三一・断章3、(95)を参照。

(18) 原語の「インシャラー」は「神のみぞ知る」「神がお望みなら」を意味するアラブ世界の慣用語。

(19) 「善」との対比から「悪をはたらく」と訳した「faire le mal」は、部分冠詞または冠詞なしで「危害を加える」または「苦痛を与える」の意味になる。

(20) 「真空 vide」は後期ヴェイユの重要な概念。放棄や断念によって人間の魂に生じたわずかな間隙(真空)に神が入ってくる。「無条件にひたすら善のみを欲するとは、換言すれば、個別のなにものも欲しないという意味だ。個別のなにかは条件つきでのみ欲さねばならない。生が善いものなら生を欲する。死が……なら死を、歓びが……なら歓びを、苦痛が……なら苦痛を欲する。しかも善のなんたるかを知らぬことを承知のうえで。／万事において、例外なく、個別の対象をこえて、欲する。すなわち真空にむけて欲する。真空を欲する。表象も規定もできぬ善など、われわれにとっては真空なのだから。だが、この真空はいかなる充溢せる善よりも、われわれにとっては充溢している。／この境地に達するなら窮地は脱したといえる。神が真空を充たすだろうから」(VI-3 190)。「satisfaction」(《欲求充足》または《損失補塡》)を自己に禁じるときに真空が生じる。

(21)「天はみずから助くる者を助く Aide-toi, le ciel t'aidera」はラ・フォンテーヌ(一六二一—九五)の寓意詩「ぬかるみにはまった荷馬車」(第六巻一八)の最後の一行。泥に埋まって動かなくなった荷馬車の御者が、自分はなにもせずにヘラクレスの援助を祈願したところ、天からの声がまずは自助努力をうながしたという寓話。サミュエル・スマイルズ『自助論』(一八五八)の引用により流布した。

(22) ヴァレリー(一八七一—一九四五)の以下の文言が念頭にあったのか。「侮辱の赦し、柔軟さのなんたる秀逸なる実践! なんたる恩恵——かつ、それ以上に戦慄すべき侮辱でもあることか! もちろんこのうえなく〈真摯な〉赦しの話である。「わたしはきみを赦す」とはすなわち「わたしはきみを了解し、接収し、消化した……。わたしがきみを正義にのっとって裁くにせよ、好意にのっとって裁くにせよ、きみは異を唱えるすべをもたない」ことを意味するからだ」(Paul Valéry, *Mauvaises pensées et autres*, *Œuvres*, II, Gallimard, 1960, p. 834)。

(23) ヴェイユの「都市《シテ》」は、全体主義への傾きを内在する国民国家的な「国家 État」や、個人が複数の根をおろす自然で文化的なゆるやかな集合体「国 pays」と異なり、古代ギリシアのポリスやルネサンス期の都市共和国に近い集合体をさす。「祖国 patri」もほぼ同義。他方、「nation」は場合により「国家」「国民」「国民国家」と訳出した。三六・断章19、20を参照。

(24)「contempler」は、原則として、地上的な事象との関連では「注視する」、イデアや神的存在など超越的対象との関連では「観照する」と訳し分けた。

(25) 右手のしていること(施し)を左手が知ってはならない、とイエスは善行を隠すよう弟子たちを諭す(「マタイ福音書」六章三—四節)。

(26)「報い récompense」のギリシア語「ミストス」はアテナイで議員や裁判官などの公職につく者に支払われた日給で、のちには水兵や歩兵の給金を意味した。

(27)「ルイ一四世のほほ笑み」は実体のない報償の典型としてサン＝シモン公爵(一六七五―一七五五)の『回想録』に頻出する。ヴェイユは『回想録』に記されたルイ一四世に謁見する銀行家の例を、経済の枠組が個人から集団へと移行した記念碑的事件とみなす(『哲学講義』Simone Weil, *Leçons de philosophie*, éd. Anne Reynaud-Guérithault, Plon, 1959, p. 150)。「カイエ」でもルイ一四世のほほ笑みは守銭奴の財宝と並べて頻繁に引用される。「真空を埋めつくす諸事象は、現実のもの(外部由来ゆえに)か、想像上のものか、あるいは双方の性質を併せもつもの(ルイ一四世のほほ笑み、金銭)かのいずれかだ。これらを現実的なものから想像上のものへと並べて序列化できよう。際限なきものを含むのは後者の想像上のものだ」(VI-2 193)。

(28) ヴェイユの鍵概念のひとつ「読み」については二九の各断章と(337)(353)を参照。

(29)「債務を負う」「債務を免じる」は「マタイ福音書」一八章二三―三五節の譬え話への言及か。

三　真空を受けいれる

(30) トゥキュディデス『戦史』巻五、一〇五の「メロス人にたいするアテナイ人の言葉」からの引用。ヴェイユはこの言明に往時のアテナイを照らした天啓の名残を読みとる。自軍の宣戦布告に大義はなく、侵略の口実にすぎぬことを認めた点で、すくなくとも明晰さと率直さにもとるとの非難はあたらないからだ。

(31) かかる姿勢はアテナイ陣営の以下の警句に反する。「相手が互角ならば退かず、強ければ相手の意を尊重し、弱ければ寛容に接する、という柔軟な態度を保てば、繁栄はまず間違いない」(トゥーキュディデース『戦史 中』久保正彰訳、岩波文庫、一九六六年、巻五、一一一、三六二頁)。

(32)「カイエ」は純粋な善へといたる道程を、十字架の聖ヨハネ(一五四二―九一)を引いて「暗夜 noche oscura」に喩える((326)を参照)。「善には善である以外の属性がない。真空なのか。否定なのか。そうだ、われわれがまったき注意をむけぬかぎりは。だが、瞬時にまったき注意をむけることはできない。長い修練が必要だからだ。この間、善とは否定であり虚無であり、われわれは否定的なもの、真空へと注意をむける。これこそ十字架の聖ヨハネの「暗夜」であり、おなじ状況がプラトンにも認められる」(VI-3 255)。「注意」については(297)(300)(303)を参照。十字架の聖ヨハネはアビラの聖テレサ(一五一五―八二)と協力してカルメル会を改革し、より厳しい戒律を遵守する跣足カルメル会を創始した。魂と神との邂逅を科学的ともいうべき精確さと緻密さで記述した。

(33) プラトンのギリシア語引用。善いものには対蹠物があるが、それが神々のあいだに居坐るわけにいかぬ以上、人間界に場を占めるのは必然である。したがって可及的速やかに現世から逃亡せねばならず、現世からの逃亡とはすなわち神に似ることとの同義でもある(『テアイテトス』一七六a―b)。

(34)「停止 arrêt」はフッサール(一八五九―一九三八)の「判断停止《エポケー》」への示唆か。判断停止は、自然的世界に先行する超越的存在としての「純粋な我《エゴ》」と「その思うこと《コギタチオーネス》」へと遡らせるかぎりにおいて、超越論的な現象学的還元と呼ばれる(フッサール『デカルト的省察』浜渦辰二訳、岩

波文庫、二〇〇一年、第一省察、第八節、四九―五〇頁)。

(35)「マタイ福音書」四章五―七節によると、悪魔の第二の試みは、神殿の頂から身を投げよ、神が天使たちに命じて支えてくださるだろうから、という挑発であった。イエスは「あなたの主である神を試みてはならない」(「申命記」六章一六節)との聖句を引いて斥ける。「ルカ福音書」四章一―一二節とは試みの順序(石をパンに変える、悪魔を拝む、神殿から身を投げる)が異なる。

四　執着を断つ

(36) 引用は「ルカ福音書」六章二四節からのギリシア語原文。

(37) イエスが弟子に教えた「主禱文」の文言(「マタイ福音書」六章一二節)への言及。

(38)「フィリピの信徒への手紙」二章七節からの引用。子なる神が父なる神への従順ゆえに十字架上の死へといたった究極の自己放棄・自己抹殺は「ケノーシス」と呼ばれる。

(39)「biens」(複数形)は脈絡によって「善」とも「利益」「幸福」「財産」「福利」とも訳せる。

(40)「ローマの信徒への手紙」八章二八節の「神を愛する人びと、すなわち神の計画にしたがい召された人びとにとっては、万事が益になるようにはたらく」との関連で、アウグスティヌス(三五四―四三〇)が「罪でさえも etiam peccata」と読みうる解釈を展開し、救済における罪の有用性を説いたとされる。「最良の魂たちが劣悪なる状態の被造物のうちに住まうとき、前者は後者の惨めさによるのではなく、むしろこれらの善用により後者を美しくする」(「自由意志論」第三書九章二六―二七)。

(41) ペテロは殉死も辞さぬとイエスへの忠誠を誓うが、三度イエスを否認してしまい、「あなたはわたしを三度否む」というイエスの予言を思いだして号泣する(「マタイ福音書」二六章三三—三五、六九—七五節)。ペテロにとっては裏切りが改悛の契機となったので、罪も「有益」だったといえる。

(42) ホメロスの『イリアス』の記述によればトロイアはギリシア軍によって、カルタゴはローマ軍によって前三世紀から前二世紀にわたる三度のポエニ戦争で潰滅させられた。『イリアス』が敵味方を問わず滅ぼされた都市への哀惜の念に充ちているのは、その後みずからも敗戦の苦汁をなめたアカイア人の手になる詩篇だからではないか、とヴェイユは自問する。「トロイアを眼前に斃れたギリシア人のように、「祖国を遠く離れて」生きて死ぬことを余儀なくされ、トロイア人とおなじく自身も故郷を喪失したがゆえに、彼らは父祖である勝者のうちにも、その悲惨が自身の悲惨に似ている敗者のうちにも、ひとしく自分自身をみいだしていた」(「『イリアス』あるいは力の詩篇」II-3 250)。

(43) 「麗しい髪のニオベ」は、女神レトにはアポロンとアルテミスの双子だけだが、自分には六人の娘と六人の息子がいると自慢し、双子神の放った矢で一二人の子どもをひとり残らず殺される。悲嘆にくれるが、ついには空腹をおぼえ、食することを思った(『イリアス』第二四書六〇二—六一三行)。

(44) プブリウス・オウィディウス・ナソ(前四三—後一七頃)は『恋さまざま』『愛の技術』『変身譚』で絶大な人気を誇るが、綱紀粛正を打ちだした皇帝アウグストゥス(前六三—一四)の勅令一本で黒海沿岸の辺境に流される。『悲歌』『黒海だより』でローマ帰還を訴えるも許されず、一〇年後、流謫の身を嘆きつつ世を去った(オウィディウス『変身物語 下』中村善也訳、岩波文庫、一九八四年、三六三―三六五頁）。

(45)　ティトゥス・プラウトゥス（前二五二頃―前一八四頃）の喜劇にはしばしば「利口な奴隷」が登場し騒動をおこす。吝嗇なアルパゴンが娘の結婚相手を決める条件として連発する台詞「持参金なしで」（モリエール『守銭奴』一幕五場）も『黄金の壺』からの借用。

(46)　「主禱文」（「マタイ福音書」六章一〇節）からのギリシア語の引用。

(47)　現象的にはアキレウスは自殺ではなく戦死である。海の女神テティスの子アキレウスは、一説では、母から死すべき人間の部分を焼かれたが踵だけが残った。トロイア戦争に参加すると死ぬとの予言に逆らい、盟友パトロクロスの仇討をはたしたのち、アポロンに援けられたパリスの矢で踵を射られて死ぬ。その意味で覚悟のうえの自殺行為である（(232)を参照）。

(48)　殺す側はいつか自身も殺される側に転落するとは知らない。だから相手が処分すべき事物であるかのように無慈悲に殺す。「万人は、生まれた以上、暴力を甘受すべく運命づけられているのだが、諸般の状況に影響されて人間の精神はこの真理を見抜けなくなっている。強者といえどもけっして絶対的に強くはなく、弱者といえども絶対的に弱くはない。しかし双方ともこのことを知らない。双方とも互いに同類だとは思っていない。弱者は自己を強者に似た者とみなさず、強者からそうみなされることもない。力を所有する者はなんの抵抗もうけずに空間を闊歩し、周囲に存在する人間という素材《マチエール》から、情念の飛躍《エラン》と行動のはざまに生起する一瞬の間隙、思考がやどるあの一瞬の間隙を提供されることもない。思考の居場所がないところに、正義や思慮の居場所もない。ゆえに武装せる人間たちは酷薄かつ尋常ならぬ行動におよぶ」（「『イリアス』あるいは力の詩篇」II-3 235-236）。

(49) スペイン内戦については(54)を参照。

(50) 『守銭奴』のアルパゴンは金への異常な執着から金の奴隷となる。ためこんだ財宝を使うことなく地中に埋め、掘りだして眺めては悦にいっていたが、ある日、その財宝が盗まれる。「守銭奴と財宝。財宝はルイ一四世のほほ笑みとおなじ役割をはたす。埋めつくす想像力に不可欠の最小限の支え。どのみち使わない財宝だから盗まれても失うものはないのだと断じることは、頭痛を《神経のせい》と断じるにひとしい。守銭奴はたしかに失ったのだ、苦しんでいるのだから」(VI-2 292)。

(51) ソフォクレスの『エレクトラ』では、エレクトラが弟オレステスの死を確信した瞬間に、オレステスが正体を明かし、長く離れ離れだった姉弟は劇的な再会をはたす。ヴェイユは労働者むけに「エレクトラ」を愛する者の不在と再認の物語として翻案する。「悲惨と屈辱が孤立無援の人間をその重みで圧しつぶすさまがうかがえる。かくもむごい運命に見舞われるのも、なにかの過誤のせいではなく、忠実や勇気や胆力といった美徳のせいなのだ。(……)悲惨、屈辱、不正、さらには孤独のなかで不幸にゆだねられ、神からも人間からも見棄てられているという感覚。(……)力尽きたとき、解放が近づくのをみる。悲惨のなかで孤独を味わい、ついにある日、人間的な同情にめぐりあう。不幸なことに、人生がそれらを必要とする万人に与えてくれるとはかぎらぬ歓びである。しかし、苦しみに呻吟する万人がいつかは経験したいと夢みる歓びである」(「エレクトラ」II-2 339-340)。

五　埋めつくす想像力

(52)『スペインの遺書』はハンガリー生まれの作家アーサー・ケストラー(一九〇五―八三)の伝記的著作。スペイン内戦に記者として従軍中、フランコの叛乱軍に拘束され、死刑宣告をうけて収監された一〇二日が描かれる。その監獄に捕らわれていた共和派のスペイン人兵士が、ある日、ケストラーの独房に丸めた紙片を投げこみ、自分たち「貧しく賤しい庶民 los pobres y humildes」は今夜か明日には銃殺される運命だが、外国人のケストラーは命までは奪われないはずだからと、ひとつの願いを託される。「わが外国の同志よ。きみがうまく生きのびることができたなら、そのときは全世界に告げてくれ、ここでぼくらが殺されたのは、ヒトラーではなく自由を望んだからなのだと」(解放された約半年後にロンドンで記憶により再現された「一九三七年三月十一日の日記」Arthur Koestler, *Un Testament espagnol*, Albin Michel, 1939, pp. 175-176)。いつ来るかわからぬ処刑の恐怖に怯えるケストラーの「遺書」であると同時に、過酷な運命に定められた名もなきスペイン民兵たちの「遺言」でもある。紙片にはこうも書かれていた。「わが共和国政府軍は勝利のうちにトレドを奪回した。オビエド、ビトリア、バダホスもいまやわれらが手中にある。わが軍はまもなくこの地にもやって来て、われらを凱旋に沸く街路へと導くだろう」。この部分をヴェイユは「勝利をでっちあげた」と評したのか。じっさい一九三七年三月から六月にかけて、ビトリア以北を制圧しつつあったのはフランコの国民戦線軍であり、同年九月には、北部のオビエドとビトリア、西部のバダホス、中央部のトレドのすべてが国民戦線軍の支配下にあった。ヴェイユは「カイエ」に『スペインの遺書』からの抜粋を記し、収監五週にして、ケストラーが明日をも知れぬ囚人の境遇にある自身を「奴隷」とみなし、「特権階級」である獄吏を「生物学的に優越する種族」とみなすにいたったことに注目する(VI-1 235-236)。

(53) キリストが捕えられたとき、弟子はひとり残らず逃げさり、ペテロはキリストを知らないといった(「マタイ福音書」二六章五六、七四節)。ヴェイユによれば、弟子たちが窮地にあるキリストを見棄てたのは、後世の殉教者や宣教師を支えた世俗的な威光がいまだ確立していなかったからだ。たんなる弱者の不幸は注意の対象にすらならない。キリスト教徒が嬉々として拷問に堪え、殉教をも辞さなくなるには、みじめな死をとげたキリストが栄光のうちに再臨するという信仰が根づく必要があった(『根をもつこと 下』「根づき」冨原眞弓訳、岩波文庫、二〇一〇年、六〇頁、V-2 288)。

(54) 共和国側の義勇兵となったヴェイユは、大義のもとに残虐行為が手柄話として語られている現実に衝撃をうけた。「フランス人のほうは大半が覇気のない無害なインテリでしたが、だれひとりとして、私的な場においてさえ、無意味に流される血にたいする反撥や嫌悪はおろか、たんなる不賛成ですらも表明する人はいなかったのです。(……)世俗にせよ教会にせよ、なんらかの権威ある当局によって、生命になにがしかの価値があるとされる人間の埒外に、なんらかの範疇に属する人びとが定められるやいなや、こうした人びとを殺すこと以上に自然な行為はなくなります。懲罰も非難もこうむらずに殺せると知るなら、人間は殺すものです。あるいはすくなくとも、殺人者たちを励ますような微笑を送るのです。たまたま最初はいささかの嫌悪を感じたとしても、これをあえて口にはせず、いくじなしと思われたくなくて、すみやかに押し殺してしまいます。衝動あるいは酩酊のようなもので、よほど強靭な精神力がなければ、この誘惑に抵抗することはできません。思うに、こうした精神力は例外的なものです。わたしは寡聞にしてそのようなものを眼にしたことがないからです」(「ベルナノスへの手紙」*Écrits historiques et politiques*.

Gallimard, 1960, p. 223)。前線の記録「スペイン日記」(II-2 374-382)も参照。戦争という深刻な現実が遊戯にも似た感覚に彩られるのは、夢や幻覚の特徴である時間や空間の枠組が、強烈な快感や恐怖のせいで吹っ飛んでしまうからだ。自軍が優勢なときは神のごとき全能感に酔い、劣勢になると絶望に突き落とされる。運命の転変に弄ばれるうち、兵士にとっての現実は悪夢の様相を帯びるにいたる。

(55)　プラトン『クリトン』によると、友人たちから脱獄を奨められたソクラテスは、不正をおこなうことも不正に抗うことも、加害に報復で応えて防禦することも、いずれも正しくないという原則を尊重すると宣言し、脱獄という不法な手段で死をまぬかれることを拒んだ。

(56)　民衆派の指導者ガイウス・マリウス(前一五七―前八六)は、門閥派の指導者ルキウス・コルネリウス・スッラ(前一三八―前七八)との権力闘争に敗れてカルタゴに流される。亡命先で挙兵し、七度めの執政官選出の直後に病死する。死の床で、妻の甥ガイウス・ユリウス・カエサル(前一〇〇―前四四)にスッラの討伐を託したという意味か。マリウスは最終的に勝者として死んだ。ゆえに「人びとはヴィルヘルム二世よりもマリウスを讃美する。もっぱら力の威信のゆえに」(VI-2 248)。

(57)　一八一五年、セント＝ヘレナ島に到着した落魄の身のナポレオン(一七六九―一八二一)は、この「逆運」のおかげで自分の生涯は「ヒロイズムと栄光」に包まれ、自分の功績と偉大さは将来の歴史が証明すると宣言する(オクターヴ・オブリ編『ナポレオン言行録』大塚幸男訳、岩波文庫、一九八三年、一九九頁)。また、唯一の息子フランソワ・シャルル・ジョゼフ(一八一一―三二)への「遺言」のなかで、「私の息子は私の蒔いた一切のものを花咲かせんことを。フランスの土地に蔵せられている繁栄の一切の要素を開発せんことを。このような代償を払ってこそ、彼は今なお偉大な君主たることができるのである」と、息子に将来の帝国復興の希望を託した(『ナポレオン言行録』二〇八頁)。

(58) ヴィルヘルム二世と呼ばれる君主は、ヴュルテンベルク王国の第四代国王のヴィルヘルム二世、上述のヴィルヘルム二世と同時に退位したプロイセン王国の第九代国王・ドイツ帝国の第三代皇帝のヴィルヘルム二世など(VI-2 243, 247)複数いるが、紅茶を所望した挿話の出典は不明。

(59) ジャン・ドゥ・ラ・ブリュイエール(一六四五—九六)は、民衆が貴顕(一七世紀以降の新興貴族ではなく封建時代にさかのぼる旧貴族)にいだく過度の尊敬と、往々にしてその尊敬に値しない貴顕の実態とを、揶揄と皮肉たっぷりに語る。自身がブルボン王家につらなる大コンデ公(一六二一—八六)の孫息子に家庭教師として仕えた経験から、貴顕の理想と現実との落差に厳しいまなざしを向けた。「庶民が貴顕にいだく好意的な先入観にはなんの根拠もなく、貴顕の仕草、相貌、声音、立ち居振舞いへの心酔はきわめて包括的なので、たまたま彼らが良いひとであるとわかるや、庶民の先入観や心酔は偶像崇拝の域に達するのである」(La Bruyère, “Des grands”, *Les Caractères*, Collection Folio, Gallimard, 1975, p. 186)。

(60) 「霊において貧しい者 pauvres en esprit」は一般に「心の貧しい者」と訳される。「心の貧しい者は幸いだ、天の国はそのひとのものだから」(マタイ福音」五章三節)。聖書的な「心の貧しさ」とは、おのれの能力や手立てに恃むのではなく、神の憐れみに万事をゆだねる根源的な謙虚さを意味する。

六　時間を放棄する

(61)　プラトンの『ティマイオス』二七dは、ヴェイユの解釈によると、時間(不断に生成流転していかなる実在も有しないもの)を永遠(永遠に実在的で生成を免れている存在)の似姿とみなす(「プラトンにおける神」IV-2 124)。

(62)　ドイツ語「Erzats」はしばしば「悪しき模倣 une mauvaise imitation」(VI-2 350)や「夢想 rêverie」と関連付けられる(VI-2 379)。

(63)　ティボン版ではこの後に「これほどつらい苦しみはありませぬ」(「カイエ」に当該箇所なし)というダンテ『神曲』地獄篇第五歌一二一―一二三行のトスカナ語引用が挿入される。「みじめな境遇にあって／幸福を思いやる以上の苦悩はありません」とダンテに答えるのは、夫の弟と不義の仲になり、夫に義弟ともども殺され、地獄の第二圏(肉欲に耽った者が住まう)に堕ちたフランチェスカ・ダ・リミニの魂(『ダンテ　世界文学大系　六』野上素一訳、筑摩書房、一九六二年、一九頁)。

(64)　「finalité」は任意の目的を達成する手段ではなく、それじたいが究極の目的たりうる「形式」、すなわちカント(一七二四―一八〇四)の「合目的性 Zweckmäßigkeit」を含意する。ある概念が対象の原因とみなされるかぎりにおいて、目的とは概念の対象であり、その概念の原因性が合目的性(forma finalis)となる(カント『判断力批判』第一部第一篇第一章一〇「合目的性一般について」)。カントは合目的性を美的(美的に判定される対象の形式)、論理的(自然の斉一性)、実質的(生命有機体の独自性)観点から三様式に区別し、第三の合目的性については機械論的視座と目的論的視座の融合による説明を試みた。

(65) ヴェイユの愛読したキェルケゴール(一八一三—五五)の『死にいたる病』は、止揚すべき否定性としての絶望の効用を説く。自身の絶望に無自覚な絶望者は、自覚している絶望者よりも、真理と救済から否定ひとつ分だけ隔たっている。絶望は一種の否定性であり、自身の絶望に無自覚であるのもひとつの否定性である。真理に到達するには否定性の総体を通過せねばならない。ならば、死にいたる病すなわち慰めなき絶望とは、自覚的と無自覚的とを問わず、真理と救済へといたる道なのである。

(66) プラトンの「洞窟」の比喩(『国家』五一四a—五一六c)への言及。原典からのヴェイユ訳を要約する。ソクラテスいわく、人びとが地下の洞窟に住まい、入口を背に、壁に面して坐っている。幼少時から脚と頸を鎖につながれ、身動きもならず、頭をめぐらすもならず、正面の壁を凝視するしかない。後方で工作物をかかげた人びとが喋ったり黙ったりしながら通過するとき、声が洞窟の壁に反響し、上方で燃えている焔が工作物の影を壁に投射する。洞窟から一部の囚徒を「強制的に」外に連れだし、地上の影像や水面の映像や夜間の星辰、そして最終的には太陽のごとく燦然と輝く善のイデアの観照へといたらせる契機は、神による原初の選別または先人の導きである。囚徒は自分が囚われの身で、無知と拘束と受動のなかにあり、洞窟の外部には真のイデアが存在することを、霊感もしくは外部からの示唆によらずに知るすべはないからだ(「プラトンにおける神」IV-2 94-95)。本断章は四・断章4につづく。

(67) 人目を避けて奥まった部屋のなかで祈るなら、「隠れたところにいます父」に祈りがとどく(「マタイ福音書」六章五—六節)。

(68)　自分から弓を騙しとったネオプトレモスに追いすがる満身創痍のフィロクテテスの台詞(『フィロクテテス』一〇六六行)。ソフォクレスの主人公たちはほぼ例外なく理不尽かつ苛烈な艱難に見舞われる。『アイアス』の主人公は亡きアキレウスの鎧をオデュッセウスに奪われて正気をなくし、最後は自刃する。『フィロクテテス』の主人公はヘラクレスから名弓を譲られた英雄であったが、トロイア遠征の途上で不治の怪我を負い、味方のギリシア勢にレムノス島におきざりにされ、一〇年ものあいだ辛苦を舐める。『オイディプス王』の主人公は知らずに父を殺し、母と結婚したわが身を呪い、眼をえぐって、放浪の旅にでる。『アンティゴネー』の主人公でオイディプスの娘アンティゴネーは兄の亡骸を葬るために叔父クレオンの王令に逆らい、生き埋めの刑に処せられるが、嘆きつつみずから命を絶つ。(VI-2 137)。

(69)　イエスについていくまえに父の埋葬をさせてほしいと願いでた若者に、イエスがいった言葉(「マタイ福音書」八章二二節)。世俗的な配慮(親族の埋葬)で、絶対的な決断(イエスへの帰依)が要請する真空を埋めてはならない、という意味か。

(70)　「本当に哲学にたずさわっている限りの人々は、ただひたすらに死ぬこと、そして死んだ状態にあること、以外のなにごとをも実践しないのだが、このことに恐らくは他の人々は気づいてはいないのだ」(プラトン『パイドン』岩田靖夫訳、岩波文庫、一九九八年、六四a、二九頁)。

(71)　「カイエ」にドミニコ会士のブリュックベルジェ師(一九〇七―九八)の『神とひとつになる』(Raymond Léopold Bruckberger, *Rejoindre Dieu*, Gallimard, 1940)からの引用がある。「死による離脱は祈りが強いる離脱のうちに前兆として示される。外的な富《ビアン》、友人たち、もっとも親しい者たちを放棄せねばならない。われわれはそれを死と呼ぶ。それはまた祈りでもあって、死ぬときには否応なくするのだが、祈りのなかでは自発的にこれらをすべて放棄する決意をせねばならない、とわたしは思う」(VI-1 267)。またブリュックベルジェ師は、ロベール・ブレッソン(一九〇一―九九)と協力して、ジャン・ジロドゥ(一八八二―一九四四)の『罪の天使たち』やベルナノス(一八八八―一九四八)の『田舎司祭の日記』を映画化し、フィリップ・アゴスティニ(一九一〇―二〇〇一)とともにベルナノスの『カルメル会修道女の対話』を映画化したことでも知られる。

七　対象なしに欲する

(72)　「非実在《イレアリテ》の蔽い《ヴェイル》」は『ウパニシャッド』の「迷妄《マーヤ》の蔽い《ヴェイル》」を連想させる。「迷妄《マーヤ》といえども(それなりに)実在的である。そこから逃れるのにあれほどの苦労をともなうのだから。しかし迷妄の実在性は迷妄でしかない」(VI-2 422-423)。

(73)　ローザン公爵のアントナン・ノンパール・ドゥ・コーモン(一六三三―一七二三)は近衛騎兵隊長であり竜騎兵連隊長であった。モンパンシエ女公爵のアンヌ・マリ・ルイーズ・ドルレアン(ルイ一四世の従姉)との秘密結婚が王の逆鱗にふれ、一〇年間、獄中にあった。希望の職位を得られないなら、牢獄暮しも辞さぬという気概をみせる一方、派手な浮名にもこと欠かぬ典型的な宮廷人である。

(74)　地上の楽園で唯一禁じられていた「善悪を知る樹」の果実を食べた女と男は、自分たちが裸であることに気づき、はじめて恥ずかしいと思った(「創世記」三章七節)。

(75)　悪魔の第二の試みについては(35)を参照。

(76) 悪魔は第一の試みとして「この石にパンになれと命じよ」と四〇日の断食で飢えていたイエスを誘惑する(「マタイ福音書」四章三―四節)。

(77) イエスは十字架上の断末魔の苦しみのなかで「わが神、わが神、なぜわたしを見棄てられたのか」と叫ぶ。この「マタイ福音書」の一節(二七章四六節)はダヴィデ作とされる詩篇二二を本歌とする。

(78) 大祭司たるキリストは人間の弱さに同情できないかたではない。罪はのぞく、すべての点で人間としての試みにあったから、という救済史的キリスト論(「ヘブライの信徒への手紙」四章一五節)。

(79) ヴェイユは卒業論文で盲人の杖の比喩(デカルト『屈折光学』第一講)を援用し、「知覚とは労働を媒介として情念を所有する幾何学」と定義し、労働と知覚の相関性を論じた。「わたしは自身の行動を直截に感受することができない。それこそ世界がわたしに課した条件なのだから。しかしすくなくとも、諸印象を空想的な諸実存の表徴とみるのではなく、わたし自身の労働を、というよりわたしの労働の対象、障碍、延長を把握するための仲介としてのみ理解することはできる。かの有名な盲人の杖の例が示すように、ここにおいて知覚が成立する。盲人は手に伝わる杖のさまざまな圧迫を感受するのではない。あたかも杖に感受性があり、杖が自身の身体の一部をなすかのごとく、杖で事物に直截にふれるのだ。(……)各人にとって盲人の杖はおのれの身体にほかならない。人間の身体はいうならば精神にとって世界を捉える鉗子《ピンセット》なのだ」(「デカルトにおける科学と知覚」I 210–211)。

(80) 施しや祈りを人前でひけらかす人びとは、賞讃されることですでに人間的な報いを得ており、

「隠れたところにいます」神からの報いは得られない(「マタイ福音書」六章二―四節)。

(81) イエスの逮捕まえのペテロの大言壮語については(41)を参照。

(82) ペテロの三度の否認については(53)を参照。

八　自我《モワ》

(83) 目的格の名詞形「le moi」を〈自我《モワ》〉、主格の「le je」を〈われ《ジュ》〉と訳し分けた。

(84) 「マタイ福音書」一二章三一節で、イエスは彼のおこなう奇蹟が悪霊によるものだと非難する敵対者に、いかなる罪も冒瀆も赦されるが、聖霊に逆らう冒瀆は断じて赦されないと反論する。

(85) 「végétal」は「動物的」との対比で「植物的」、生の営みに必須という意味では「営生」と訳す。思索、創作、社会参画など、自由な活動の糧となる「補足 complémentaire」エネルギーと異なり、「植物／営生」エネルギーはぎりぎりの生命維持に必要最小限のもの。たとえば古代の奴隷の生存には、この最低の基礎代謝分のエネルギーしか与えられない。八・断章2、4、三九・断章8を参照。

(86) アルノルフはモリエール(一六二二―七三)の『女房学校』の、フェードルはラシーヌ(一六三九―九九)の『フェードル』の登場人物。前者は結婚するつもりで育てた若い娘アニェスに、後者は夫の連れ子イポリットに恋をし、いずれもまったく脈のない相手に愚かしく執着する。トロイアの王子リュカオンはアキレウスに捕らえられ、自分の不遇な運命を嘆いて命乞いをするも、親友パトロクロスの復讐に燃え、聞く耳もたぬアキレウスに殺される(『イリアス』第二一書七四行以下)。

(87) イエスの断末魔の言葉については(77)を参照。

(88) 「償いの苦しみ douleur expiatrice」は自身の過誤を償うための苦しみ、「贖いの苦しみ douleur rédemptrice」は咎なき無垢な存在が他者の罪を贖うための苦しみである。

(89) 『重力と恩寵』の編者ギュスタヴ・ティボンをさすギリシア文字テータ。

(90) 第二次大戦期のレジスタンスの一端を担った文芸誌『フォンテーヌ』に掲載されたティボンの随想の一節「地獄は平板なくに《シテ》L'enfer est un pays plat」(Gustave Thibon, “Pensées”, *Fontaine*, Alger, nr 16, décembre, 1941, p. 106)への言及か。一九三四年十一月八日の随想も、現代の悪に特有の恣意性、抽象性、人工性、根も果実もない不毛性、ようするに悪の「平板さ」を指摘する。「今日、もはや悪は人びとの病める心のなかでせめぎ合う空想めいた利害関係からしか生まれない。人びとは実体なき幻影のために苦しみ、死ぬのである」(Gustave Thibon, *Parodies et mirages ou la décadence d'un monde chrétien*, Le Rocher, Monaco, 2011, p. 20)。

(91) ラ・フォンテーヌの『寓話』(第一巻一五「死と不幸なひと」、第一巻一六「死と樵」)の要約。いずれも過酷な生に嫌気がさし、死んだほうがましだと愚痴をいうと、すみやかに死がやって来る。ところが不幸なひとも樵も死を歓迎するどころか、どんなにつらく報われなくても生きていたいと答える。

(92) 不幸は根こぎを生みだす究極の原因である。不幸はとらえた魂の奥底に不幸にのみ属する奴隷の刻印を残す。不幸は身体的な苦しみと切り離せないが、まったくの別物であり、むしろ呼吸困難、心臓の圧迫、充たされぬ欲求、飢餓や不眠に類する、生物学的というべき深刻な欠乏・混乱である。これに自己嫌悪や逆恨みといった心理的要因、威信の失墜や屈辱的な処遇といった社会的要因が加わるとき、不幸は生の完全な根こぎをひきおこす破壊的な威力を発揮する（「神の愛と不幸」IV-1 347-349)。

(93)「ルカ福音書」一〇章三〇―三五節でイエスが語る「善きサマリア人」の譬え話。盗賊に襲われて半死半生で路上に放置された旅人を助けたのが、エルサレムの神殿に奉仕する祭司でもレヴィ人でもなく、日ごろユダヤ人から疎まれていたサマリア人だった。「隣人」とは固定的な身分ではなく自主的に選びとる状況だという含意がある。

(94)「非人格的なもの《アンペルソネル》」に人間解放の鍵を認めるヴェイユの立場は、当時の文壇や思想界を席巻した「人格主義」――現実の共同体への参加をつうじた個人の自立と尊厳への覚醒運動――と真っ向から対立する。集団による毀誉褒貶に影響をうける人格に依拠するかぎり、集団の支配をまぬかれるすべはない。孤独と沈黙のうちにおこなわれる非人格的な領域への移行こそが唯一の解放となろう（『シモーヌ・ヴェイユ選集 III』「人格《ペルソンヌ》と聖なるもの」冨原眞弓編訳、みすず書房、二〇一三年、一七七―二一二頁、*Écrits de Londres et dernières lettres*, Gallimard, 1957, pp. 11-44)。

(95)ジョットの壁画に穿たれた虚空が隠された聖性をあらわにするように、子らを無残に殺されたニオベの悲嘆すらも駆逐する身体的欲求（(43)を参照）が、人間存在の真理である根源的な脆弱さをあらわにする。そこにヴェイユは逆説的に「崇高 le sublime」の出現を認める。ジョットの連作フレスコ画「聖フランチェスコ伝」に特徴的な中央に穿たれた空間に、ブラフマンに象徴される非人格性や虚空を重ねて、空間の聖性を論じた「カイエ」の以下の断章はとくに重要である。「わたしは聖フランチェスコである。だが同時に、わたしは聖フランチェスコを眼で追う。だが同時に、眼のまえに、絵のなかに、過不足なくひとしい実在性をそなえた彼の父、司教、庭師が浮かびあがる。空間のなかに同列におかれ、実存の次元においても同等の存在とされて。からっぽの空間そのものにも実在性がやどる。主役は中央にいない。からっぽの空間が中央にある」(VI-1 159)。衣服を父親に返すフランチェスコと父親、フランチェスコと修道会を認可する司教、マグダラのマリアとマリアに庭師と間違えられた復活のキリスト、それぞれが「空間のなかに対等の資格で存在」(VI-1 232)し、かつそれぞれの対の人物のあいだに、至高の実在をやどす空間が生まれる。

(96) ファリサイ派(多くが律法学者だった)は精密な律法解釈と周到な実践を重んじる敬虔な人びとで、神殿での祭儀中心の祭司宗教を担ったサドカイ派(多くが世襲の祭司やレヴィ人だった)とも対比される。イエスとその直弟子たちが活動した一世紀には、七〇年のローマによる神殿破壊とともに没落したサドカイ派に代わって、会堂での解釈・説教を中心とするラビ・ユダヤ教を導いた。福音書によればイエスはファリサイ派の律法遵守を形式的だと痛烈に批判した(「マタイ福音書」二三章)。

九　脱-創造《デクレアシオン》

(97) プラトン『ティマイオス』四一a—bの「万有を生んだ神」は自身の手になる神々や被造物にむかい、万有は被造物である以上、不死ではなく解体される可能性もあるとはいえ、「創造のときに結ばれた絆よりもいっそう権威ある絆として、わたしはあなたたちの存続を意欲する」と宣言する。

(98)「脱－創造 décréation/dé-création」は「遡－創造」(渡辺義愛訳)とも訳される。いずれも被造物としての実存(神からの分離)を脱し、あるいは遡って、被造物としての非在(神の充溢への消滅)をめざす、恩寵に支えられた自由意志による動きをさす。後出の「破壊 déstruction」とは似て非なる概念。一方、「被創造 le créé」「非創造 l'incréé」はいずれもこなれた日本語ではないが、前者は「創造されたもの」、後者は「創造されざるもの」の含意をこめた訳語を採った。

(99) この文言はスピノザ(一七三二—七七)の「神への知的愛 amor Dei intellectualis」を念頭におく。「神に対する精神の知的愛は、神が無限である限りにおいてではなく、神が永遠の相のもとに〔sub specie aeternitatis〕見られた人間精神の本質によって説明されうる限りにおいて、神が自己自身を愛する神の愛そのものである。言いかえれば、神に対する精神の知的愛は、神が自己自身を愛する無限の愛の一部分である」(スピノザ『エチカ 下』畠中尚志訳、岩波文庫、一九五一年、改版一九七一年、第五部定理三六、一二九頁)。「我々の精神はそれ自らおよび身体を永遠の相のもとに認識する限り、必然的に神の認識を有し、また自らが神の中に在り(in Deo esse)神によって考えられる〔per Deum concipi〕ことを知る」(『エチカ 下』、第五部定理三〇、一二五頁)。引用の〔 〕内のラテン語原文は訳者による挿入。

(100) ヴェイユは「仮象 apparence」と「現象 phénomène」を区別するカントの立場を踏襲し、事物の主観的な表象である仮象を存在または本質に対立させ、主観と客観を混同させて判断を誤らせる原因とみなす。「外観 paraître」もほぼ同義と思われる。

(101)「実在的な神性を脱ぎすてた」は「フィリピの信徒への手紙」二章七節への言及。(38)を参照。

(102)「神から遠ざかる力 force déifuge」は「遠心力 force centrifuge」になぞらえるならば「遠神力」と呼べるだろう。

(103)「底のない樽」はプラトン『ゴルギアス』四九三a—bへの言及。ソクラテスは思慮の浅い人間の魂の欲望がやどっている部分を「底のない樽《ピトス》」(「穴のあいた甕」)と呼び、この満たされることのない樽に水を運びつづける愚かな魂を篩《ふるい》と呼んだ。ヴェイユは「プラトンにおける神」で樽の比喩を説明する。「プラトンはまた、ピュタゴラス派のべつの表象に言及する。願望の座である魂の感覚的で肉的な部分を、ひとによっては底があったり穴が開いていたりする樽に譬えたのである。光をうけなかった人びとの場合、樽には穴が開いているので、ありとあらゆるものを注ぎこむべく不断に専念しているにもかかわらず、ついぞ樽をいっぱいにできずにいる」(「プラトンにおける神」IV-2 83)。

(104)ソフォクレス『エレクトラ』一一四二行。エレクトラは母とその愛人に謀殺された父アガメムノンの復讐をはたすため、生き別れた弟オレステスの帰国を切望していた。ある日、弟は死んで灰になったと骨壺を手渡され、希望の担い手だった存在が「小さな塊」になってしまったと詠嘆する。

(105)「聖体拝領 communio」とは、聖餐式のなかで「実体変化 transsubstantio」によりキリストの肉と血となった聖体《ホスティア》と葡萄酒を信徒が分かちあい、神との超越的な絆と同時に信徒の横の連帯も確認する信仰の行為。キリストの死と復活の教義にむすびつくカトリック神学の中枢である。

(106)ヴェイユはプラトンの洞窟の比喩(『国家』五一四a—五一六c)を引用し、人間は「懲らしめをうけて」「虚偽」と「受動性」と「無意識」のうちに生まれているので、正しく認識するには心身の全的「転回(回心)」が必須条件だと結論する(「プラトンにおける神」IV-2 94-97)。(66)を参照。

(107)「ひとつのまま残るが、死ねばゆたかな実をむすぶ」(「ヨハネ福音書」一二章二四節)とつづく。

(108) ミラレパは一一世紀のティベット仏教のヨーガ行者。黒魔術で家族の仇を討つが改悛し、糧をとるのも惜しんで苦行に没頭するあまり、肝心の修行に支障がでるほどやせ衰えた。この経験により物質的なものへの依存と自分を養ってくれた人びとへの感謝を学ぶ。「ミラレパの壊れた壺」は、時間の経過のなかで最後の所有物の食料壺が壊れて、行者が物質界から解放された挿話をさすと思われる。

(109) 外見、財産、権力、威信といった「世俗的価値」とはしばしば一線を画される知的能力も、神との合一すなわち虚無への没入(スピノザ『知性改善論』の「精神と全自然との合一」)という究極目的にとっては手段でしかない。ヴェイユは晩年の「カイエ」に「父よ、キリストの名において、このことをわたしに与えたまえ」で始まる「祈り」を記す。「全身不随の麻痺患者のごとく、身体の動きひとつ、その素振りすらも、意のままにならぬ状態になるように。まったく眼が見えず、耳が聞こえず、その他の三官も奪われた者のごとく、いかなる感覚印象《サンサシオン》も受けとることができぬように。計算や読み書きはおろか話すこともついぞ学べなかった重篤な知的障害者のごとく、もっとも単純なふたつの思考をいかにも頼りない絆で結びつけることすらできぬように。(……)わたしのなかで残されるものは、永遠に、この剝奪か虚無だけでありますように」(VI-4 279-280)。

(110)「ヨブ記」冒頭で義人ヨブをめぐる主なる神とサタンの「賭け」が語られる。神がサタンにヨブほど清廉潔白で信仰篤い人間はいないと褒めると、サタンは反論する。ヨブが神を怖れ、悪から遠ざかっているのは、神から充分に報いを得ているからだと。そこでサタンは神の許可を得てヨブの信仰をためすべく、まずは家畜、奴隷、一〇人の息子と娘を一挙に奪いさり、つぎはヨブの全身を悪性の腫物で蔽いつくした。さすがのヨブも自分の出生の日を呪うまでに苦しむが、不幸のどん底にあっても神への信仰は揺るがなかった。「イザヤ書」五三章の「苦難の僕」とおなじく、苦しむ義人イエスの予型とされる(断章32を参照)。流刑地で落魄の身をかこつオウィディウスについては(44)を参照。

(111)「B」はフランス国籍を取得したロシア生まれの革命家ボリス・スヴァーリン(一八九五―一九八四)をさす。モスクワで活躍するがトロツキーを支持して反体制派となり、フランス共産党からも除名される。フランスに帰国後、『プロレタリア革命』誌に寄稿、トロツキーとも訣別し、『社会批評』誌を主宰。ヴェイユの親しい友人で作家のコレット・ペニョ(一九〇三―三八)とつきあうが、一九三四年、ペニョがジョルジュ・バタイユ(一八九七―一九六二)のもとに走るとひどく動揺する。自分を棄てた恋人へのスヴァーリンの愛憎が、フェードルやアルノルフの執着をヴェイユに連想させたのか((86)を参照)。

(112)モリエール『女房学校』四幕一場のアルノルフの台詞。自分が結婚するつもりで育てた孤児のアニェスが他の男と恋仲であると知ったときの驚愕をあらわす。

(113)われわれが自分のものだと思っているほぼすべて、健康、家族、財産、人脈、地位、知的・身体的能力は「諸般の事情による貸与物」にすぎず、天災や人災や悪意や犯罪やたんなる偶然によって、一瞬のうちに跡形もなく奪われうる。

(114) ヴェイユは『バガヴァッド・ギーター』の独習用に語彙集を作った。「アートマンという語はもともと気息を意味する。ついで自我《モワ》の等価である再帰代名詞として使われる。この意味ではときに身体的自我をさす。形而上学的な語義では、カント的な物自体《ヌーメノン》たる自我、すなわち、神が個々の存在の本質のうちに現前するかぎりにおいて、神と同一である超越的自我をさす。「パラマートマン」すなわち至高の〈われ《ジュ》〉(至高のアートマン)は神をさす」(ヴェイユ訳『バガヴァッド・ギーター』IV-2 361)。あるいは「大文字つきの自己はつねに、大文字なしの自己もたいてい、アートマンと解される。ときに通常の意味の人格を、ときに(カント的な意味での)超越的な主体すなわち神と同一の主体をさす。サンスクリット語の文献において——脈絡を抜きにするなら——ふたつの解釈のいずれが妥当かを示唆するものは皆無である。自我、我欲、などはアハムとその派生語に対応する。一人称の固有名詞である」(同、IV-2 606)。

(115) 「暗夜」については(32)を参照。

(116) 「ヨブ記」一章九節については(110)を参照。対象が「仔羊や麦畑や多くの子孫」といった「所有」の水準にとどまっているとき、その愛は「深く」へも「遠く」へも「第三の次元」へも行かない。

(117) 「神明裁判」では、沸騰した湯に手を入れる、鋭い刃のうえを素足で歩く、両手を縛られて水中に沈められるなどの試練にたいして、無傷ですむ、傷がすぐに癒えるなどの奇蹟の有無により、罪の有無が決まる。

一〇　消えさること

（118）「黄金のマリとタールのマリ Marie en or et Marie en goudron」はグリム童話の「ホレおばさん Frau Holle」(KHM 24)を原型とする民話。寡婦にふたりの娘がいた。継子は気立てがよく働き者、実子は意地悪で怠け者だった。継子は誤って落ちた井戸の底で、ホレおばさんの家で見返りを求めず懸命に働き、その褒美として帰りに全身を黄金で蔽われる。実子は継子の幸運を羨んで井戸の底に降りていくが、怠けてばかりいた罰に、帰りぎわに全身を瀝青《ピッチ》で蔽われる。無私無欲の娘が報われ、欲得づくの娘が罰をうける。ただしヴェイユの伝記に収録された物語では、グリムで強調された無私無欲の労働ではなく、黄金の扉から入るか瀝青の扉から入るかという、いわば行為以前の原初的選択が決め手となる。後年、ヴェイユは幼少期に母が読み聞かせてくれたこの物語に決定的な影響をうけたと語った(Simone Pétrement, *La Vie de Simone Weil*, Fayard, 1973, p. 19)。

（119）夫テゼーに真実を告げるフェードルの今際《いまわ》の台詞(ラシーヌ『フェードル　アンドロマック』渡辺守章訳、岩波文庫、一九九三年、五幕七場、二五九頁)。道ならぬ恋心を告白した義理の息子から手厳しく拒否され、羞恥と矜持をとりもどし、自分の視線が穢した事物が本来の浄らかさを回復するようにと祈念し、自害する。

（120）ジョットのフレスコ画における空間の聖性については(95)の引用を参照。

(121) 天の父は善人にも悪人にもひとしく太陽を昇らせ、雨を降らせる。その公平さを見習って完全であれというイエスの教え(「マタイ福音書」五章四五、四八節)。

(122) 一九三七年、サン＝カンタン女子高等中学に赴任したヴェイユは授業でサン＝テグジュペリ(一九〇〇―四四)の『夜間飛行』をとりあげ、非人格的な命令が個人の力量をこえる成果をあげる可能性を示唆する(II-2 527)。飛行士は天与の勇敢さといった個人の資質ではなく、厳格な規律の遵守によって、危険と隣合わせだった大陸間の夜間飛行をおおむね事故なく切りぬけた。規律を体現する支配人リヴィエールは、最古参の機械工を一度きりの失策で首にし、発動機の音が変だったと怖がる若い飛行士を叱咤する。だれかの失策を認めるなら、全員の緊張が緩む。恐怖を認めるなら、この操縦士は永遠に恐怖から解放されまい。「おれが公平か不公平かは知らぬ。おれが叩けば故障は減る。責任の所在は人間にはない。責任とは、あらゆる人間を問いつめたあとにしか問うことのできぬ、曖昧な力だ。おれの公平さがいきすぎるなら、夜間飛行は一回一回が死の危険となっちまう」(Antoine Saint-Exupéry, *Vol de nuit*, *Œuvres complètes* 1, Pléiade, Gallimard, 1994, p. 135)。職務をまっとうするなら、「凡人でさえ聖人にも英雄にもなれる」職業上の美徳の力でもある(三六・断章13を参照)。

(123) 「詩的霊感」の例から推測するに、この語、この並び、この響きのほかは考えられないような、芸術創造における選択余地なき「強制」を意味すると思われる。

(124) 「法 dharma」は「法」「道」と訳されるインド思想の最重要概念。古ウパニシャッドでは

「真理」「絶対者」と同一視され、後期ウパニシャッドでは「全世界の根底にあるもの」「最高の実在」とみなされる(加藤純章「ダルマ」『岩波 哲学・思想辞典』廣松渉他編、岩波書店、一九九八年、一〇四二―一〇四四頁)。「自然界の出来事、社会制度、身に定まった行為などのすべてが、いつ、いかなる時にも基準として従っているような太古からの規範、あるいは永遠の法則の成果であり、その発現である(……)合法則性、規則正しさ、調和、さらに一切が各自の規範に従う時、自然界と人間社会に現われる基本的平等のことである」(ゴンダ『インド思想史』鎧淳訳、岩波文庫、二〇〇二年、八一頁)。

(125) アキレウスとの対決で死期を悟ったトロイア王子ヘクトールが、妻のアンドロマケーを待つ屈辱と隷従を思って嘆く言葉(ホメロス『イリアス』第六書四五六―四五八行)。ヴェイユの好きな文言で『自由と社会的抑圧』(冨原眞弓訳、岩波文庫、二〇〇五年、七八頁、II-2 70)や「工場日記」(『シモーヌ・ヴェイユ選集 II』冨原眞弓編訳、みすず書房、二〇一二年、3頁、II-2 171)でも引用される。

(126) 「柘榴の実」は『ホメロス風讃歌』第二歌「デメテル女神への讃歌」への言及。大地母神デメテルと天空神ゼウスの娘ペルセフォネ(コレー)は、水仙の花を摘もうとして、足もとに開けた深淵に呑みこまれ、冥界の王ハデスのもとに連れさられる。飲み食いもせず泣き暮らしていたが、地上の母のもとに帰される直前、ハデスの嘆願に負けて一粒の柘榴の実を口にする。その結果、一年の半分または三分の一を冥界ですごすことに。ヴェイユはこの神話を人間の魂(ペルセフォネ)を捕らえるために美の罠(水仙)で誘惑する神の奸計と解釈する(VI-3 58-59)。柘榴の実は、空腹だった魂が勧められるままに食べてしまい、自覚もなく意味もわからず、いわば騙し討ちのごとく神に奪いとられた同意である。「デメテルは肉体であり、コレーは魂である。魂は美しい花をみて恍惚とし、肉体を懐かしく思いつつも、心ならずもべつの世界へと拉致される。デメテルはコレーの帰還を求める。だが、この誘拐を望んだのはゼウスなのだ。それでもデメテルが生命を絶やしてやると脅すと、ゼウスはコレーの帰還に同意する。しかしコレーは柘榴の実を食べてしまった」(VI-3 52)。

(127)「行動においても、言葉においても、思考においても」は「人が身体と言葉と意《こころ》により、善悪の行為を企てる場合、これらの五つがその原因である」(『バガヴァッド・ギーター』一八章一五節、一三三頁)への言及。この箇所の仏訳は「行為でも、言葉でも、思考でも」(*La Bhagavad-Gîtâ*, trad. Emile Senart, Les Belles Lettres, 1944, P. 54)であり、ほぼヴェイユ訳と変わらない。

(128)「諸々の行為は私を汚すことはない。私には行為の結果に対する願望はない。このように私を理解する人は、諸行為により束縛されない」(『バガヴァッド・ギーター』四章一四節、五二頁)。「バガヴァッド」すなわち主なるクリシュナが一人称で、同族間の戦いに臨むのをためらうアルジュナ王子に「行為の結実に頓着せず、なすべき義務をなせ」と諭す(二章四七—四八節、三九頁を参照)。本断章の先行箇所(ルイ一四世のほほ笑みに象徴される想像上の報いを論じた断章)は二・断章19に採録されている。

(129)「非‐能動的な行動」は『バガヴァッド・ギーター』の中心主題。「何が行為《カルマン》か、何が無為《アカルマン》かについては、聖仙たちですら迷う。そこで行為についてあなたに説こう。それを知れば、あなたが不幸から解脱できるように。／行為について知るべきだ。非行《ヴィカルマン》について知るべきだ。無為について知るべきだ。行為の道は深遠である。／行為の中に無為を見、無為の中に行為を見る人、彼は人間のうちの知者であり、専心してすべての行為をなす者である」(『バガヴァッド・ギーター』四章一六―一八節、五二頁)。ヴェイユの愛読書『老子』五七章に「我れ為《な》すこと無くして民自《おの》ずから化《か》し」、六三章に「為《な》す無きを為し、事《こと》無きを事とし、味《あじ》無きを味わう」とある(『老子』蜂屋邦夫訳注、岩波文庫、二〇〇八年、二六一、二八六頁)。「無為の行為 action non agissante」については(193)を参照。初出は九・断章4。

(130) イエスは公の場で上席に坐りたがる人びとを揶揄し、弟子たちにはむしろ末席について上席を勧められるのを待てと諭す。この譬え話は「すべて自身を高くする者は低くされ、自身を低くする者は高くされる」(「ルカ福音書」一四章七―一一節)と括られる。

(131) スピノザは目的原因なるものは人間の衝動の別名にすぎぬとして、「我々をしてあることをなさしめる目的なるものを私は衝動と解する」(『エチカ 下』第四部定義七、一三頁)と定義する。

(132) 「マタイ福音書」二五章三五―四〇節。わたしが空腹だったときに食べさせ、渇いていたときに飲ませ、旅人だったときに宿を貸し、裸のときに服を着せ、病気のときに見舞い、牢にあったときに訪ねてくれた、とイエスが感謝すると、義人たちは、いつあなたにそんなことをしましたか、と訊く。

(133) カッシアヌス(三六〇頃―四三三頃)もニコラオス(四世紀)も小アジアで活動した聖人。後者はギリシアとロシアの守護聖人で、その博愛を讃える奇蹟譚が多く残っている。一九世紀以降、クリスマスにプレゼントをとどけて廻るサンタクロースの表象とむすびつく。

(134) 主人の命令をすべて果たしても、「自分は役にたたない奴隷です、なすべきことをしただけです」といわねばならない(「ルカ福音書」一七章九―一〇節)。

(135)「マタイ福音書」六章一〇節からのギリシア語の引用。

(136)「マタイ福音書」七章九節。

(137)デカルト(一五九六―一六五〇)の『哲学原理』第一部二一によると、自力で自己を存続させえぬ時間や事物が持続するには、それらを産出した外的原因にして唯一の自立存在たる神がそれらの存在を持続的に支える必要がある。したがって創造の持続はすなわち神の存在証明たりうる。一方、晩年のヴェイユが愛読したインド二大叙事詩『マハーバーラタ』『ラーマーヤナ』の語る一連のヴィシュヌ神話によると、眠れるヴィシュヌの臍《へそ》(または臍から生じた蓮花)から生まれたブラフマー(梵天)が創造を完成させ、ヴィシュヌがそのわざを維持するという意味で、創造は持続的なわざとみなされる。

(138)『バガヴァッド・ギーター』で臨戦時に逡巡するアルジュナ王子を諌めるクリシュナはヴィシュヌの化身《アヴァターラ》((128)を参照)。ヒンドゥ教の「化身」はキリスト教の「受肉」に相当し、永遠の神の子が人間として歴史の一点に現われたことをさす(「ヨハネ福音書」一章一四節)。ただし、前者において化身は非歴史的かつ無数であるが、後者における受肉は歴史的かつ一度限りである。

(139)「聖餐」については(105)を参照。

(140)ガストン・ベルジェ(一八九六―一九六〇)の学位取得補助論文「フッサール哲学におけるコギト」の論評を、ヴェイユは『南方手帖』(一九四一年)に寄せた。いわく、概念の真偽ではなく意味を問うベルジェの方法は、すぐれてソクラテス的な方法であって、プラトン主義の流れを汲む哲学者すなわちデカルトやカントの方法でもある。世界の表象を構築する哲学者のみが近代的な意味で整合性のある体系を有するが、意味を問う哲学者のみが思考をみちびく真の教師《メートル》である。

「知性を超えて人間全体に課される離脱への努力を哲学的反省の条件とみなすところが、氏の独創的な見解であると指摘されたが、それこそ純然たるプラトンにほかならない。「魂のすべてをあげて真理へと向きなおらねばならぬ」。そもそもこの意味での独創性とは、プラトンと異なる考えかたをするのではなく、プラトンが二五世紀もまえに実践したことを自身の流儀で実践することであり、実質的には魂のすべてをあげて真理へと向きなおることなのだ」(『シモーヌ・ヴェイユ選集 Ⅲ』「哲学」二五頁、IV-1 67)。

(141)「実体変化」については(105)(291)を参照。

(142) 本断章の直後に「傲慢をひきおこさぬ驚嘆すべき発見」の一例として電磁気学の創始者のひとりアンドレ＝マリ・アンペール(一七七五―一八三六)への言及がある(VI-2 200)。

(143) オーセールの女子高等中学《リセ》の講義録。「やるっきゃない、労働者の言葉――デカルト的精神。四八時間ぶっつづけに舵をとったコンカルノーの少年水夫の物語」(ユゴー『貧しい人びと』I 378)。

(144)『イシャ・ウパニシャッド』七の「知る者にとって、どこに混乱がある? どこに苦痛がある? すべてのうちに〈一者〉をみぬく者にとっては」(VI-1 264)。

(145) 灯を携えて花婿の到着を待つ一〇人の乙女の譬え話(「マタイ福音書」二五章一―一三節)。花婿の到着が遅れたので、五人の賢い乙女は予備の油をついで灯をともした。一方、五人の愚かな乙女はあわてて油を買いに走るが、戻ってきたときにはすでに始まっていた婚礼から閉めだされる。運命を左右する選択は、不測の事態にそなえて予備の油を用意すると決めたときになされたのである。

(146) クセノフォン『ソクラテスの思い出』二巻の冒頭は、若きヘラクレスの人生の岐路における選択を語る。擬人化された美徳と悪徳が、それぞれ弁舌を尽くして、ヘラクレスを自陣営にひきこもうとする。悪徳いわく。わたしはおまえを最高の快楽にみち、最高に容易な道へと導く。甘美な愉しみを味わわせ、苦渋を避けさせる。戦《いくさ》や仕事に頭を悩ませるなかれ。考えるべきは、五官にとってなにが快いか、のただひとつ。労働は他人にまかせ、おまえは他人の労働の実りを刈りとるのみ。そこへ美徳が割って入る。神々の愛顧を得たいのなら、神々に奉仕せねばならぬ。友に愛されたいのなら、友に益をもたらさねばならぬ。労苦し、汗を流し、肉体を鍛え、精神に服従するすべを肉体に教えねばならぬ。「わたしの道は短く、易々と、幸せへとつづく」という悪徳の誘いに対抗し、美徳は主張する。神々に嘉され、義人たちに尊敬されるには、試練の多い長く険しい道を行くべきだと。若きヘラクレスは、安楽でも恥辱に終わる悪徳の道を斥け、困難でも名誉ある美徳の道を選ぶ。「岐路に立つヘラクレス」「ヘラクレスの選択」等と呼ばれ、ルネサンス・バロック期の絵画に好んで描かれた。

一二　幻想

(147) 人間は愛ゆえに善と必要(必然)を混同し、「必然の本質と善の本質の相違」(『国家』四九三c)に気づかない。ヴェイユによれば幻想や執着のほとんどはこの混同に起因する(278)を参照)。

(148) 洞窟の表象については(66)(106)(165)を参照。本断章を洞窟の比喩にかさねて要約する。洞窟のなかの工作物のごとくこの世の諸事象の実在性に偽りはないが、合目的性があると思いこむのは幻想であり、われわれが見ているのは壁に映じた工作物の影にすぎない。われわれの動きを奪う鎖とはわれわれ自身の執着にほかならず、財宝に執着するアルパゴンのように、善だと思うからこそ執着する。洞窟とはひとつの価値体系である。洞窟にとどまるかぎり、既存の価値体系からの脱出は叶わない。引用は『国家』五三二cを参照。

(149)「比例法 règle de trois」とは、前文の「～として、～のかぎりにおいて、～との関連において」といった相対的な価値判断の比喩なのか。

(150)神の許可を得たサタンによって、義人ヨブは全身を悪性の腫物で蔽われ、灰にまみれて呻吟するが、神を呪うことはなかった(「ヨブ記」二章七節以下)。ヨブの苦悩と嘆きにみちた問いかけに、神はようやく沈黙を破って、人知を超える創造の神秘をあきらかにする(三八章以下)。(110)を参照。

(151)プラトン『ファイドロス』二四六d—二四七dのヴェイユ訳によると、選ばれた魂は天の主神ゼウスとともに「天の外部にあるもの〔存在〕を注視」し、「真理を愛し、真理を観照し、真理を糧とする」(「プラトンにおける神」IV-2 108-109)。存在の充溢の度合が下がるにつれて、真理の度合も下がる。かくて存在は認識〔真理〕と、非在は臆見〔世論すなわち「巨獣」の意見〕と同一視される。

(152)ボーマルシェ(一七三二—九九)の喜劇『フィガロの結婚』五幕三場で、主人の伯爵と自分の新妻が密通していると誤解したフィガロが、「苦労といえば生まれる労をとっただけの」貴族や「弱くて失望させる生きもの」である女性一般に毒づき、わが身の不運を嘆く有名な独白の一部。

(153)「それはかく在る C'est ainsi」は必然をあらわすヘーゲル(一七七〇—一八三一)の言葉。「或ることが必然だと言われるとき、われわれはまず最初に、なぜそうなのかと問う。(……)われわれが必然的なものに要求することは、これに反して、自分自身によってそれが現にあるところのものとしてあるということであり、したがって媒介されているとはいえ、同時に媒介を揚棄されたものとして自己のうちに含むということである。したがってわれわれは必然的なものについて、「それはある」と言う。すなわち、われわれは必然性を、他のものによって制約されない自己関係と考えているのである」(ヘーゲル『小論理学 下』松村一人訳、岩波文庫、一九五二年(改版一九七八年)、第二部、C、一四七、補遺、九五―九六頁)。ヴェイユの学生時代の師アラン(本名エミール・シャルティエ、一八六八―一九五一)も頻繁にヘーゲルの必然の概念に言及する。「いささかでも〈必然〉を理解した者なら、もはや〈宇宙〉に説明を求めたりはしない。「なぜこの雨が?」「なぜこの疫病が?」とはいわない。これらの問いに答がないことを知っているからだ。「それはかく在る」。こういうしかない。これは微々たることではない。実存する。それはなにがしかであり、あらゆる理由を粉砕する」(Alain, "Aimer ce qui existe", *Propos* 1, Pléiade, Gallimard, 1956, pp. 32-33)。

(154)「サタン」は「誹謗する者」を意味するヘブライ語とそのギリシア語音訳。「ヨブ記」冒頭で神を挑発してヨブの信仰を試す役回りを演じる。やがて「悪魔《ディアボロス》」の同義語と化する。

(155) 先行断章を要約する。神への想像上の愛ほど安易なものはなく、神への真の愛が魂のすべてを占めていないかぎり、想像上の愛が魂に忍びこみ、真空を埋めてしまう。ところが神の恩寵は真空がなければ入ってこない。このアポリアを超えるには想像力のはたらく余地を限界まで削減するしかない。

(156)「肉 chair」は、それじたいは善でも悪でもない物理的な「身体 corps」と異なり、単純な欲望に社会的な威信を与えて、神の光をさえぎる遮蔽幕の役をはたす。守銭奴の財宝のごとく偶像崇拝の温床ともなりうる。他方、水仙の美しさに魅了されて冥界に拉致されたペルセフォネの物語((126)を参照)のように、神が魂を誘惑する契機となりうる点では救済に不可欠な要素でもある。「肉」は遮蔽幕にも架け橋にもなりうる。「世界の秩序。大宇宙《マクロコスモス》と小宇宙《ミクロコスモス》(運命愛《アモール・ファティ》すなわち両者をつなぐ架け橋)。秩序ある世界は秩序ある身体が実存するための条件であり、秩序ある身体は肉とむすばれた精神が実存するための条件である」(VI-2 129)。

(157) 十字架の聖ヨハネについては(32)を参照。

(158) 神と魂との関係を官能的な語彙や表現であらわすのは、ヘブライ‐キリスト教伝統の神秘主義的潮流の特徴。「ソロモンの雅歌」では「抱擁」「接吻」「乳房」といった語彙が効果的に使用される。

(159) 古代キュベレとアッティスの祭祀、ミトラス教、イシス・オシリス信仰、エレウシスの秘儀、ディオニュソスの秘儀、オルフェウス教など、生と死と復活を司る神格を崇める古代オリエントやギリシアの秘儀宗教の多くは密教であって、試練を乗りこえた秘儀参入者にのみ奥義が伝えられる。部外者には奥義をもらさぬために厳しい沈黙が課されるので、現存する資料はきわめて少ない。一方、すくなくとも近代以降のキリスト教の場合、聖書をはじめ、教皇回勅、公会議文書、教父の聖書釈義や神学、信心書、祈禱書など、あらゆる種類の伝承資料が豊富に残っており、読み手は信徒にかぎられない。

(160) 「善にもまして、美しく、驚異的で、不断にあたらしく、たえず不意討ちを喰らわせ、醒めることなき甘美な酩酊をともなうものはない。悪にもまして、砂漠のごとく、精彩を欠き、単調で、退屈きわまるものはない。真正の善と悪については然り。虚構の善と悪については逆の関係がなりたつ。虚構の善は、つまらなく、厚みがない。虚構の悪は、変化にとみ、興味ぶかく、魅力があり、奥が深く、誘惑にみちている」(『シモーヌ・ヴェイユ選集 Ⅲ』「道徳と文学」五二―六〇頁、IV-1 90-95)。

(161)「諸々の行為は、すべてプラクリティ(根本原質)のみによって行われ、自己《アートマン》は行為者ではない」(『バガヴァッド・ギーター』一四章二九節、一一二頁)への言及か。

(162)「食菌による自然免疫 phagocytose」は、細胞に侵入した菌を消滅させる食細胞と呼ばれる白血球の一種による免疫作用をさす。この自然免疫の基本原理を発見したイリヤ・メチニコフ(一八四五―一九一六)はヴェイユ一家の知人でもあり、一九〇八年、ノーベル生理学・医学賞を受賞した。

(163)「ヨハネ福音書」三章二〇節。ヴェイユが「価値なきもの」と訳したギリシア語「ホ・パウラ」は通常は「悪いこと」と訳される。

(164)プラトン『ゴルギアス』五二三への言及。かつて人間は生きたまま衣服や社会特性を身につけて裁かれていたが、往々にして裁きに誤りがあったので、ゼウスは裁きのとき人間は裸で死んでいなければならぬと定めた。なぜなら「魂が身体を剝奪されて裸になって、魂のなかのいっさいが可視化されてはじめて、正しい裁きが可能になる」からだ(「プラトンにおける神」IV-2 80-81)。

(165)「洞窟」については(66)(148)を参照。洞窟に生まれ育った囚徒が動きだすや堪えがたい激痛をおぼえ、焔の眩さに眼がくらみ、以前のほうが自由だったと思い、受動と拘束と暗闇へと戻る誘惑にかられる。それでも我慢して洞窟のそとに踏みだすと、一段と厳しい苦痛と試練にさらされる(「プラトンにおける神」IV-2 94-101)。

(166) 福音書は「聖霊に逆らう罪」を典型的な「死にいたる罪 péchés mortels」(「赦されざる罪」)と糾弾する((84)を参照)。カトリックの公教要理《カテキスム》は七つの大罪「septem peccata mortalia」として「傲慢」「憤怒」「嫉妬」「怠惰」「強欲」「暴食」「色欲」をさだめる。

一三　偶像崇拝

(167) 水面に映った自身の姿に焦がれ死んだナルキッソスは自己充足しえない自己愛の象徴。二世紀のパウサニアスの『ギリシア案内記』第九巻によると、早逝した双子の姉妹を懐かしんで、水面の映像に恋した。より広く流布したオウィディウスの『変身譚』第三巻では、ニンフのエコーの求愛をすげなく斥け、声だけになるまで衰弱させた傲慢の罪ゆえに、応報の女神《ネメシス》に罰せられたとされる。

(168) 心理的遠近法は価値判断とむすびつき、遠近法的展望の消失点に身をおく個人にとって、「遠い」ものは些事と思われ、「近い」ものは重大事と思われる。遠近法的な秩序の対極にあるのはたとえばアーサー王伝説の円卓である。「円卓。この円卓に坐るとは、遠近法的な視座を失うことであり、視座の不在のうちに、普遍のうちに身をおくことだ」(VI-3 383)。上座下座のない円卓は同席者たちの対等を象徴し、円卓の中心が消失点である以上、遠近そのものも抹消される。

(169) わたしの手が感じとるのは杖に伝わる衝撃だけだが、杖の衝撃を仲介として壁の存在を知覚する。わたしが自分の眼や手で直接に壁を感受し、壁を知覚する作用を、杖が代替する。重要なのは壁を知覚することであって、その手段は眼でも手でも杖でもかまわない。おなじく超本性的な愛は、あれやこれやの被造物を感受し、神を知覚する。これらの被造物はすべて仲介である。眼や手や杖が仲介であるように。そのかぎりにおいて価値があり愛にあたいする(〈79〉を参照)。

(170) プラトンの『ティマイオス』六九c以降をうけてヴェイユは要約する。いわく、人間の魂は頭から天に吊りさげられた「天の植物」(九〇a)であり、天から与えられた養分《エネルギー》はまず脳にいくが、脳内で思考がなされないと、エネルギーは脊椎を通って生殖器に降りていき、生殖行為で消尽される。つまり生殖行為を支えるエネルギーは思考や芸術を支えるエネルギーの「堕落形」なのである。「とすると、すべての執着、すべての情念は性的な欲求である。フロイトのすべてはプラトンに含意される。だが、その逆ではない」(VI-3 335, 337)。

(171) 「昇華」とは、性欲や攻撃性などの欲動が、対象の「脱性化」と「置換」によって芸術やスポーツなど社会的に認知された「高尚な」目標へと振りむけられる無意識の過程をさす。フロイトによって導入され、「学説上欠かせない一つの前提」となった精神分析の用語(ラプランシュ／ポンタリス『精神分析用語辞典』村上仁監訳、みすず書房、一九七七年、二二三頁)。

(172) 『饗宴』の誤記なのか、純粋な愛の典型としての『饗宴』の愛《エロース》との対比で、純粋ではない愛の典型としてラシーヌの『フェードル』を挙げたのかは不明。『ファイドロス』も『フェードル』も仏語表記(*Phèdre*)はおなじだが、この文脈で『ファイドロス』は不適切である。

(173) ヴェイユが頻繁に引用するプラトン『饗宴』一九六b—cで、詩人アガトンが愛《エロース》を讃える演説(個々の引用箇所についてはVI-3 n. 104, 463を参照)。

(174) 「人間存在 être humain」といった慣用表現はべつとして、「存在 être」は厳密には神のみに可能な充溢した存在様式を、「実存 existence」は存在論的には非本来的で人間に固有の存在様式を、「実在 réalité」は「想像」や「幻想」の反意語で充溢をともなう在りかたをさす。一方、「現存 présence」は文字どおり現前での存在を意味し、「不在 absence」の対義語である(九・断章29、一二・断章6、8を参照)。

(175) 「主観主義」「絶対的観念論」「独我論」「懐疑論」に共通するのは、判断の主体としての「自我」「自己」「精神」の優位と自律性、およびこれと連動する外的事象の独立性の否定もしくは懐疑である。たとえばバークリー(一六八五—一七五三)の「絶対的観念論」は外的世界の実在性を否定し、これをもっぱら人間の知覚表象に還元する。デカルトの『省察』は自己を外界から分離し、個的自我ならざるいっさいの実在性への懐疑から出発する。これは独我論的姿勢である。これら究極の主観主義的自我中心主義は、無神論が信仰の試金石たりうるように、いわば反面教師として、自己を世界の中心から追いおとす認識行為にとって有効にはたらく、というのがヴェイユの示唆であろう。

(176) プラトン『ファイドロス』二四六d—二四七dは、天頂の外部に立って天空の自転に身をゆだねつつ、天空の外部にあるもろもろのイデア(「範型《モデル》」のほぼ同義語として使われている)を注視する魂に言及する((151)を参照)。プラトンは『ティマイオス』二七d—二九aで、「永遠に在るもの」と「生成転変するもの」という二種類の「範型」を区別し、造物主《デミウルゴス》が前者の範型に倣って宇宙を創ったと主張する。宇宙はおよそ生成した事物のなかで最良のものであり、宇宙の造物主はおよそ原因たりうるもののなかで最善のものであるから、という理由で。

(177) ヴェイユの友人コレット・ペニョのことか。この直後に「わたしは彼のなにを愛していたのか？　愛は死んだ。彼はなんだったのか？」とつづくが「わたし」がコレットをさすのかは不明。スヴァーリンとの関係については(111)を参照。

(178) ティボン版は「友情」ではなく「愛」と読むが、ヴェイユにとって情緒的・性的な愛は、より清廉で無垢な友情の特殊な(往々にして堕落した)形態にすぎない。友情とは「神的な愛の予感と反映をふくみ、純粋で、人格的かつ人間的な愛」である(「神への明示的ならざる愛の諸形態」IV-1 327-332)。

(179) カント『道徳形而上学原論』第二章四九の有名な定言命法「君自身の人格ならびに他のすべての人の人格に例外なく存するところの人間性を、いつでもまたいかなる場合にも同時に目的として使用し決して単なる手段として使用してはならない」(カント『道徳形而上学原論』篠田英雄訳、岩波文庫、一九六〇年、一〇三頁)への言及か。

(180) スピノザ『エチカ』第二部で詳述される心身並行論への示唆か。人間精神の十全な認識は、すなわち人間身体の十全な認識に精確に比例する(定理一二、定理一三備考)。

(181) 「おまえ」とは友情の夢想に逃げようとするヴェイユ自身(*Notes intimes*: IV-1 140-144)。

(182) 「ルカ福音書」五章八節で、イエスの奇蹟をまのあたりにした漁師のシモン・ペテロは、イエスの足もとにひれ伏して、「主よ、わたしから離れてください。わたしは罪深い人間ですから」

といった。

(183)「Schluß」は「完了」「終結」を意味するドイツ語。

(184)「犬の感謝」は「犬の献身」(八・断章2)のほぼ同義。

(185)ヴェイユは、灼熱の砂漠を行軍中に自分ひとりが水を飲むことを拒否し、なけなしの水を砂漠にぶちまけたアレクサンドロス大王の逸話を引き、この無意味とも思える行為をカントの定言命法と関連づける。「どの聖人もみな、水を地にまいた。どの聖人もみな、人びとの苦しみから自身を分かつあらゆる幸運を拒否した。個人として、つまりは動物としての自己からみずからをひき剝がし、人間として、つまりは神にあずかる存在として自己を肯定する運動、これが善である。(……)道徳的行為は自己のうちなる人間の肯定であり、かくてわれわれはカントの定言命法を再発見する」(『シモーヌ・ヴェイユ選集 I』「美と善」冨原眞弓編訳、みすず書房、二〇一二年、二二一―二四頁、I 71)。カントの定言命法のひとつ「君の格律が、いつでも同時に普遍的立法の原理として妥当するように行為せよ」(カント『実践理性批判』第一篇第一部第一章第七節)を参照。

一五　悪

(186)造物主《デミウルゴス》の手でχ形に捩《よじ》られて〔磔《はりつけ》にされて〕宇宙に据えられた世界魂(プラトン『ティマイオス』三六b―c)と、粉砕された善が全宇宙に撒かれたとするマニの教説への言及か。ヴェイユはプラトンの世界魂とマニの粉砕された善とを同定する。「マニ教徒の伝える、そして確実にさらに古くへと遡る、驚嘆すべき表象によると、精神はひき裂かれ、細片となって、空間のいたるところに撒かれ、延長する物質のなかに散らされる。精神は延長のなかで磔刑に処せられる。そもそも十字架(磔)は延長の象徴ではないのか。十字架を規定するのは直角に交叉する二方向なのだから。精神もまた時間のなかに磔刑に処せられ、時間のいたるところに撒かれている。双方ともひき裂かれている。空間と時間は二重に感受しうる唯一無二の必然である」(VI-1 384-385)。

(187)「無際限／際限のなさ illimité」は量的に限界がないが、いっさいの「限定 limite」をまぬかれた「無限 infini」(「有限 fini」の対義語)とは異なる。後出の一九・断章9では、「物質」「空間」「時間」が「非限定的 indeterminé」な「無限 infini」の代表に挙げられる。

(188) スペインの伝説的な放蕩貴族「ドン・ファン」伝説をもとに、モリエールの喜劇『ドン・ジュアン』やモーツァルトのオペラ『ドン・ジョヴァンニ』などの著名な作品が生まれた。モリエールの『人間嫌い』の恋多き女セリメーヌは、主人公の生真面目なアルセストのほか何人もの男を手玉にとる。

(189) 文学と道徳の相関については(160)を参照。「道徳と文学」と同時期の論考は、想像力の放縦を是とする文学の堕落を価値の観念の喪失に帰する。「ダダイストやシュルレアリストは極端な例です。彼らはまったき放縦の陶酔を表明しました。価値の考察をいっさい拒否し、無媒介的なものに身をまかせるときに、精神が落ちこんでいくあの陶酔をです。(……)同時期および前時期のその他の作家たちはそこまで極端に走りませんでしたが、おおむね全員が――三人か四人は例外として――多少ともおなじ欠乏症を、すなわち価値観の欠乏症をわずらいました」(『シモーヌ・ヴェイユ選集 III』「文学の責任について」三三頁、IV-1 70-71; 同書、「価値の観念をめぐる省察」三一一七頁、IV-1 53-61 も参照)。

(190) 夭折の詩人ランボー(一八五四―九一)の詩集『地獄の季節』では、主人公の「俺」が憑かれたように雄弁に語るが、最後から二番めの詩「朝」では沈黙を予感させる口調へと転じる。「一度はこの俺にも、物語を想い、英雄を想い、幸福に満ち満ちて、黄金の紙に物書いた、――愛らしい少年の日がなかったろうか。何の罪、何の過《あやま》ちあって、俺は今日の衰弱を手に入れたのか。諸君は、けものは苦しみに噎《むせ》び泣き、病人は絶望の声をあげ、死人は悪夢にうなされると語るのか。では俺の淪落《りんらく》と昏睡とを何と語ってくれるのか。ああ、俺にどうして俺が語れよう。乞食らがパーテルとアヴェ・マリヤをくり返すようなものだ。俺にはもはや話す術すらわからない」(ランボオ『地獄の季節』小林秀雄訳、岩波文庫、一九三八年、四九頁)。

(191) 「ルカ福音書」一八章九―一四節の譬え話によると、義人を自任するファリサイ派は神から義とはされず、罪深さを自覚する収税人が神から義とされた。

(192) 窃盗と貯金は財産への執着、不貞と《貞淑》は性への執着、貯蓄と浪費は金銭への執着、排外主義と敗北主義は居場所への執着、誤謬と形式主義は精確さへの執着、嘘と《誠実》は保身への執着など、一見対立する二項も、ひとつの事象にたいする固着にすぎぬ点で、実質的には大差がない。

(193) 「非‐行為 non-action」と「無為の行為 action non agissante」については『バガヴァッド・ギーター』の「無為《アカルマン》」に言及した(129)を参照。一六歳のヴェイユは非‐行為を称揚する「東洋思想の深奥」に思いをはせて書く。「六羽の白鳥」の少女は、白鳥にされた兄たちを救うために、六年ものあいだ、笑うもならず話すもならず、ひたすら行動の抑止に腐心する。六枚の肌着を縫う作業は努力をこの一点に集中させ、その他いっさいの行動を不可能にする。「かくて行動の不在にこそ効能〔徳〕が存する」(『シモーヌ・ヴェイユ選集 I』「グリム童話における六羽の白鳥」七頁、I 58)と。

(194) 相対的な善の高次にある善がむしろ悪に似ているという指摘は、想像上と実在では善と悪の与える印象が逆転するという断章4をふまえるなら、一般には、想像上の悪は想像上の善よりも魅力的に映るがゆえに、想像力と感受性に訴える煽動や逆説に悪用されやすいことを意味する。個別には、みじめな犯罪者として刑死したキリストが弟子を含めた同時代人から遺棄された事実をさすと思われる。

(195) 「放棄されたが思考には現前する幻想」とは、幻想に誘われて悪しき行為に走ることを思いとどまり、なおかつ幻想じたいの内実を意識にとどめている状態をさすのだが、これには強靭な意志と謙虚さが求められる。悪もおなじであって、真に悪の実在を甘受しうるのは、特別な恩寵を得た聖人は例外として、改悛した罪びとにかぎられる(一五・断章10を参照)。かくて「ルカ福音書」二三章四〇—四三節の「善き盗賊」は、おのれの罪深さを悔い、磔刑を当然の報いとうけとめたうえで、万人に見棄てられた十字架上のイエスを無辜の義人と認め、イエスから救済を約束された。なお本断章11のあとに、オウィディウス『変身譚』でメディアがイアソンへの恋心に負けて父王を裏切る心情(一六・断章23、(306)を参照)と、「わたしは自分がしたいと思うことではなく、わたしが憎むことをおこなっている」というパウロの言葉が引用される(「ローマの信徒への手紙」七章一五節)。

(196) 「できるだけ高く売りさばくこと」は、過度の利潤追求を合法的な詐取とみなすヴェイユによれば、あからさまに金品を「盗むこと」と選ぶところがない。だが、たとえ想定以上の利益を得ても、大半の人びとは仕事上の義務をまっとうしたと満足し、一方で窃盗をはたらかぬことも自分の義務とみなす。二一歳頃のヴェイユは個別の職業倫理がカントの定言命法と相反する例に言及する。「自分が廉潔であるのは、金銭を稼ぐのにそれが最良の方途だからだと、ある商人が白状するとして、そんなものを真の廉潔だとはだれも思うまい」(『シモーヌ・ヴェイユ選集 I』「職業の道徳的機能」二三〇頁、I 264)、「もろもろの同業組合は組合員に占有を禁じたが、みずからのためには独占専売権を欲した。これらの矛盾はいかに説明できるのか。理由はこうだ。職業集団の法則とは生ける組織体の法則とおなじ、すなわち自己保存だからである。商人の団体、医師の団体なる呼称も、理由なしとはしない。いつまでも疑念が収まらなければ、経済の生は立ちゆかない。信頼は必要だ。だから廉潔もある程度まで必要だ」(同書、「職業の道徳的機能」二三二―二三三頁、I 266)。

(197) オスカー・ワイルド(一八五四―一九〇〇)の『ドリアン・グレイの肖像』では、肖像のモデルとなった生身の人間が退廃した罪深い生活に溺れていくにつれ、放蕩と老醜が本人にではなく肖像画に現われる。悪や罪が感受される場所が実態と乖離している例であろう。

(198) 「イザヤの義人」とは、民の咎《とが》を負って「ほふり場に曳かれる」仔羊のごとく黙って死んでいく主の僕(「イザヤ書」五三章)をさす。これをうけてキリスト教神学は、公生活を始めるまえのイエスを洗礼者ヨハネが「世の罪をとりのぞく神の仔羊」と呼んだとする福音書の叙述(「ヨハネ福音書」一章二九節)にもとづき、イエスを民の身代わりとなって贖罪をはたす「神の仔羊」とみなす。

(199) 「贖いの苦しみ」と「償いの苦しみ」の違いについては(88)を参照。

(200) ヴェイユは迷妄の女神アテー(『イリアス』第一九書九一行以下)に、つぎからつぎへと転移していく悪の比喩を認めた。「この世界で惹起されるあらゆる悪は、ひとの頭から頭へと旅をする(これがホメロスのアテーの神話である)、ついには完全に純粋な存在のうえに降りかかるまで。この存在が悪を一身にひきうけ、これを滅ぼす」(VI-4 197)。

(201) 「聖霊に逆らう罪」については(84)(166)を参照。

(202) 「裏切り」とは断章23の「聖霊に逆らう罪」をさすのだろう。

(203) ドストエフスキー(一八二一—八一)の『カラマーゾフの兄弟』第一部第五篇第四「叛逆」で、無神論者を自称するカラマーゾフ家の次男イワンが見習修道士の三男アリョーシャ相手に、排泄で粗相したからと両親から折檻されて、泣きながら「神ちゃま」に救いを求める五歳の少女の話をする。「この不合理がなくては人間は地上に生活してゆかれない、なんとなれば、善悪を認識することが出来ないから——などと人はいうけれども、こんな価を払ってまで、下らない善悪なんか認識する必要がどこにある? もしそうなら、認識の世界全体を挙げても、この子供が「神ちゃま」に流した涙だけの価もないのだ」(ドストエーフスキー『カラマーゾフの兄弟 二』米川正夫訳、岩波文庫、改版一九五七年、六七頁)。「仮りにだね、お前が最後において人間を幸福にし、かつ平和と安静を与える目的をもって、人類の運命の塔を築いているものとして、この為にはただ一つのちっぽけな生物を——例のいたいけな拳を固めて自分の胸を打った女の子でもいい、——是が非でも苦しめなければならない、この子供の贖われざる涙の上でなければ、その塔を建てることが出来ないと仮定したら、お前は果してこんな条件で、その建築の技師となることを承諾するかね。さあ、偽らずにいってみな!」(七四頁)。

(204)「暗夜」については(32)を、プラトンの「洞窟」との比較については(326)を参照。

(205)ソクラテスによれば、みずから進んで過ちをおかす者や悪行をなす者がいるなどと、知者なら考えるはずはなく、かかる輩はすべてみずからの意に反して悪をおこなうのだと承知している。つまり、ひとは無知ゆえに悪をなすのであると(プラトン『プロタゴラス』三四五d―e)。

(206)可能性を漫然と想像して享楽をひきだすことと、可能性を明晰に構築して行動にそなえることとは、似て非なるふたつの営みであって、受動性の刻印をまぬかれぬ前者は悪の温床となり、能動性にほかならぬ後者は徳の本質をなす。

(207)ヴェイユはエジプトの『死者の書』の「否定的告白」を引いて、純粋さと否定との必然的紐帯および否定に含まれる絶対性を説く。「数学的推論における不可能性(他の全論証が依拠する帰謬法による論証)や、倫理的生における絶対しない《ジャメ》は、時間的なものを永遠のなかへと移しいれる。／否定は永遠へといたる道である。／こんなことは絶対にしない。数秒でいえる数語に恒常的な持続が含まれる。(……)だからこそエジプトの『死者の書』の弁明の告白は否定形なのだ」(VI-4 167-168)。絶対的禁止は民間伝承では、「この果実を食べない」「この扉を開けない」「白熊のことを考えない」といったたぐいの禁忌《タブー》として表象される(VI-4 141)。

(208)拡張する「ラジャス」、上昇する「サットヴァ」、停滞する「タマス」の三種のエネルギー様態については(13)を参照。

(209)「カイエ」が槍玉にあげたのは、モーセとヨシュアに降伏した敵の殲滅を命じるヤハウェ、異端審問制度を創設した中世のカトリック教会、および「人種問題の最終解決」をうたうヒトラー主義に体現される、きわめて不寛容で全体主義的な浄化である。ティボン版では「ヤハウェ、アッラー、ヒトラー」となり、「中世の教会」が「アッラー」に替っている。

(210) プラトン『テアイテトス』一七六のソクラテスは、この世界から悪が消滅することはありえないと断言し、だからこそ可及的速やかに地上から逃れ去る努力をすべきだと訴える。プラトンにあって欲望は往々にして人間を躓かせる元凶であり、「神は断じて義にもとることがない」以上、「およそ能うかぎりにおける神への同化」は必然的に欲望からの解放をも要請する(「プラトンにおける神」IV-2 78-79)。ただしヴェイユはスピノザとおなじく、コナトゥスたる欲望を頭ごなしに否定してはいない。

(211) ライプニッツ(一六四六―一七一六)が『弁神論』第一部、五二節で展開した有名な定式(神は可能なかぎり最上の、ただし被造物であるがゆえに完全ではない世界を創造した)への言及。「神の決意はひとえに、すべての可能的世界を比較検討した後に最善なる世界を選びその世界に含まれるすべてのものと共に、「あれ」という全能の言葉で存在を与えるというところに存する」(『弁神論 上』「ライプニッツ著作集 6」佐々木能章訳、工作舎、一九九〇年、一六〇頁)。

(212) 懸隔に比例する愛をめぐる論考を記す。「神は凡庸さの度合がさまざまに異なる有限なる諸存在を創造した。確認されるところでは、われわれは人間と動物を分ける臨界に位置し、その極限をこえた彼岸ではもはや神への思いも愛も不可能となる。われわれの下位には動物しかいない。われわれは理性的な存在としては最大限に凡庸であり、最大限に神から隔たっている。これはけっこうな特権だ。われわれのもとに来たいと思うとき、神はいちばん長い道のりをたどらねばならない。神がわれわれの心を捕らえ、わがものとし、変えてしまうや、こんどはわれわれ自身が、いちばん長い道のりをたどって神のもとに赴かねばならない。愛は懸隔に比例する。/想像を絶する愛にうながされて、神はかくも自身からかけ離れた存在たる人間を創造した。想像を絶する愛にうながされて、神は人間のもとまで降りてくる。ついで、想像を絶する愛にうながされて、人間が神のもとへと昇っていく。おなじ愛である。被造物である人間は、神が探しにきたときに人間に注入した愛によらなければ、神のもとへと昇ることはできない。しかもこの愛は、神にかくも自身からかけ離れた人間を創造せしめたあの愛とおなじものだ。受難と創造は分けられない。創造そのものが一種の受難なのだ。わたしの実存そのものが神をひき裂く。このひき裂きこそが愛である。わたしが凡庸であればあるほど、わたしを実存させつづける愛の尽きせぬ深さと広がりが明らかになる」(「神の愛をめぐる雑感」IV-1 273-274)。

一六　不幸

(213)　エウリピデスの『ヒッポリュトス』の主人公は純潔と孤高を愛する青年。愛の女神キュプリス(アフロディテ)を軽んじて立腹させる。キュプリスに唆されたパイドラ(ヒッポリュトスの父テセウスの妃)に言い寄られるが撥ねつける。邪険にされたパイドラは、夫に義理の息子に襲われたと讒訴の手紙を残して自殺。これを信じたテセウスの呪いでヒッポリュトスは非業の死をとげる。断末魔のヒッポリュトスのまえにアルテミスが現われ、かかる不幸に見舞われたのは「思えばあまりに気高いお前の心根が、お前の身を亡ぼす因《もと》となったのであったな」(一三八九―一三九〇行)と憐れむ。

(214)　イワンの糾弾する「たったひとりの子どものたったひと粒の涙」については(203)を参照。

(215)　一過性の身体的「苦痛」や心理的な「悲哀」とは本質的に異なり、継続的で社会的失墜と自己嫌悪をともなう「不幸」とは、物理的な次元にまでふみこんだ生の根こぎ、いくらか軽減された死の等価物にほかならない。「ある生をとらえて根こぎにしたできごとが、直接にせよ間接にせよ、その生の社会的、心理的、肉体的なすべての部分におよぶのでなければ、真の不幸はない。社会的要因は本質にかかわる。なんらかのかたちで社会的失墜または失墜の懸念がないところに、真の不幸はない。／心痛はいかに激烈で深刻で継続的であっても、本来の意味での不幸とは似て非なるものであり、不幸とあらゆる心痛のあいだには、水の沸騰する温度のごとく、連続と同時に臨界による分離がある。限界があって、そのむこう側には不幸があるが、こちら側に不幸はない」。人生における最大の謎は、無辜の人びとを襲う犯罪や災害や疾病の過酷さではない。むしろ、「無辜の人びとの魂をとらえて、至高の支配者として魂のすべてを奪いつくす力」が、不幸に与えられたことに驚くべきだ。不幸はみずからを表現する適切な言葉をもたない。ゆえに周囲に伝わらず、本人にすら明確に自覚されることがない。「かかる一撃をうけて半分つぶれた虫のごとく地面をのたうちまわる人びとは、おのれの身に生じた現象をいいあらわす言葉をもたない。彼らが出会う人たちは、たとえ自身も辛酸をなめた経験があっても、本来の意味での不幸にふれたことがなければ不幸のなんたるかはわからない。不幸とは他のなにかに還元できぬ独特なものだ。耳が聞こえず言葉を話せない人に音のなんたるかを伝えられぬように。みずからが不幸にうちのめされている人は、余人に救いの手をさしのべる余裕などなく、そう望むことさえおぼつかない。したがって不幸な人びとへの憐れみ《コンパシオン》は不可能である。真に憐れみが生じるならば、水上の歩行や病人の治癒よりも、さらには死者の甦生よりも驚嘆すべき奇蹟である」(『シモーヌ・ヴェイユ選集 Ⅲ』「神の愛と不幸」一一九―一二〇頁、Ⅳ-1 348-349)。

(216)「ティボン。身体的苦痛の卓越せる純粋さ。おおむね民衆の卓越性はここに由来する。民衆の苦しみのほとんどが、自身の身体的苦痛、親しい人びとの身体的苦痛、身体的苦痛とむすびついた屈辱のいずれかだ。富裕な人びとより不幸とはいえぬが、民衆の不幸はより純粋である。憐憫ではなく共感の対象となってしかるべき——場合によっては賞讃にすらあたいする」(VI-2 512)も参照。

(217) 本断章の直前に、キリストの苦しみを論じたトマス・アクィナス(一二二五頃—七四)の『神学大全』第三部(受肉の神秘、秘蹟)、質問四六(キリストの受難)、項目六(受難のあいだにキリストが堪えた苦痛は最大のものか)への言及がある。無辜であるからこそキリストはひと一倍苦しみを味わい、人びとの忘恩と罪に苦悩し、身体的にも痛めつけられた(VI-2 101; VI-2 85)。

(218) 十字架上での死が近づくのを察したイエスは、杯(受難の比喩)を飲みほす試練を御旨ならば避けさせてほしいと神に嘆願する(「ルカ福音書」二二章四二節)。

(219) ラシーヌ『ベレニス』四幕五場でローマ皇帝ティチュス(ティトゥス)に別れを告げるユダヤ王族ベレニス(ベレニケ)の台詞。「これを限り、お別れでございます、永久に!／これを限り、永久に!　ああ、陛下、お分かりでございますか、／非情無慘な一言が、愛する者にはどれほど恐ろしい言葉であるか。／一月が経つ、一年が経つ、どう耐えればよろしいのです、／陛下、八重の潮路に二人が遠く、離れ離れにされますのを。」(ラシーヌ『ブリタニキュス　ベレニス』渡辺守章訳、岩波文庫、二〇〇八年、二五二頁)。

(220) ヴェイユはベルトコンベアによる量産体制へと近代化されたパリ近郊のルノー工場で、一九三五年六月五日から八月二三日まで未熟練工として働いた。この時期に書かれた「工場日記」には、「自分にいっさい権利はないという感覚」が心身に深く刻みこまれていく過程と、そのさいに時間が精神におよぼす破壊的な役割とが生々しく描かれる。「苦悶とともに起きだし、危惧をかかえて工場におもむく。奴隷のように働く。昼休みには引き裂かれる苦しみ。五時四五分に帰宅しても、さっさと眠って(だが、そうはしない)、きちんと早く起きなければ、と不安でならない。時間は堪えがたい重みでのしかかる。これから生じることへの危惧——恐怖——に胸をしめつけられ、土曜の午後か日曜の朝でなければ解放されない。しかも、この危惧をひきおこす張本人とは、もろもろの命令なのだ」(II-2 253)。

(221) 「白系ロシア人」とは、一九一七年のロシア革命後、とくに十月革命後のボルシェヴィキ一党独裁に賛同できず、国外脱出または亡命した旧帝政期のロシア人をさす総称。ヴェイユの周囲にはスターリン(一八七八—一九五三)の粛清を逃れたトロツキー派も少なくなかった。

(222) 復活したキリストがペテロの殉教を示唆したとされる言葉(「ヨハネ福音書」二一章一八節)。

(223) 時間が果てしなく延々とつづく状態を「永続 perpétuité」、時間を超越した異質の在りかたを「永遠 éternité」と訳した。

(224) プラトン『プロタゴラス』は善の追求が最終的には快楽を、目先の快楽や利益の追求は最終的には悪をもたらすと述べる(プラトン『プロタゴラス』三五四b—d、一三八—一三九頁を参照)。

(225) この「秘儀 mystères」は古代地中海世界に広まっていた密教的祭儀をさす。デメテルとコレー(エレウシス)、デュオニュソス、オルフェウス、イシュタル、イシスとオシリスといった神的存在への絶対的帰依、すなわち死と復活をめぐる信仰が教義の中核にある。「秘儀参入者

initiés」は参入の儀式(しばしば試練をともなう)を終えてはじめて教義の枢要を教えられる。帰依が教育や悟りに先行するのである。ただし、この語がキリストの死と復活を核とする救いのわざを意味するときは「秘義」と訳した。

(226) 蛇は園の中央にある木の実を食べると、神のようになって善悪を知るだろうと、女(この時点ではエヴァと呼ばれていない)を誘惑する。女は実を食べ、実を男(まだアダムと呼ばれていない)にも与えたので、ふたりの眼は開かれ、自分たちが「裸であることを知った」(『創世記』三章五―七節)。

(227) セイレーンたちは自分たちの歌と言葉を耳にすれば、快楽と知識をふたつながらに得るだろうと、オデュッセウスの一行を誘惑する。その声を耳にした者は海に飛び込んで落命すると知っていたオデュッセウスは、仲間に命じて自分の身体を帆柱に縛りつけさせ、仲間の耳は蠟でふさぎ、遭難をまぬかれた(ホメロス『オデュッセイア』第一二書一五八行以降)。

(228) コンスタンティヌス一世のミラノ勅令(三一三)でローマの公認宗教となり、テオドシウス一世による異教の供儀禁止(三九一)、国教化(三九二)を経て、ついに唯一の国教として他宗教を邪教として迫害する側に廻ったキリスト教は、ヴェイユによれば神概念に深刻な変化をおよぼし、「異端者として断罪される危機にさらされてきたごく少数の神秘家をのぞき、人格的な摂理の観念のほかは神の摂理として認めなくなった」(『根をもつこと 下』「根づき」一二一―一二二頁、V-2 327)。その結果、神の人格的な表象を強調するユダヤ‐キリスト教の隆盛は、古代オリエントや古代ギリシアの諸宗教にみられる神の非人格的な側面を等閑にした。その健全な反動として、神の人格的側面と非人格的側面を同時に愛するために、太陽、石、彫像、聖体の秘蹟のパンといった〈もの〉にやどる神の〈人格《ペルソナ》〉を崇拝してきた。「太陽の崇拝、すなわち太陽を通しての神の崇拝は、この二重の愛のすばらしく美しく胸をうつ一形態である」(VI-4 171)。

(229)「共苦《コンパシオン》」(「憐れみ」とも訳される)については(15)を参照。

一七 暴力

(230) ガンディー(一八六九—一九四八)は不正と抑圧と闘う哲学的指針を真理《サティヤー》と把持《グラハ》を合わせた「サティヤーグラハ」と命名した。愛を包括する真理と力を育む把持との結合は、自身に苦しみと究極の犠牲をひきうける気概があれば、生半可な暴力よりも有効たりうると説いた。一九二一年三月二一日の記事「サティヤーグラハ。市民的不服従。受動的抵抗」で、妹を暴力から守るために腕力を使ってよいかと青年に問われたガンディーは、自分が死ぬ覚悟で男と妹とのあいだに割って入れと答えている(Gandhi, *La Jeune Inde*, 1919-1922, Librairie Stock, 1925, pp. 185-186)。

(231) アッシジの商家の息子フランチェスコ(一一八一/二—一二二六)は、アッシジのサン・ダミアノ聖堂で天啓を得て、いっさいの力の行使を放棄し、徹底した清貧、放浪、労働の生をつうじて、屈辱と苦しみと孤独に生きたイエスに倣おうとした。ダンテ『神曲』天界篇、第一一歌は、最初の夫キリストを失って以来、「千百年以上ものあいだ、蔑ろにされ、みじめな境遇に甘んじ、求婚者から見棄てられてきた」忠実なる伴侶「清貧」と、アッシジのフランチェスコとの婚姻をうたいあげる。ヴェイユは「清貧」の挿話を『饗宴』の愛《エロース》の生誕譚とむすびつけ、神性の不可欠の構成要素というべき「窮乏」と「不遇」を両者の共通項とみなす(「プラトンにおける神」IV-2 122-123)。

(232)　盟友パトロクロスの仇討の欲求に憑かれたアキレウスの耳には、もはやいかなる嘆願も哀訴もとどかない(『イリアス』第一八書九八―一〇〇、一一四―一一六行、第一九書四二一―四二三行)。ヴェイユはアキレウスの例を引き、自身の生を蔑ろにする人間は他者の生の価値にも頓着しないと論じる。「光をみることは甘美だという考えを自身のなかで封殺した人間が、嘆願者の慎ましくも虚しい哀訴にやどるかかる考えを尊重できるわけがない」(「『イリアス』あるいは力の詩篇」II-3 243)。

一八　十字架

(233)　捕らえに来た者たちに力で抵抗しようと剣を抜いた弟子を諫めるイエスの言葉(「マタイ福音書」二六章五二節)。

(234)　イエスは最後の晩餐のあと、オリーヴ山に行き、弟子たちから離れてひとりで祈りはじめた。すると苦しみもだえて、「汗が血の雫のごとく地に落ちた」(「ルカ福音書」二二章四四節)。

(235)　イエスの断末魔の言葉ついては(77)を参照。

(236)　プラトン『ゴルギアス』五二三のソクラテスいわく「とても美しい真実の物語」によると、かつて死後の運命を決めるにあたり、まだ本人の生存時に、生きている裁判官による裁きがおこなわれていた。ところが往々にして、邪な者たちが美しい身体や名声をそなえ、義《ただ》しい者の外見や地位が冴えないせいで、外面の特徴に裁判官が幻惑されてしまい、義しい裁きがなされなかった。ゼウスは改善の裁定をくだす。第一に、人間はもはや自身の死期を知らされない。第二に、人間は裸で死んだ状態で裁かれる。第三に、裁判官も裸で死んだ状態で裁きにあたる。ヴェイユの解釈によれば、邪な者の裁きとは、「背誓や不正行為のひとつひとつが魂に刻みこんだ打擲や傷跡」が、裁判官の眼の前で剝きだしになる状況をさす。身体的・社会的属性のすべてが真理を隠蔽する。「**真理は匿われている**。真理は裸性においてのみ顕われる。そして裸性は死である。各人にとって生存理由を構成する執着のすべて、近親者、他者の意見、物質的および精神的所有物、そのすべてとの断絶である」(『プラトンにおける神』IV-2 80-82)。

(237) 十字架上で死ぬこと(神学用語で「高挙」)をさすイエスの言葉(「ヨハネ福音書」一二章三二節)。

(238) 最大の懸隔を乗りこえるべく第一歩をふみだすのは神である。まずは神が人間を探しにきて、つぎに人間が神を探しにいく。愛にうながされて双方向からの探索がおこなわれる場は、人間にとっては時間と空間によって表象される。ライプニッツの「最善世界創造説」については(211)を参照。

(239) 魂がそれと知らず神とかわす契約としての「ひと粒の柘榴の実」については(126)を参照。

(240) キリストの磔刑との類似が認められるアイスキュロス『縛られたプロメテウス』の主人公は、偉大なる神の身でありながら、「あまりに人間どもを、愛しすぎたというので。」(一二三行)、ゼウスの禁令を破り、獣のごとき生に甘んじていた人間たちに火の源を与えた。その代償として「吹きさらしの場所に、釘づけにされ、禁固を受ける身」(一一三行)となり、「縛めで磔《はりつけ》にされ、この山峡の、岩山の突先に、誰として、羨む者もない見張りを続けていく」(『ギリシア悲劇 I アイスキュロス』呉茂一訳、ちくま文庫、一九八五年、一四三―一四四行、一六、一八頁)。一方、エウリピデスの『ヒッポリュトス』の主人公は人間の身でありながら、純潔の女神アルテミスを崇敬するあまり、人間的な情愛を軽んじて、愛の女神キュブリスの怒りを買い、罪なくして身を滅ぼす(一八・断章10、(213)を参照)。

(241) 「エフェソの信徒への手紙」三章一八節は、キリストの愛の「広さ、長さ、高さ、深さ」を理解せよと説く。

(242) プラトン『国家』の思考実験によると、内実はそのままに義の外見だけを奪われた義人は、内実とは正反対に不正な人間の外観と評判を与えられ、誤解と非難と拷問にゆだねられたあげく非業の死を遂げる。ソクラテスは完全なる義人を「善き人の評判ではなく善き人の実体を求める」人間と定義し、「何ひとつ不正をはたらかないのに、不正であるという最大の評判を受けさせる」という試練を与える(プラトン『国家 上』藤沢令夫訳、岩波文庫、一九七九年、三六一b—三六二a、一一二頁)。

(243) 物理学者ピエール・デュエム(一八六一—一九一六)の『現象を救う——プラトンからガリレオまで、物理理論概念について試論』のギリシア語の表題。デュエムは熱力学を物理現象一般に敷衍するエネルギー主義に立って、物理理論のはたすべき役割は説明ではなく表象であると考えた。科学史の分野では、中世と近代の断絶ではなく連続性に着目すべきであって、このような視点が物理学者を「懐疑論の絶望や独断論の極端な野心」から守ると『物理理論の目的と構造』で主張した。

(244) グリム童話の「雪白姫」(KHM 53)と「柏槇《びゃくしん》の話」(KHM 47)では、ともに雪にしたたり落ちた血をみた女性が、「血のように紅く、雪のように白い」子どもを願って叶えられる。「雪白姫」の少女は継母に毒林檎(伝説では楽園でエヴァとアダムが食べた果実ともされる)で仮死にされ、

「柏槇の話」の少年もやはり林檎で誘われて継母に殺される。ヴェイユによると、「民話では相反するものの一致が問題となる。雪は穢れなく完璧に純粋である。死のごとく純粋で、冷たく不毛である。血は生命そのもの、いっさいの穢れの原理たる肉的な生命である」(*Simone Weil, la soif de l'absolu*, Sud, 1990, pp. 37-49, textes recueillis par Florence de Lussy, pp. 44-45)。

(245) ヴィオレッタはヴェイユ唯一の戯曲『救われたヴェネツィア』の登場人物。一六一八年のスペイン人によるヴェネツィア共和国転覆の企てと密告による頓挫という史実にもとづき、詩的効果を狙って誇張された共和国《シテ》の美と無垢が、名家の娘ヴィオレッタの無邪気さに重ねられる。主人公で傭兵将校のジャフィエは、美しいヴェネツィア共和国(と許婚のヴィオレッタ)を略奪から守るべく、クーデタ成功後に約束されていた自身の栄達を捨て、計画を当局に教える。ところが共和国は約束を反故にしてジャフィエ以外のクーデタ一味を捕縛する。ジャフィエは共和国への憤りと仲間への贖罪の念に駆られ、剣を抜いて、たったひとり、共和国の武装兵士の集団に立ちむかっていく。

(246) 晩年のヴェイユはロンドンを彩る「林檎の花」や「花咲く果樹」にはかない幸せを託し、ニューヨークの両親への手紙や同時期の断章でしばしば言及する(VII-1 270, 282, 399, 518)。「春にみられる桜の花の光景は、そのはかなさが痛切に感知されるのでなければ、あれほど心を打つことはあるまい。一般論として、極限の美の構成条件のひとつは、距離によるにせよ、はかなさによるにせよ、ある種の不在である。星辰は不変であるが、きわめて遠くに存在する。白い花は間近に存在するが、すでに変質しつつある」(Simone Weil, *Écrits de Londres et dernières lettres*, p. 180)。

一九　天秤と梃子《てこ》

(247)　「ルカ福音書」一四章一一節。

(248)　ゲーテ(一七四九—一八三二)『ファウスト』の主人公の台詞。ファウスト博士の書斎に閉じ込められ、「悪魔幽霊には規則がありまして／忍び込んだところから出なければなりません。／入る時は自由だが、出る時は縛られた身の上なのです」と狼狽する悪魔メフィストフェレスに、ファウストは「地獄にも法があるのか？／そいつは結構だ　じゃお前方紳士諸氏とは／契約だって何の心配もなしに結べる訳か？」と応酬する(ゲーテ『ファウスト 上』柴田翔訳、講談社文芸文庫、二〇〇三年、第一部「書斎」一四一〇—一四一五行、一〇二頁)。その後、ファウストは「俺が仮にも将来ある瞬間に向い／留《とど》まれ！　お前はあまりに美しい！　と言ったなら／もう俺はお前のものだ／俺は破滅に甘んじる！」と魂を売りわたす「契約」を悪魔とかわす(一六九九—一七〇二行、一二〇頁)。

(249)　ヘラクレイトス(B)断章三二(ディールス－クランツ編『ソクラテス以前哲学者断片集』、クレメンス『雑録集』V 一一六)。ヴェイユは「唯一の賢者たる一者は、ゼウスの名で呼ばれることを欲さず、また同時に、欲しもする」と訳す(「ヘラクレイトス断章」IV-2 135)。

(250)　冒頭の句「statera facta est corporis praedam tulitque Tartari」は「その木(十字架)は御身体を支える天秤となりて、地獄《タルタルス》にその分け前を与えざりき」と訳せる。六世紀頃の司教フォルトゥナトゥス作とされるラテン語聖歌「主の御旗は進み Vexilla regis prodeunt」は、五六九年、キリストの磔刑に使われた十字架の破片をことほぐ祭儀行列ではじめて歌われた。その後、キリストの十字架の道行きを記念する聖金曜日の聖餐式で歌われるようになる。

(251) 裁きをめぐる言説のひとつは、「裁いてはならない、おなじ規準で裁かれぬために」という道徳的勧告(「マタイ福音書」七章一―二節)。もうひとつは、「イエスはだれも裁かず、イエスの語った言葉が人びとを裁く」という神学的断定(「ヨハネ福音書」一二章四七―四八節)。

(252) 「非限定的 indeterminé」と他の類似語との比較については(187)を参照。

(253) 数学者アルキメデスの言葉として有名。ヴェイユも参照したアレクサンドレイアのパッポスの『数学集成』第八巻(Pappus, *Collectio*, 8, éd. F. Hultsch, t. III, Berlin, 1878, p. 1060)を参照。

二〇　不可能なもの

(254) 『老子』五八章、「禍《か》や福《ふく》の倚《よ》る所、福や禍の伏《ふく》する所。孰《たれ》か其《そ》の極《きわみ》を知らん」(二六五頁)への言及。ヴェイユの参照した仏訳版は以下の通り。「Le Bien naît du Mal, le Mal du Bien, et quand cela finira-t-il?(福は禍より生まれ、禍は福より生まれる。これはいつ終わるのか)」。(129)も参照。

(255) 「善の本質と必然の本質」については(147)(278)を参照。

(256) 無数の女のうちに理想の女を追い求めるドン・ファアンも、自身の面影に理想の恋人を投影するナルキッソスも、特定の相手を対象に欲望を充足できぬ点で選ぶところがない(167)(188)を参照)。

(257) 「マタイ福音書」六章九節。イエスが弟子たちに教えたとされる「主禱文」の冒頭句。

(258) 本断章の前後には数学に内在する超越性および仲介《メタクシュ》機能への言及が多い。「四次元に拠らずには合わせられぬ対称的な立体が存在するように、数のなかには超越的なものを経由せずには蘇生できぬ関係性、確立できぬ連関性が存在する」(VI-3 262)と併せて読むなら、「絆」は直截的には「数学的関係性・連関性」をさすと思われる。

(259) ヴェイユは鈴木大拙の英語版『禅仏教論集 II』を読み、理性を超えて直観を涵養する公案の機能を考察している。「公案を与える師である神は、公案を他のなにかに還元できず、消化もできぬ異物として魂にやどらせ、これに思考をむけよと強いる。苦しみについての思考は論証的ではない。肉体的な苦痛や不幸をまえに思考はガラスに衝突する蠅のごとく衝突する。前進もならず、発見もなく、それでも幾度でも戻らずにはいられない。かくて直観力は鍛錬される」(VI-3 182)。また、あえて両義的表現を頻用して真意を隠蔽する詩的韜晦《とうかい》に、禅の公案の機能をみていた。その最たるものが政治的・宗教的理由から韜晦の粋を極めた南仏の吟遊詩人《トゥルバドゥール》であった。「諸芸術における洗練された技術の目的は、公案のようなやりかたで、単純さに達するために種々の表象能力を活用することだ。プロヴァンスの詩。英国の詩。凝った表現《プレシオジテ》の活用法」(VI-3 142-143)。

(260) 「ルカ福音書」一八章一九節で、イエスが自分に「善き師よ」と呼びかけた役人に返した言葉。

二一 矛盾

(261) 「山嶺、ピラミッド、教会の尖塔は、重力に服する物質が昇っていける地点と頭打ちになる地点とを感じさせて、天空の超越性を知覚可能なものとする。／魂は重力に服する物質からできている」(VI-3 95)。

(262) 現実の難問を克服することは、ひとつひとつ足場を固めていく実在する山の登攀のようにはいかない。そもそも身体を支える足がかりや手がかりを提供してくれない「空気の山」だからである。緊急の解決が求められている多くの「空気の山」は、人間的な次元にとどまる気概や意欲や善意では登ることができないと、ヴェイユは考えていたのだろうか。

(263) 『ムンダカ・ウパニシャッド』三―一―一では、親しい友である二羽の鳥がおなじ樹の枝にとまり、一方は無花果の甘い果実を食べ、もう一方は食べずに眺めている。「カイエ」にも「不滅のアシュヴァッタ樹(菩提樹)」(『バガヴァッド・ギーター』一五章一節)への言及がある。「世界樹、すなわち永遠の無花果の樹。離脱の斧を振るってその根を断たねばならない」(VI-2 420)。

(264) プラトン『ファイドロス』二四七d―eは、真理を注視することで真理を糧とする選ばれた魂について語る((151)を参照)。

(265) プラトンの洞窟の内部では人形師による演目が舞台装置上で披露される((66)を参照)。

(266) 「創世記」三章六節は、善悪を知る果実を「食べるに良く、目には美しく、賢くなるには好ましいと思われた」と描き、視覚的な快感と食欲(および欲望一般)との密接な結びつきを示唆する。

(267) 「徳 vertu」の語源のラテン語「virtus」は「武勲」「創作」「救済」などの具体的かつ有益な行為として発現する「力 vir」に由来する。行為として発現しない「徳」は「社会的な模倣物」にすぎない。

(268) 「好悪から生ずる相対観の迷妄により、万物は創造の時にすでに迷妄に陥る」(『バガヴァッド・ギーター』七章二七節、七三頁)。

(269) ヴェイユのマルクス主義批判の一節を記す。「体制はおのれの墓掘人を生みだすというマルクスの公式は、日ごと無残な反証にさらされている。そもそも隷従が自由な人間をつくるなどとマルクスはなぜ信じえたのか、と問わざるをえない。隷従を擁する体制が奴隷の叛乱によって覆されたことは、史上かつてない。真実はこうだ。有名な警句によれば、隷従は当人にこれを愛させるまでに人間の品性を損なう。さらに、現実に自由を享受する人間でなければ自由を貴重なものとは思わない。われわれの政体のように全面的に非人間的な政体は、あらたな人間社会を形成しうる人間を鍛えあげるどころか、被抑圧者と抑圧者の別なく政体に従属するすべての人間をおのれの似姿とすべく造形する」(『自由と社会的抑圧』「現代社会の素描」一三二頁、II-2 102)。

(270) 表裏一体をなす卑屈と傲慢については以下の例がある。「奴隷制《エスクラヴァージュ》に相反するものは支配《ドミナシオン》であり、後者は前者とおなじく悪である」(VI-3 54)。

(271) プラトン『ゴルギアス』五〇七e―五〇八aのソクラテスによれば、強者による力の過剰行使を戒め、自然《ピュシス》的な弱者に法《ノモス》的な力を与えるのは、幾何学的平等である。というのも、天と地、神々と人間を共存させているのは、友誼、友愛、秩序、節制、正義であって、無秩序や不節制ではないからだ。ヴェイユはこの一節とピュタゴラス派の箴言「正義とは等しく平等な数である」(ディールス‐クランツ編『ソクラテス以前哲学者断片集』、アリストテレス『形而上学』九八五b二三)とを関連づけ、プラトン『国家』の洞窟から脱出した囚徒に開かれた、観照と知的覚醒による魂の救済を論じた(「プラトンにおける神」IV-2 103-104)。

(272) 「マタイ福音書」一五章四四節ほか。

(273) 「ルカ福音書」一四章二六節ほか。
(274) 「矛盾の鉗子《ピンセット》で捉えうる真空は、疑いもなく上方に位置する真空である。知性、意志、愛の自然的な能力を研ぎすますほどに、いっそうよく真空を捉えることができるのだ。自然的な意欲を萎えさせて落ちこんでしまう真空は、下方に位置する真空である」(VI-3 98)。(79)を参照。

二二　必然と善とを分かつ懸隔

(275) アリストテレス『形而上学』一二巻七―八章は、「第一原因」を「第一の不動の動者」または連続的で永遠の生命と永劫《アイオーン》を属性とする「神」とも同定し、自身は動かず、自身では動かぬものを動かし、永遠の運動へと導くものと定義する。
(276) 「それは在る」はヘーゲルの「それはかく在る C'est ainsi」への言及か(153)を参照。
(277) 「社会という獣 la bête sociale」は『国家』四九三a―dの「巨獣」の別名であり、「雑多な人びとの集まりから構成される大衆」すなわち「社会」である。獣の快不快を基準にすることで、価値判断を無意味化し、いわば善悪の彼岸にあって悪を浄める(368)(429)を参照。
(278) 『国家』四九三cによると、巨獣の嗜好を善悪の基準とする人びとは「必然の本質と善の本質」がいかに異なっているかを知らない(147)を参照。
(279) 「単一性《ユニテ》」または「一者《アン》」はヘラクレイトスやウパニシャッドでは神的存在を意味する。「無際限《イリミテ》/際限のなさ」と「限定《リミット》/限界」については(187)を参照。
(280) プラトン『国家』四九三cからの自由な引用(147)(278)を参照。

二三　偶然

(281) 遥かなる不変の星辰と、移ろいゆく白い花の象徴する美については(246)を参照。『イリアス』において「滅びに定められているか否かを問わず、貴重なものはなにひとつ軽んじられていない。万人の悲惨は隠されることも侮られることもない。いかなる人間も万人に共通の条件の上にも下にもおかれていない。破壊されるものはすべて哀惜の対象となる」(「『イリアス』あるいは力の詩篇」II-3 248)。この公正さは奇蹟に近い。なぜなら、山の異なる二斜面を同時に描写してみせるには、山頂より高い地点にいる必要があるように、「この世界の外部にあり神の叡智の座する場に位置するのでなければ、『イリアス』のように勝者と敗者を同時に理解し愛することはできない」(VI-4 191-192)からだ。

(282) 「雪白姫」をめぐる雪と血の象徴については(244)(456)を参照。

二四　愛すべきものは不在である

(283) プラトン『テアイテトス』一七六a—bによると、悪が完全に消滅しえず、神々の近くに居場所を占めるわけにもいかぬ以上、悪が人間につきまとうのは必然である(33)を参照。

(284) パレスティナの女王ベレニスとローマ皇帝ティチュスの悲恋を描いたラシーヌの『ベレニス』一幕四場、二三四行。ティチュスの恋敵にして親友のアンティオシュス(現アルメニアの王アンティオコス)の台詞。引用は「わが倦怠はいかほどのものか」とつづく(219)も参照。

(285) 「ひと粒の柘榴の実」については(126)を参照。

(286)「信」は一般に「信仰」「信条」を意味するギリシア語「ピスティス」。おそらくプラトンの『国家』五〇九d以下で詳述される「線分」の比喩がヴェイユの念頭にある。㈠映像知《エイカシア》、㈡確信知《ピスティス》、㈢悟性知《ディアノイア》、㈣直観知《ノエーシス》の順に、認識の明晰度が上昇する。「信《ピスティス》」は、誤謬の温床になりやすい㈠の映像知よりは明晰だが、数学的認識である㈢の悟性知の普遍性や明晰性さには欠ける。可視界に属する㈠と㈡はスピノザの第一種認識に、可思惟界に属する㈢は第二種認識に、㈣は第三種認識にほぼ相当する。スピノザの三種の認識については(305)を参照。

(287)「非－行為または無為の行為」については(193)を参照。

(288)「マタイ福音書」五章四五節。

(289)「分け隔てのなさ indifférence」には価値的「無関心」や心理的「無頓着」の意味もある。

(290)小さな芥子種が畑に蒔かれて成長すると、鳥たちがその枝に巣を作るほどに大きな樹木になる。微小なつまらぬものがおのずから強大なものに育っていくという譬え話(「マタイ福音書」一三章三節)。

(291)「実体変化 transsubstantio」によってキリストの肉と血となった聖体《ホスティア》と葡萄酒は、信徒であれば聖体拝領のかたちでこの純粋善と接触できる。だが、その効能は自動的には発揮されず、ふさわしくない人間がこの善に接触するならば益どころか害をこうむると、ヴェイユは考えていた。秘蹟の神的実効性を完全に認めつつも、拝受する信徒の内的状態によって授けられる恩恵の多寡が左右されるという考えは、秘蹟の客観的な効力を認めるカトリック教理学の「事効論 ex opere operato」に対立し、一六世紀のトリエント公会議で斥けられた「人効論 ex opere operantis」の立場につうじる。

(292)『イリアス』の描きだす人間の悲惨や、十字架上の断末魔のキリストの苦悶は、ヴェイユ自身が目撃したスペイン内戦の凄惨な現実としばしば比較される。『スペインの遺書』については(52)を参照。

(293)「ヨブ記」九章二三節。

二五　浄めるものとしての無神論

(294)「無神論」はフランスでは政教分離および思想信条の自由の理念にもとづき、ルネサンス以降の「ユマニスム」や「人間中心主義」を生みだした。

(295)カントによれば、神の可能的な存在は神の現実的な存在になにかを付加するわけではなく、これだけでは実在にかんする認識を拡張することはできない。同様に、可能的な百ターレル銀貨は現実的なターレル銀貨以上のなにかを含むわけではない。財務状況を改善するために預金残高に零をいくつ添えてみても、財産が現実には増えないのとおなじである(『純粋理性批判』第二部第二篇第三章第四節「神の存在の存在論的証明の不可能について」)。ヴェイユは認識による神の存在証明の破綻を認めつつも、実存の次元における神の存在証明の可能性を探っていたのである。

(296)一六世紀前半、スペインの征服者《コンキスタドレス》たちが仕掛けた侵略戦争で、ユカタン半島の先住部族の大半が滅び、マヤ文明は終焉する。時おなじくして、メキシコのアステカ族もエルナン・コルテスの軍門にくだる。同時代のスペインのカトリック司祭ラス・カサスが著した『インディアスの破壊についての簡潔な報告』(一五五二)は、先住民を殲滅した略奪・拷問・虐殺の苛烈さを世に知らしめた。

二六　注意と意志

(297)「注意／注意力 attention」は「待機／待望 attente」とともにラテン語「attendare」に由来する語。「無からの創造 creatio ex nihilo」を可能にする真の「注意」は隣人愛と芸術の中核を担う。真の注意は不幸なひとに実存を回復させる創造的営為である。「まったき隣人愛とは、あなたを苦しめているものはなにか、と問うことに尽きる。不幸なひとが集合体を構成する一単位としてではなく、《不幸なひと》のレッテルを貼られた社会的範疇に属する一員としてでもなく、ある日、不幸の打撃をうけて模倣をゆるさぬ不幸の烙印を押されてはいるが、われわれとまったく変わらない人間として実存することを知ることだ」(「学業の善用をめぐる省察」IV-1 262)。

(298) 筋肉の硬直に表われる意志的な努力に価値はない。「意志の力、必要なら歯を喰いしばって苦痛に堪える力は、手仕事にたずさわる徒弟の主たる武器である。しかし一般の通念とは逆に、意志は勉強ではまず用をなさない。知性を導くのは願望だけだ。願望が存在するには愉しみと歓びがなければならない。知性は歓びのなかでなければ育たず実もむすばない。走者に呼吸が必要なように、学ぶ歓びは勉強に不可欠である。学ぶ歓びのないところに学ぶ人間は存在せず、年季を終えても手に職がつかない徒弟のあわれな戯画があるにすぎない」(「学業の善用をめぐる省察」IV-1 259)。

(299) 一九四一年秋、ヴェイユは南仏の村サン・ジュリアンで葡萄摘みの作業に従事した。その経験が反映されているのだろう。(Simone Pétrement, *La Vie de Simone Weil*, pp. 587–589)。

(300) 注意と願望の関係については以下の断章(「カイエ」では四・断章4の直前に位置する)を参

照。「もろもろの善をわれわれの願望との関わりで秩序づけることが肝要だ。そのためには、充溢せる注意力をわれわれの純粋かつ空虚な願望に貼りつけておかねばならない。研磨の程度に差のある金属片から最高度に研磨された金属片を選びだすには、注意を完全になめらかな平面にそそがねばならぬように」(VI-3 264)。

(301)　愛《エロース》はアポロンには射術と医術と予言術を、ムーサたちには音楽を、ヘファイストスには鍛冶術を、アテナには機織術を、ゼウスには統治術を教え、人間には詩人となるすべを教えた(プラトン『饗宴』一九七d)。ヴェイユは、「これら四徳の列挙を鑑みるなら、プラトンが正義、節制、勇気、叡智を本性的な徳ではないと考えていることがわかる。超本性的な愛がその霊感であり直接の源泉である。これらの徳は他の源泉からは発生しえない。真の詩作において、あるいは真に新しいことがらを発見する技術においてさえ、創造性を発揮するときの知性は、超本性的な愛から直接に発生する。これこそ枢要な真理である」(「前キリスト教的直観」IV-2 200)と結論する。

(302)　「無為の行為 action non agissante」については(129)(193)を参照。

(303)　ヴェイユによれば学業の目標はただひとつ、真の注意の涵養、すなわち不幸なひとの実存に気づき、「あなたを苦しめているのはなにか」と問う能力の涵養、これに尽きる。注意の質は知識の量や難度と関係がない。たとえばジャン＝マリ・ヴィアンネ(一七八六―一八五九)のように。神学校では落第生だったが、小村アルスの司祭となると村人の信頼を得て、やがて世界的に有名な聴罪司祭となる。「長く苦しい年月、アルスの司祭がラテン語を学ぶためにむなしく費やした努力は、告解する信徒たちの言葉の、ときには沈黙の背後に隠された魂を認めるという驚異的な識別能力のうちに、大いなる果実をもたらしたのだった」(「学業の善用をめぐる省察」IV-1 257)。ヴィアンネはベルナノスの『田舎司祭の日記』(一九三六)の主人公のモデルとされる(〈71〉を参照)。

(304) エジプト脱出後、モーセがホレブ山の岩を杖で打つと水が湧きだした(「出エジプト記」一七章一―六節)。『バガヴァッド・ギーター』のクリシュナ神とアルジュナ王子の問答とおなじく、聖書に数多くみられる奇蹟物語も、拙速な解釈を避けて、時間をかけた観照の対象とすべきだとの意味だろう。

(305) スピノザ『エチカ』によれば、第一種認識とは意見《オピニオ》や表象《イマジナティオ》にもとづく感覚的で混乱した経験知(第二部定理四〇備考二、一―二)。第二種認識とは事物の特質についての共通概念もしくは妥当な概念にもとづく理性知(第二部定理四〇備考二、三)。第一種認識は「誤謬の唯一の原因」であるが、第二種認識と第三種認識は「必然的に真」である(第二部定理四一)。よって真の試金石たりうるのは第二種および第三種認識にかぎられる(第二部定理四二)。「直観知」(第二部定理四〇備考二、三)と呼ばれる第三種認識は、「精神の最高の努力および最高の徳」にほかならず、「神のいくつかの属性の妥当な観念から物の本質の妥当な認識へ進む」(『エチカ 下』第五部定理二五、一二二頁)。善の実践には善に充てられるエネルギーの質的な変容が必要であるように、神の属性および事物の本質の妥当な認識にいたるには第二種から第三種認識への飛躍が必要とされる。ただし、推論に拠る第二種認識から包括的な直観に拠る第三種認識への移行が、いかにして可能なのかについて、スピノザはとくに明記しない。第三種認識の別名ともいうべき「神への知的愛」については〈99〉を参照。

(306)　オウィディウス『変身譚』巻七からのラテン語の引用。前後を含めて下記に引用する。「情熱と理性とが、別々のことを勧める。どちらがよいのかはわかっていて、そうしたいとは思うの。でも、つい悪いことのほうへ行ってしまう。王家の娘が、どうして異国の男におもいを燃やすというの?」(オウィディウス『変身物語 上』中村善也訳、岩波文庫、一九八一年、二六〇頁)。コルキス王の金羊毛を求めるイアソンは王女メディアの援けを得て、目的を達成する。家宝の金羊毛を死守したい父王の意図を知りながら、恋心に負けて異国の若者の手引きをする自分にとまどうメディアの心情の吐露である。ちなみに「カイエ」に記された本引用句に先立つ部分は一五・断章11として既出。

(307)　ラテン語引用の直後の引用は「ローマの信徒への手紙」七章一五節。

(308)　「矛盾を捉える鉗子《ピンセット》」については(79)(274)を参照。

二七　馴致

(309)　ヴェイユはメーヌ・ドゥ・ビラン(一七六六―一八二四)が身体の運動を知覚の必須条件とみていると述べたあとで、「われわれの思惟的事象にたいする関係は、完全な身体麻痺者の感覚印象《サンサシオン》にたいする関係にひとしい」(VI-2 444)とむすぶ。ビランは感覚の受動性と意志の能動性が身体を介して拮抗する「努力 effort」の観念を提唱し、デカルト的心身二元論および師のコンディヤックの素朴な感覚主義双方の超克をめざした。「原初的二元性の二つの要素、つまり、主体と思惟対象、生きている力とその作用対象、努力と身体的抵抗、自我と非我、さらにもっと普通の断定的な言い方をすれば、魂と身体は、意識事実においても可能的知覚の端緒においてもすでに、分ち難く結びつけられている」(メーヌ・ド・ビラン『人間の身体と精神の関係　コペンハーゲン論考一八一一年』F・C・T・ムーア校訂・編、掛下栄一郎監訳、早稲田大学出版部、二〇〇一年、六六頁)。さらに外的事象の知覚という受動的営為の成立には、身体と意志の能動的参与が不可欠だ。同書は、さまざまな疾患が人間の感覚的・知的能力におよぼす影響を論じた箇所で、「知覚可能性や運動性は存続しているのに、外的な感性が失われてしまうあのきわめて興味深い麻痺という事例」(一三〇頁)に着目する。

(310)「老子」の「道」もまた、ヴェイユの理解では、音階とバッハの楽曲の関係に通ずる。「道教の士。一方で、神へといたる道を、他方で、神そのものを、おなじ道《タオ》の名で呼ぶ」(VI-3 147)。初出の(129)も参照。

(311)「馴致 dressage」は、たんなる身体的な「鍛錬 exercice」や子どもの「教育 éducation」と異なり、動物の調教や兵士の訓練に通ずる厳しい仕込みを意味するが、往々にして、自発的に肉体に加えられる苦痛よりも現実的な思考による訓練のほうが効果を発揮する(VI-3 105)。

(312)スピノザ『エチカ』第五部定理三六は「認識による救済」すなわち「神への知的愛」こそが「人間の幸福あるいは至福あるいは自由」だと説く。(99)(305)を参照。

(313)晩年の「カイエ」は、身体と結託して意を通そうとする魂の下層部を、うるさく要求をくりだす狡猾な動物に喩え、要求など徹底的に無視して、魂の上層部の命令に服するように馴致すべきと説く。「身体よりさきに死なせられるなら願ったり叶ったりだ。／身体の服従をとりつけているかぎり、彼らは宇宙と対話している気になる。遠近法のせいで、身体が十歩ばかり動けば宇宙は変容するからだ。しかし身体の服従が得られず、言葉による翻訳を介さなければ、世界のなにものも耳を貸してくれぬことを、やがては認めざるをえなくなる。(……)／移り気でわがままな動物たちが、もううんざりだと匙を投げる日が確実にくる。しっかりと堪え忍ぶなら、かならずや彼らの意気を挫くことができる」(VI-4 265-266)。

(314) 日々の些細な怠慢や無気力が重大な惨禍(以下の例では第二次大戦時にヴェイユ自身が陥った非戦主義)につながった、と反省する。「瑣末事において怠惰と惰性に流されやすかったからこそ、重大事において、行動または行動の回避がまねきうる利点や支障を落ちついて検討するかわりに、惰性の誘惑になにがなんでも抗うべきだと思いこんでしまった。(……)普遍的にみられる関係性の一例だ」(VI-4 374-375)。

(315) 「マルコ福音書」一章四〇節のギリシア語引用。皮膚病を患ったひとがイエスに懇願する言葉。

(316) 「ヨハネ黙示録」六章一六節からの要約。

(317) 十字架の聖ヨハネ『カルメル山登攀』への言及。「言葉や伝言が悪魔に由来するときは逆のことが生じる。というのも、悪魔はもっとも大いなる価値を有することがらには容易さと迅速さを与え、凡々たることがらには嫌悪感を与えるからだ」(San Juan de la Cruz, *Subida al Monte Carmelo* in *Obras Completas*, Editorial Apostolado de la Prensa, Madrid, 1966, Lib. II, Cap. 30, 4, p. 247)。

(318) 「怠惰の誘惑。諸限界を有する現実の生をまえにしての逃走。なかでも本質的な限界は時間。自分が神ならざることを感じさせることは、なにもせずにすまそうとする誘惑」(Annexe III: VI-1 406)。

(319) 双子のダナオスとアイギュプトスにはそれぞれ五〇人の娘と五〇人の息子がおり、ダナオスは互いの子どもの結婚に同意するものちに翻意。ダナオスの娘たちは(ひとりをのぞき)父の命令で婚礼の床で花婿を刺し殺し、冥界《タルタロス》に堕ちて、穴の開いた容器で水を汲む罰(永劫に反復される機械的で無意味な労働の典型)に処せられる(アポロドーロス『ギリシア神話』第二巻第一章四―五)。五・断章1にもダナオスの娘たちへの言及がある。

(320) 『老子』の一節への言及。(254)を参照。

二八　知性と恩寵

(321) 「カイエ」には知性(数学)と実在(不透過の厚み)の関係にふれた箇所が多くある。調整された所与のすべてを手にしているのに理解できないとき、知性は数学の予測を裏切る不透過の厚みに打ちのめされ、自身の限界を意識せざるをえない(VI-3 212)。また、量を処理する知覚は第二種認識に導き、応用科学や純粋科学は第三種認識への準備となる(VI-3 212)。

(322) 『エチカ』の「精神の眼 mentis enim oculi」をヴェイユは「魂の眼 les yeux de l'âme」といいかえて引用している。スピノザによれば、人間精神は身体が消滅しても完全には破壊されず、永遠なる一部が残る。これを証明する定理に「精神の眼」の表現がある。「我々は我々の永遠であることを感じかつ経験する。なぜなら精神は、知性によって理解する事柄を、想起する事柄と同等に感ずるからである。つまり、物を視、かつ観察する精神の眼がとりもなおさず〔我々が永遠であることの〕証明なのである」(『エチカ 下』第五部定理二三、一二〇―一二一頁)。

(323) 他の側面からみた注意は「祈り」でもある(二六・断章4、5、15、19と(303)を参照)。

(324) 内容から判断して「カイエ」の「屈辱 humiliation」ではなくティボン版の「謙遜 humilité」を採った。

(325)「聖体拝領」については(105)を参照。ギリシア語の秘義《ミュステリオン》はラテン語の秘蹟《サクラメントゥム》として継承され、一三世紀に洗礼・堅信・告解(赦し)・聖餐・叙階・婚姻・癒しの七秘蹟が教会により制定された。ルター(一四八三—一五四六)はキリストの体と血はパンと葡萄酒と共在すると考え、ツヴィングリ(一四八四—一五三一)はパンと葡萄酒はキリストの体と血の象徴にすぎないと主張した。カルヴァン(一五〇九—六四)は、パンと葡萄酒に魔術的な効能を認めず、キリストがその実体を分与するための道具であり、真理とむすびついた徴とみなす。

(326) 十字架の聖ヨハネの『カルメル山登攀』『霊魂の暗夜』によれば、魂が神へといたる道は剝奪と無化の過程であり、峻険な山への登攀のごとく厳しさを増していく暗夜である。初心者を待ちうける「感覚の暗夜 noche oscura del sentido」(人間の自発的な抑制による第一段階の「能動的暗夜」と第二段階である神の抑制の受容による「能動的暗夜」に分かれる)を通りぬけた進歩者は、「霊の暗夜 noche oscura del espiritu」(第三段階の「能動的暗夜」と最終段階である神との合一を意味する「受動的暗夜」に分かれる)へと没入する。闇のなかの道行は洞窟の囚徒の歩みにも重なる((32)(66)を参照)。

(327) 哲学や芸術における天賦の才は、おのれの限界の受諾を前提とする謙遜と不可分であって、たんなる才覚や素質が往々にして傲慢とむすびつくのとは対照をなす。「解決不可能な諸問題をその解決不可能性において明晰に構想し、その後なんら付加することなく、ひたすら、倦まずたゆまず、何年も、なんの希望もいだかず、待ちのぞみつつ観照する。これが哲学に固有の方法である。(……)／知性、意志、人間的な愛といった人間の諸能力が限界にぶつかり、そのさきへと一歩も進めぬような臨界点において、後退するでも迂回するでもなく、自分がなにを願い求めているのかさえ知らずに、ひたすら待ちのぞむとき、超越的なものへと運びさられる。(……)／謙遜と真の哲学のつながりは古代においては周知されていた。ソクラテス派、犬儒派《キュニコス》、ストア派の哲学者にとっては、罵声をあびせられ、打擲され、平手すら喰らわされても、自己の威厳をつくろう本能的な防衛反応に訴えずに侮辱に堪えることは、哲学という生業にともなう義務の一部とみなされていた」(VI-4 362-363)。

(328) 創造は布地の比喩で語られる。「創造は神の個別の思考で織りなされた布地(tissu)である。わたしはこれらの思考の個々の結びめである。(……)われわれの思考のすべて――なんらかの関係性がわれわれに繋ぎとめた過去・現在・未来の諸事象とわれわれの魂との諸関係性のすべて――、換言すれば、われわれの思考のひとつひとつを神の個別の思考と一致させねばならない」(VI-4 317)。

(329) ピュタゴラスは「三平方の定理」(「ピュタゴラスの定理」)を発見したとき、百頭の牡牛を神への感謝の供物とした(ディオゲネス・ラエルティオス『ギリシア哲学者列伝』第八巻第一章一二)。

(330) 『国家』の洞窟内で「火の光で壁に投射される影」(五一五a)への言及か。(66)も参照。

(331) この世界は、非人格的かつ無慈悲な必然の支配下にあると同時に、目的性を許容する象徴体系とも矛盾しない。この二重性が世界の実在性を担保する。「象徴体系は、必然に刻印されているからこそ、世界の実在性を完成させる」(VI-3 216)。

(332)「清掃 nettoyage」はスピノザの『知性改善論 *Tractatus de intellectus emendatione*』の表題に使われたラテン語「emendatio」(即物的には「汚れ menda」の除去の意)を連想させる。本断章ではカトリックの宗教の本質を蔽いかくす汚れ／瑕疵の除去をさすと思われる。

(333)「十字架の聖ヨハネは信仰を銀の反映に譬える。真理こそが黄金なのだ。真正な宗教的伝統のひとつひとつは、この同一の真理の異なる反映であり、おそらくひとしく貴重である。しかし人間にはこれが理解できない。各人はこれらの伝統のただひとつを生きており、そのほかの伝統を外部から眺めているからだ。カトリック教徒が正当にも不信仰者に倦まず説くように、宗教は外部からは知りえないのである」(「ある修道士への手紙」Simone Weil, *Lettre à un religieux*, éd. du Seuil, 1974, p. 35)。

二九　読み

(334)「その周囲に全宇宙がある avec tout l'univers autour」の指示語「その」が「独房」か「囚徒」かで意味が異なる。世界が独房の外部にあるか内部にあるかの問題で、後者はライプニッツのモナドを連想させるが、文法的にも内容的にも前者ではないかと思われる。たとえば論考「人格と聖なるもの」によると、言語(自我の拠ってたつ限定的な関係性の牙城)に拘泥する精神は独房内の囚徒にひとしく、独房の外側にある世界から隔離されている。世界の実在性とふれあうための一歩をふみだすには、まずはおのれが虜囚の身であると知らねばならない。とくに優れた知性、すなわち広々として快適な独房は、脱出をうながす覚醒を阻むがゆえに、むしろ災いとなりうる。(『シモーヌ・ヴェイユ選集 Ⅲ』「人格と聖なるもの」一九九―二〇〇頁、*Écrits de Londres et dernières lettres*, pp. 32–33 を参照)。

(335) エレクトラとオレステスの再会を、魂と神による相互認知とみる「読み」ついては、「エレクトラとオレステスの認知」(II–2 339–348)と「神と人間による認知」(IV–2 156–160)を参照。

(336) 復活したイエスと出逢い、園の番人だと思ったのはマグダラのマリアひとり(「ヨハネ福音書」二〇章一五節)だが、「彼女たち」と複数形で引いたのはヴェイユの誤記か。

(337) ヴェイユが独特の含意をこめた「読み lecture」は、とりとめのない感覚印象から即物的とさえいえる堅固な意味作用を生じせしめ、自己自身および他者を、ときには大集団をも暴力的に行動へと駆りたてる。茫洋として捉えがたい感覚印象が、そこに意味作用《シニフィカシオン》が加わるや、物質と変わらぬ堅固さを獲得する。悪い報せを伝える手紙は、文字が読める相手には胃への一撃とおなじくらい破壊的な損傷を与えるが、文字が読めない相手には意味のない感覚印象にとどまる。さらに感覚印象に意味作用を附与する「読み」を他者に課するなら、集団暗示的な「意味作用の変容」を人為的にひきおこす。軍隊の指揮はその典型である。「軍隊の長の技《わざ》とは、敵側の兵士にもろもろの外観から遁走を読みとらせ、結果として、抗戦という考えからいっさいの実体、いっさいの有効性を奪いさることだ。たとえば戦術、奇襲、新兵器の使用によって目的を達成しうる。戦争、政治、雄弁、芸術、教育など、他者にたいする作用とはことごとく、本質的に、人びとが読みとるものの変容なのである」(『シモーヌ・ヴェイユ選集 III』「読みの観念をめぐる試論」四〇—五一頁、IV–1 73–79 を参照)。

(338) 十字架上の初対面のイエスに救世主を認めた「善き盗賊」と、最後の晩餐でイエスに殉じる覚悟を表明するも、その舌の根も乾かぬうちに公衆の面前で三度イエスを否認する「一番弟子のペテロ」は、不幸なイエスをまえに対照的な反応をする。前者については(195)、後者については(41)(53)を参照。

(339)「ヨハネ黙示録」(一三章と一九章)は「獣」の威光で本物の奇蹟をおこなう偽預言者を描く。「獣」も自前の預言者に奇蹟をおこなわせる以上、超常現象としての奇蹟はその行為者の聖性の試金石たりえない。奇蹟とおなじく犠牲もまた、神へといたる確実な道程とはかぎらないことが示唆される。

(340)　ジャンヌ・ダルク(一四一二―三一)は百年戦争で劣勢にあったフランス軍に合流してイングランド軍のオルレアンの囲みを解き、フランス皇太子シャルル(のちのシャルル七世、一四〇三―六一)の戴冠式を実現。シャルルに敵対するブルギニョン派に捕えられ、イングランドの異端審問裁判で断罪されて焚刑に処せられた。一九世紀以降の再記憶化の時代に、「祖国の聖女」(共和的フランスとカトリック的フランスを和解させる名称)として伝説となる。第一次大戦後の一九二〇年に列聖され、第二次大戦前後には国粋主義的な偶像として人気を博した。一九世紀末のドレフュス事件の反ドレフュス陣営は、ジャンヌに農村性・定着性・民衆の本能や良識を担わせ、都市性・放浪性・知識人の語が示唆するユダヤ性に対峙させ、ジャンヌを「純潔のガリア女性」として反ユダヤ主義の象徴に祀りあげた。このジャンヌ崇拝は、一九二〇年のモーリス・バレス(一八六二―一九二三)がみごとに言説化したように、あらゆる党派性に応えうるジャンヌの普遍性と超越性に支えられていた。バレスいわく、ジャンヌとは、カトリック教徒にとっては殉教者、王党派にとっては王を戴冠させた英雄、共和派にとっては民衆の子、社会主義者にとっては貧者の慰め手であった。「かくてあらゆる党派がジャンヌ・ダルクをわがものと主張できる。しかも彼女はそれらすべての党派を越えている。どの党派も彼女を独占できない。彼女の軍旗を囲んでこそ、五世紀前とおなじく今日においても、国民的和解の奇蹟がなされうるのだ」(Michel Winock, "Jeanne d'Arc", *Les Lieux de mémoire*, vol 3, dir. Pierre Nora, Gallimard, 1997, pp. 4460-4461; ピエール・ノラ編『記憶の場 3』谷川稔監訳、岩波書店、二〇〇三年)。さらに敗戦後、ヴィシー派もレジスタンス組織もドゴール派の自由フランスも、右翼から共産党まで、思想信条の違いをこえて、時代錯誤をものともせず、三者三様にジャンヌを自陣営の守護神として復活させた。ヴェイユ自身は「ここ四半世紀の完全に健全とはいいかねる」ジャンヌ崇拝を一九四〇年の無様な敗戦を忘れるための方便であると断じる(『根をもつこと 上』「根こぎと国民」一九一頁、V-2 219)。一方、「フランス王国に憐憫《ピティエ》をいだいていると述べた」ジャンヌを武力に拠らぬ抵抗の象徴とみていた(『根をもつこと 上』「根こぎと国民」二四五頁、V-2 250)。

(341) 使命感に燃えるアンティゴネーでさえ、だれからも理解されず、死刑宣告をうけて間近に迫る死の恐怖に直面したとき、自身の行為の正当性への確信が揺らぐ。

(342) 「マタイ福音書」七章一節。

(343) 「遠近法 perspective」とは、自己を消失点とする視座から世界の事象を解釈する読みの作法であり、あらゆる事象の価値や重要性は自己との心理的・物理的な遠近によってのみ測られる。

(344) 「マタイ福音書」五章四八節。

三〇　ギュゲスの指輪

(345) 一二〇九年、ローマ教皇イノケンティウス三世(一一六一―一二一六)が異端カタリ派征伐の大義をかかげ、アルビジョワ十字軍を提唱し、領土拡大を図る歴代フランス王の支持を得て、高度な地中海文明を誇った南仏《ミディ》(オック語文明圏)の諸都市を壊滅させた。以後、カタリ派とオック語は勢いを殺がれ、オイル語文明圏のパリを中核とする政治・文化・経済の急激な中央集権化が進んだ。(368)を参照。

(346) 古代ギリシアでは自由人の成人男性と少年との恋愛は禁忌ではなく、軍事教練や教育の一環として許容されていた。プラトンの『饗宴』一五―一六はアリストファネスに割符《シュンボロン》の寓話を語らせ、男‐男の対《ペア》および女‐女の対を男‐女の対よりも優位におく。もっとも『饗宴』三四では、高貴の生まれで美貌の青年アルキビアデスが熱弁を振るう。ある夜、自分はソクラテスに露骨に迫ったが相手にされなかった。というのも、ソクラテスが追い求めているのは、美しい少年の肉体ではなく、美しい魂なのだからと。同性愛にかぎらず性的な愛一般にたいするヴェイユの姿勢はあくまで禁欲的である。古代ギリシアの男女の同性愛、一二―一三世紀の南仏の吟遊詩人《トゥルバドゥール》による宮廷愛《アムール・クルトワ》に共通するのは、ヴェイユによれば「不可能な愛」である。吟遊詩人があえて韜晦な表現を好んだのは異端カタリ派の信仰を隠すためとの説もある。「プラトンも(……)サフォーもまた……。ギリシア社会の習俗では男女の愛はたいした障碍に遭わなかった。その後はキリスト教が、さらにはゲルマン民族のもたらした貞潔な習俗が、男女の愛を不可能なものにした。かくてプラトン的な同性愛は騎士道的な宮廷恋愛となった」(VI-3 131)。

(347)「patriotisme」は「祖国 patri」への愛であるから通常は「祖国愛」「愛国心」と訳される。ただヴェイユは、政党や教会といった「ゲゼルシャフト」的な機能集団が、本来は自然で緩やかな地縁や血縁からなる「ゲマインシャフト」的共同体にのみふさわしい愛情を横領すべきではないと考えていたので、あえて説明的に「愛国心にも似た執着」と訳した。『根をもつこと』では政党の廃止が「言論の自由」の前提条件となる(『根をもつこと 上』「魂の欲求」四五頁、V-2 132)。

(348) プラトン『国家』三五九d—三六〇dによると、リュディアの羊飼いギュゲスが偶然みつけた指輪には、姿をみえなくする効能があり、ギュゲスはこの効能を悪用して王妃と通じ、王を殺して王位につく。咎められずに悪意を働きうるギュゲスの境遇は幸せか、がソクラテスの問いである。

(349) 「洞窟」については(66)(106)(148)(165)を参照。

三一 宇宙の意味

(350) 「アートマン」または「自己《アートマン》」については(114)(356)を参照。

(351) 「盲人の杖」については(79)(353)を参照。

(352) ギリシア七賢人のひとり、前六世紀に生きたプリエネのビアスの言葉(Omnia mea mecum sunt)と伝えられるが、セネカはこれをメガラのスティルポン(前三六〇—二八〇頃)に帰している(Seneca, *De constantia sapientis*, II, V-6; *Epistulae morales ad Lucilium*, I-9 (19))。

(353) 労働により感受性は身体から道具へと転移する。「個々の道具はことごとく盲人の杖であり、読みの手段であり、個々の見習修業《アプランティサージュ》とは読みの見習修業にほかならない。見習修業を終えると、もろもろの意味作用がわたしのペン先から現われ、印刷された活字のなかに文脈が現われる。水夫すなわち熟練の船長にとって、その船はある意味で身体の延長となる。船は嵐を読みとる手段であり、船長は乗客とはまったく異なる嵐の読みとりをする。乗客が混沌や際限なき危険や恐怖を読みとるところに、船長は必然や限定された危険やそれらを避ける手立て、さらには勇気をふるい、名誉をまもる義務を読みとる」(『シモーヌ・ヴェイユ選集 Ⅲ』「読みの観念をめぐる試論」四六頁、Ⅳ-1 78)。

(354)「中性形の聖なる言葉としてのブラフマンは、非人格的な側面における神を意味する。男性形においてはヒンドゥ教の三位一体の第一位格《ペルソナ》すなわち創造する位格である。他の二位格はヴィシュヌすなわち維持する位格とシヴァ(優美なる者)すなわち破壊する位格である。換言するなら、第三位格には超本性を出現させるべく本性を破壊するという深遠な含意がある。(それは世界との関連における三位一体である。だが三位一体の形而上学的な構想もある。つまり人格神、非人格神、人格的にして非人格的な神であり、さらに顕現神、非顕現神、顕現にして非顕現でもある神である)。かのものはまた神の非人格的な側面をあらわす。そのものは宇宙をさす」(「サンスクリット語原典」Ⅳ-2 361-362)。(129)(356)も参照。

(355) ジョットの絵の聖性については(17)(95)を参照。ヴェイユはたとえば連作フレスコ画「聖フランチェスコ伝」に特徴的な中央に穿たれた空間に、ブラフマンに象徴される非人格性や虚空を重ねる。

(356) アートマン(偉大なる不生の我)は心臓(中枢)の虚空に座をさだめる(『ブリハッド・アーラニヤアカ・ウパニシャッド』第四篇第四章二二)。「実に偉大にして不生の我《が》なり。そは心臓内に在る空処に安らう、一切の支配者として、一切の主宰者として、一切の君主として」(辻直四郎『ウパニシャッド』講談社学術文庫、一九九〇年、一七一頁)。「気息」(「生気」)はサンスクリット語

「プラーナ」の訳で、ウパニシャッドでは個人の主体として後代のアートマンに匹敵する。ヴェイユの解釈では、「プルシャ、あるいはサンスクリット語原典の提示する語源にしたがえば「城塞の住人」、人格を意味する。プルショッタマあるいは至高の位格《ペルソナ》／人格は神をさす」(「サンスクリット語原典」IV-2 362)。「中枢にある気息たらん」はアートマンにブラフマンとの同一性への覚醒をうながす言葉であろう(ヴェイユ訳『バガヴァッド・ギーター』IV-2 606を参照)。

(357)「おのれとおなじく隣人を愛せよ」は「マルコ福音書」一二章三一節、「マタイ福音書」一九章一九節を参照。

(358)「かく在らぬ」は必然を表わすヘーゲルの「かく在る」の変形か。(153)を参照。

(359)「人間の魂が自己をもっとも損なうのは、自分にできる範囲において宇宙の膿瘍や腫瘍のようなものになる場合である。なぜならば何事が起っても、そのことにたいして腹を立てるのは自然にたいする離反であって、他のあらゆるものの自然はその自然の一部に包括されているのである」(マルクス・アウレーリウス『自省録』神谷美恵子訳、岩波文庫、一九五六年、第二章一六、二七頁)。

(360)モリエール『女房学校』のアルノルフとアニェスについては(86)(112)を参照。

(361)モリエール『守銭奴』のアルパゴンと小箱については(45)(50)(148)を参照。

(362)レンブラントやヴェラスケスの研究書で知られる画家のオーギュスト・ブレアル(一八六九—一九四一)は、ヴェイユの記事「ヒトラーと古代ローマの外交政策」に感銘をうけ、筆者に手紙を書いた。後日、マルセイユでふたりは出会い、意気投合する。ヴェイユが二度めに会いにいくと、ブレアルは亡くなっていた(Simone Pétrement, *La Vie de Simone Weil*, p. 533)。

(363) 企業家のオーギュスト・ドトゥフ(一八八三―一九四七)をさす。一九三四年、工場就労の経験のないヴェイユに未熟練女工として雇用される機会を与え、ヴェイユが寄稿することになる文芸誌『新手帖』の創立にもかかわるが、敗戦後はヴィシー政府の協力者となった(II-2 493-495)。

(364) 「天の父とおなじく完全で……」(『マタイ福音書』五章四八節)については(121)を参照。

(365) 「ゼウスの黄金の秤」は『イリアス』で戦況を決定する重大局面で登場する(第八書六九―七二行、第二二書二〇九行)。主神ゼウスにさえ運命への恣意的な介入は許されず、個々の英雄たちは「武勇よりも、ゼウスの黄金の秤に表象される場当たり的な運命」(「『イリアス』あるいは力の詩篇」II-3 235)に翻弄される。叙事詩の真の主人公は、悲劇の英雄アキレウスでも智将オデュッセウスでもなく権力を恣にする総大将アガメムノンでもない。ヴェイユの解釈によれば、力を行使する強者が一定の限界をふみこえるや反転して強者をうちのめす力の冷酷な仕組、これが『イリアス』全篇をつらぬく主題である。

(366) インド学者ジャン・ヘルベール(一八九七―一九八〇)による仏訳『ラマクリシュナの教え』(*L'Enseignement de Râmakrishna*, trad., Jean Herbert)の四六八節への言及。全身をくまなく乳で充たされた牝牛でも乳は乳房からしか得られない。同様に、全宇宙をくまなく充たす神にとっても「敬神の精神に充たされた聖なる神殿」が特権的な顕現の場となる。

三二　仲介《メタクシュ》

(367) 「仲介《メタクシュ》」の原語のギリシア語は「AとBのあいだに」を意味する前置詞。たとえばプラトン『饗宴』でディオティーマが「正しき意見《ドクサ》とは明かに智見《フロネーシス》と無知《アマテイヤ》との中間に位する」(二〇二

a）と定義し、愛《エロース》を「滅ぶべき者と滅びざる者との中間に在る者」すなわち「偉大な神霊《ダイモーン》」（二〇二d―e）、もしくは術策《ポロス》と窮乏《ペニア》（二〇三b―c）の子と呼ぶときの「との中間に」に相当するが、ヴェイユは名詞的に「仲介」の意味で使う。

(368) ヴェイユによれば、ギリシア精神の真髄とは神と人間をひき裂く懸隔に架橋する試みにある。ローマによって潰えたかと思われたこの系譜をキリスト教が純化して継承し、一二世紀のオック語地域に開花した文明がその系譜の最後につらなった。「この懸隔に深く思いをいたしたギリシアは、ひたすら架け橋の構築に専念した。ギリシア文明のすべては架け橋でなりたっている。その秘儀宗教、哲学、驚嘆すべき芸術、ギリシア固有の発明たる科学とのその文化全体、これらすべては神と人間とをつなぐ架け橋であった」（「オック語文明の霊感はどこにあるか」IV-2 417）。ギリシアのこの壮大なる試みは世俗的巨獣のローマの武力によって粉砕されるが、ローマの全体主義に抗しうる勢力が唯一存在した。宗教的巨獣というべきイスラエルである。「イスラエルの啓示のみがローマの恐怖の圧力に抗しえたのだ。その甲殻に護られて、地中海東岸に生きのびたギリシア精神のいくばくかが孵化した。かくて砂漠のごとき三世紀をへて、あまたなる民族の烈しい渇望のただなかに、みごとに純粋な源泉が湧きいでた。仲介の概念は実在の充溢をあたえられ、完全なる架け橋が現われ、プラトンの望んだ神的叡智が眼にみえるものとなった。ギリシアの召命はキリスト教の召命となることで完全性を達成した」（同、IV-2 417）。巨獣としてのローマとイスラエルについては(429)も参照。

(369) 「余剰／備蓄エネルギー énergie supplémentaire」（八・断章4を参照）は「補足エネルギー énergie complémentaire」（(85)を参照）とほぼ同義。

(370)「願望を両極の中軸に引っ掛けて accrocher son désir à l'axe des pôles」は奇妙な表現である。一方で願望の過剰による無分別状態があり、他方で願望を支えるエネルギーの枯渇による仮死状態がある。状況に応じてたえず重心が移動する天秤の表象を喚起しつつ、どちらかの極に偏ることなく、どこかの一点に固着することもなく「中軸に引っ掛け」るという困難な要請であると思われる。

(371) 仲介となる身体的条件は、暴力からの保護、住居、衣服、暖房、衛生、病気の看護であり、精神的条件は、家族や祖国といった集団への帰属への敬意である。後者の根拠は三つある。㈠破壊されるや他をもっては代替不可能の存在である。㈡その持続により現在と未来をつなぐ。㈢おなじ持続により過去を現在へとつなぐ(『根をもつこと 上』「魂の欲求」一三―一六頁、V-2 114-116; (8)を参照)。

(372)「異邦の都市《シテ》」については(23)を参照。

(373) トマス・アクィナス『神学大全』第三部(受肉の神秘、秘蹟)、質問一八(キリストにおける人的意志と神的意志の一致)と一九(キリストの行為における人性と神性の一致)は、諸状況におけるキリストにおける人的なものと神的なものの混淆なき一致を、キリストにあっては人的意志も行為もキリスト自身のものでありながら、同時に神の意志と永遠の摂理にみごとに一致していたと結論する。

(374)「洞窟」の闇と蒙昧から解放された義人は、孤独と観照を渇望する自然な心の傾きに反して、ふたたび洞窟のなかに降りていき、いまだ虜囚の身の仲間たちを正しく導く任務を担う。権力欲のもっとも希薄な者が支配するという哲人君主(プラトン『国家』五二〇a―b)の逆説は、十字架上でキリストがもっとも悲惨な姿をさらしたその瞬間、至高の神の栄光の証人となったという逆説に呼応する、とも考えられる。『国家』の義人の受難については(242)を参照。

(375) プラトン後期の対話篇『政治家』は『国家』の「哲人王」を頂点とする選良による支配体制を現実主義的に展開・修正する。正しい善悪の判断には思慮と叡智にのっとった知識が必要であるが、この知識を充分に会得できる市民は千人にせいぜいのところ五〇人に限られる(二九二e)。ゆえに、統治には能力と適性にもとづく分業と各分業の序列化が必須であると説く。

(376) ギリシアとプロヴァンスの召命については(368)を参照。

(377) 「les états d'âme」は「感傷」「弱気」を意味しうるが、文脈から単数形の「心情」と解した。

三三　美

(378) 〈ことば〉と訳した「Verbe」(ギリシア語「ロゴス」の仏訳)は「ヨハネ福音書」冒頭の「初めにことばがあった」にもとづき、キリスト教の第二位格の「神の子キリスト」をさす。つまり宇宙の創造主たる父は必然に、人間として受肉した子は美に、人間に霊感を与える聖霊は正義に呼応する。

(379) デカルト『方法序説』第六部の表現(デカルト『方法序説』谷川多佳子訳、岩波文庫、一九九七年、八二頁)。フランシス・ベーコンの『ノヴム・オルガヌム』第一書の箴言Ⅲ「人間の知と力は合一する。原因の知られぬところに結果も生みだしえぬからだ。自然を支配するには自然に服さねばならぬ」を要約した「知は力なり scientia potentia est」は一七世紀ヨーロッパの時代精神をあらわす定式。

(380) 引用のラテン語「ars longa, vita brevis」は古代ギリシアの医師ヒッポクラテスの「箴言」の冒頭部の訳とされる。医術の心得を説き、本来は「生は短く、術の道は長い」と解される。

(381) 建築(空間芸術)と音楽(時間芸術)のうちに受肉した美についての論考を参照(『シモーヌ・ヴェイユ選集 I』「善と美」一〇―一四頁、I 60-62)。

(382) 「かく在る」については(153)を参照。

(383) ペルセフォネと柘榴の実については(126)を参照。

(384) 「グレゴリオ聖歌」については二八・断章5を参照。

(385) ラテン語「anima」に由来する「真髄 âme」には「生命」「息吹」「魂」の含意がある。

(386) みつめることと食べることの対比は『ムンダカ・ウパニシャッド』の二羽の鳥の比喩を連想させる(VI-2 420; VI-1 324; (263)を参照)。

(387) プラトン『ティマイオス』の「造物神《デミウルゴス》」((176)を参照)と「ヨハネ福音書」冒頭の「ことば」を同一視しているのか。

(388) ネロ(三七―六八)はローマ帝国の第五代皇帝。スエトニウス(七〇頃―一四〇頃)は『ローマ皇帝伝』第六巻でネロの行状を詳述する。いわく、ローマではネロが初めて、ギリシア風に音楽、体育、騎馬の三部門の競技会「ネロ祭」の開催を定め(一二節)、自身もあらゆる機会をとらえて詩を朗読し、竪琴を奏で、歌を披露し、芝居を演じ、戦車を御した。そのつど賄賂、追従、脅迫、暴力といった手立てを尽くして、なにがなんでも優勝をもぎとった。スエトニウスは数多の愚挙や残虐行為を列挙しつつも、ネロには詩作の才能があり、絵画や彫刻にも興味があったと記している(五二節)。

(389) カトリックのミサ(聖餐式)を冒瀆し、悪魔に魂を捧げる儀式の総称。たいてい性的な乱痴気騒ぎをともなう。サド侯爵(一七四〇—一八一四)の『ジュリエット物語あるいは悪徳の栄え』(一八〇一)、ミシュレの『魔女』(一八六二)、ユイスマンスの『彼方』(一八九一)などの描写が有名。

(390) プラトン『饗宴』一八五b—cでパウサニアスが二種類の愛(天上《ウラニア》の女神に属する愛と地上的《パンデモス》な女神に属する愛)を語ったのをうけ、つぎの語り手エリュクシマコスが天上的《ウラニオス》な愛と地上的な愛の区別を展開する(一八七d—e)。もっとも、両人の「地上的な pandemos」は字義的には「万人向けの」を意味し、「悪魔的な」の含意はない。

(391) 一体主義《ユナニミスム》はジュール・ロマン(一八八五—一九七二)を主唱者とする文学運動で、全二七巻の大作『善意の人々』(一九三二—四六)が代表作。ロマンの主張によれば、複数の視点や断片化された筋が交錯し呼応しつつ、不連続で雑多なできごとの集合が音楽的な構成をめざして秩序づけられていく。集団的意識や感情、群衆の振舞いが、作家個人の意図をこえて、ひとつの思想や行動へと収斂するという主張から「一体主義」の名称が生まれた。ヴェイユはロマンの『善意の人々』に言及するも、労働者の真の姿に迫っていないと断じる(「工場での生の経験」II-2 290)。

(392) ユウェナリス(六〇頃—一三〇頃)の『諷刺詩集 *Saturae*』の「健全な精神が健全な身体に宿れと祈るべし orandum est, ut sit mens sana in corpore sano」(第一〇篇)は有名。

三四　代数学

(393) 「代数学と金銭との類比。両者とも平準化する。そこでは垂直方向の懸隔が表現されない」(VI-2 149)も参照。

(394) ヘシオドス『仕事と日』の「五時代の説話」によると、神のごとく至福と長寿に恵まれた「黄金の種族」、幼児のごとく気ままな「銀の種族」、戦の神アレスのごとく粗暴な「青銅の種族」、半神のごとく「高貴なる英雄の種族」、苦悩と労役に苛まれる「鉄の種族」があり、現今の人間はこの最後の種族の末裔である。それでも正義を尊び、平和を求め、労苦を厭わぬ農民たちは、ゼウスに祝福される。『重力と恩寵』の編者ティボンの父は、ヴェイユの眼には伝統的な自作農を体現するとみえた。

(395) ラテン語の引用「唯一にして無二のもの una eademque res」は「唯一にして無二の事物がふたりの人間に遺贈されるとき、一方がその事物を所有し、他方がその事物の価値を所有する」からの抜粋(出典はビザンティン皇帝ユスティニアヌス一世(四八二／三―五六五)編纂『ローマ法大全』)。

(396) 個々の人間が一部のみを分担する意味での専門化は堕落である(三三一・断章14と(375)を参照)。『根をもつこと』は、労働者の生を蝕む根こぎの原因のひとつは、技術偏重の現代文明が必然的に招いた専門化だと主張する。「外界から切りはなされた狭苦しい環境において、内向きの雰囲気のなかで醸成された文化が生まれた。それは、技術をつよく志向すると同時に技術の影響にさらされており、功利主義《プラグマティスム》に芯まで染まり、専門化によって極端なまでに細切れにされ、この世界との接触のみならずもうひとつの世界への通路までも失ってしまった文化である」(『根をもつこと 上』「労働者の根こぎ」六八頁、V-2 145)。現代人を苦しめる閉塞状況に風穴をあけ、集団ではなく個人を至高の価値たらしめるには、仕事の単能化すなわち専門化を廃止し、労働者にたんなる訓練ではなく技術の十全な知識を与え、肉体労働にしかるべく正当な尊厳を与え、さらには労働を介して知性を世界に接触させることで、知性に本来の対象を与えねばならない(『シモーヌ・ヴェイユ選集 II』「展望 われわれはプロレタリア革命に向かっているのか」六八頁、II-1 277-278)。

(397) アランは『プラトンに関する十一章』で、獄中のソクラテスが竪琴を習いはじめた逸話を紹介する。恒常不変の鉄則に服する森羅万象をまえにして、変革を求める人間の意志や努力は、合理的に考えるなら、あらかじめ失われているにひとしい。それでもなお、いかなる状況であっても、やるべきだと思ったことはやらねばならない。その一例が余命少ないソクラテスの無意味とも思える努力だった(Alain, *Platon* in *Les Passions et la sagesses*, Pléiade, Gallimard, 1960, pp. 886-887; 第六章「ティマイオス」、ディオゲネス・ラエルティオス『ギリシア哲学者列伝』第二巻第五章三二)。

(398) ル・コルビュジエ(一八八七―一九六五)はフランスで活躍したスイス生まれの建築家。社会的機能の具備による建築の刷新を企図し、単純な形態の組み合わせから構成される建築を提唱した。周囲の景観と建物とが絡みあうピロティや屋上庭園が特徴的である。社会とのつながりを重視するが伝統からの脱却を強調するという意味で、伝統との継続性を維持するが社会との関係性は希薄なカトリック教会と対照をなす。

(399) ヴェイユは個々の労働者の努力を無化する科学や自然の諸力および集団的労働についてのマルクスの分析に言及する。「数世紀来、ルネサンス以降、思考と行動をそなえた人間たちは、人間精神を自然力の主《あるじ》たらしめるべく、方法にのっとって働いている。そして成功は期待を超えた。だが前〔一九〕世紀のあいだに、社会そのものもまた他の自然力と同程度に行き当たりばったりであって、馴致に失敗するなら人間にとっては同程度に危険な自然力であることが理解された。じっさい、この力は水・土・気・火の四元素にもまして容赦なく人間を押しつぶす。この力が技術の進歩により水・土・気・火の四元素の操作法を掌握しているがゆえに、なおさらそうなのだ。個人は戦闘と労働の手段を力ずくで奪われた。個人を集団的装備に全面的従属させなければ、もはや戦争も生産も成りたたない。ところで社会の仕組《メカニスム》は、その行き当たりばったりの動きにより、一九一四年の夏以降のできごと〔第一次大戦〕が示すように、個人の物質的および精神的福利の条件、知的発達および教養の条件をことごとく破壊しつくす勢いである」(『シモーヌ・ヴェイユ選集 II』「展望　われわれはプロレタリア革命に向かっているのか」六八―六九頁、II-1 277-278)。ほかに『自由と社会的抑圧』「マルクス主義の批判」一五―一六頁、II-2 32; マルクス『資本論 2』向坂逸郎訳、岩波文庫、一九六九年、第一巻第四篇一三章四節「工場」、四〇一頁以降も参照。

(400)　スピノザ『エチカ』からの引用。人間を翻弄する欲望の力は外的な原因によって決定されるが、「この外部の原因の力は、我々の能力と比較すれば、我々の能力を無限に凌駕する」(『エチカ下』第四部定理一五、二五頁)。このスピノザの引用は、『自由と社会的抑圧』で、集団としての人類が自然の脅威から解放されたのちも、個としての労働者が変わらず抑圧されたままなのはなぜかを分析する箇所で使われる。「かくて人間は、その後の進歩にもかかわらず、宇宙を構成する偶然の諸力になすすべもなく裸でつながれていた隷従状態から、依然として抜けだせずにいる。人間をひざまずかせる権勢が、慣性的な物質を離れて、人間自身が同類と作りあげる社会へと移ったにすぎない。つぎつぎに変貌していく宗教感情の形態をとって、人間に崇敬の対象として課されているのは、この社会にほかならない」(『自由と社会的抑圧』「抑圧の分析」七五頁、II-2 68)。

三五　「社会の烙印を……」

(401)　『自由と社会的抑圧』は人間の隷従の真の要因は究極のところ「他者の存在」であると断じる。「人間のみが人間をよく隷従せしめる。原始の人びとにしても、自然のうちに人間に類する想像上の存在をやどらせ、その意志を人間たちの解釈にゆだねたりしなければ、自然に隷従せずにすんだだろう。いずれにせよ権勢の源泉は外的世界である。しかし自然の無限の力の背後に、虚構にせよ実在にせよ、神的ないし人間的な意志が存在したのでなければ、自然は人間を粉砕できても屈従はさせられなかっただろう」(『自由と社会的抑圧』「自由な社会の理論的展望」九九—一〇〇頁、II-2 82)。

(402)　章題の引用はアルフレッド・ドゥ・ヴィニー(一七九七—一八六三)の長篇詩「牧人の館」の一節。情緒的な自然讃美とは一線を画し、「蟻」のごとき人間のつまらぬ営為を平然とうち砕く自然の無情を責める一方で、縛られし魂は「慄きつつ、おのが剝きだしの肩をみて/鋼で刻まれし社会の烙印を認める」(第一部第二節)と、心身を蝕む社会による隷従の軛をも糾弾した。ヴェイユは孤高のロマン派詩人の詩を分析し、自然への逃避にも人間社会への埋没にも安らぎをみいだせぬ孤独な精神を描きだす。自身を社会の徒刑地で呻吟する苦役囚とみなすヴィニーは、偽りの言葉が幅をきかせる人間界を逃れて、「黙して語らないもうひとつの世界」、「人間に関心を示さない自然」に安らぎをみいだした(『シモーヌ・ヴェイユ選集 I』「ヴィニーにおける〈自然〉の

〈感覚〉」八八―八九頁、I 112)。

(403)「工場日記」は「主人と従僕。今日、従僕は絶対的に従僕であり、ヘーゲル的な逆転はない」と現代社会における主従関係の固定化を指摘する(『シモーヌ・ヴェイユ選集 II』一六九頁、II-2 276)。ヘーゲル『精神現象学』の説くところでは、主体たる主人と客体たる従僕との関係は、労働を介して必然的に主客が転倒していく。主人が自立的であるためには、主人の自立が従僕に承認される必要があるが、従僕の承認が必要であるがゆえに、主人の自立は否定される。さらに、この承認が労働の形式をおびるとき、労働が欲望を抑制し、物を生産することであるため、物をつうじて主人ではなく従僕のほうが自身を超えでる持続を実現する(ヘーゲル『精神現象学 上』B 自己意識、A3「主と僕」の「主人と従僕の弁証法」樫山欽四郎訳、平凡社ライブラリー、一九九七年、二二七―二二八頁)。

(404) タキトゥス『同時代史』(Tacite, *Histoires* I, 36, 3, Les Belles Lettres, 1921)からのラテン語引用。

(405) 階級間の闘争そのものが階級なき社会を招来するというマルクス主義的歴史観とは逆に、ヘラクレイトスの闘争は永続的で絶えることのない万物の原理である。(B)断章五三のヴェイユ訳を引用する。「戦争は万物の母であり、万物の女王である。戦争は、ある者には神々の外観を、ある者には人間の外観をあたえる。また、ある者を自由民に、ある者を奴隷にする」(「ヘラクレイトス断章」IV-2 137)。

(406) モンテスキュー(一六八九―一七五五)の『法の精神』第一部第五編第三章は、共和国の市民は民主政およびその根幹たる平等への愛をいだき、第四章は、君主政や専制国家の臣民はかえって平等を望まず、自己の優越と下剋上による立身を欲すると述べる。自由民は国家の安定と同胞の福利を願い、奴隷は国家の転覆と同胞の没落を願う点で、それぞれの心性は正反対だといえる。

(407) 国際法の基礎を築いたとされるグロチウス(一五八三—一六四五)は『戦争と平和の法』で、戦争の勝者は敗者を殺す権利を有し、敗者は自由とひきかえに生命を買いもどす権利を有するがゆえに、「奴隷権」は成立すると主張した。これにルソー(一七一二—七八)は、そもそも戦争が生命を奪う権利を生みださぬ以上、勝者にも生殺与奪の権利は与えられないのだから、人間には他者を奴隷にする権利も、自身の奴隷状態に甘んじる義務もない、と反論する(『社会契約論』第一篇第四章)。

(408) マルクス・アウレリウス『自省録』第二章三は、神の摂理により生起する万事が普遍世界にとって必然かつ有益であり、人間はこの普遍世界の一部をなす、と説く。おなじく第四章四によると、理性と法を共有する人びとは共通の政体に属し、宇宙を国家とする市民である。

(409) エピクテトス『語録』第四巻第一章「自由について」によると、外部の意志や欲求に服従する者は、庶民であれ高官であれ、奴隷であることに変わりはない。おのれの意のままにならぬもの、すなわち権力、財産、名声、名誉、感触、子孫、兄弟、友人等への執着は人間を奴隷にする。おのれの意志にのみ依拠する者は、いかに惨めな奴隷の境遇にあっても自由人である。

(410) ディドロ(一七一三—八四)の『ラモーの甥』は、穏健な哲学者の「わたし」とラモーの甥の「彼」が持論を戦わせる一種の思想小説である。無節操でシニカルな「彼」いわく、「王国でまともな振舞いをするのはただひとりだけ。つまり君主です。残りの連中はだれもが格好をつけているんです(prendre des positions)」と。これに「わたし」が反論する。「ほかのだれかを必要とする者は貧しいのであって、格好をつけるものです。王といえども愛妾や神のまえでは格好をつけ、わざとらしい振舞いをします。大臣も主君のまえでは、追従者や廷臣や幇間や下男や物乞いの振舞いにおよぶのです」(Didrot, *Le Neveu de Rameau*, *Œuvres*, Pléiade, 1951, p. 501)。

(411)　一九三一年度、ヴェイユは労働組合運動にかかわるために、哲学教授としての最初の赴任地ル・ピュイと、約七五キロ離れた炭鉱の町サン・テティエンヌとを列車でしばしば往復していた。

(412)　イソップ『寓話集』第四部三二五「雲雀《ひばり》と農夫」では、麦畑で子育て中の雲雀が、農夫の言葉で引越するかどうかを決める。農夫が「刈入れに仲間を呼びあつめよう」というのを聞いても、雲雀は「仲間をあてにしているひとは急いでいない」と麦畑に居坐りつづける。つぎに農夫が「明日のために刈り手と束ね手を雇った」というのを聞くや、雲雀は「仲間をあてにせず自分で刈るというのだから本気だ」とただちに引越の準備をした。ヴェイユが引用したのは、イソップを翻案したラ・フォンテーヌ(一六二一―九五)の「雲雀とその雛たちと畑の主」(第四巻二二)。

(413)　エディと呼ばれたエドウィジ・コポー(一九〇五―八三)はヴェイユのヴィクトル＝デュリュイ校時代(一九二五―二六)の学友で、フランス演劇現代の開拓者と称されるジャック・コポー(一八七九―一九四九)の娘。一九二七年にカトリックに改宗し、一九三〇年にベネディクト修道会に入会。一九三四年にマダガスカルに修道院を創立し、ベネディクト派伝道修道会の総長となるが、マダガスカルに渡ったのちもヴェイユとは手紙を交わしあった。一二世紀以降、修道者は三つの誓願(清貧、貞潔、従順)によってイエスに倣うとの考えが明確にされた。一方、十代のヴェイユはジャック・コポーによるヴィユ・コロンビエ劇場での連続講義に感銘をうけ、戯曲の構想を得るにいたる。

(414) ルソー『エミールとソフィ』(没後一八七一年刊の『エミール』続篇)「第二の手紙」でエミールは自問する。「ぼくは原初の自由のなにを失ったのか。ぼくは必然の奴隷に生まれたのではなかったか。いかなるあらたな軛《くびき》を人びとはぼくに課しうるのか。労働か。ぼくは自由だったとき、働いていたではないか。飢えか。幾度となく進んで堪えたものだ。苦痛か。人びとが全力を結集してかかってきても、ぼくに砂のひと粒ほどの痛みを感じさせることもできまい。拘束か。ぼくを縛っていた原初の鋼鉄の枷《かせ》よりも過酷なものか。その枷から解放されたいとも望まなかったが。(……)自然によるもの以外に真の隷従はない。人びとは自然の道具でしかない。主人がぼくを叩きのめそうと岩がぼくを押しつぶそうと、ぼくの眼にはおなじできごとだ。奴隷状態にあって起こりうる最悪の厄災は、小石を避けるのとおなじ要領で独裁者をやりすごせないことだ」(Jean-Jacques Rouseau, *Emile et Sophie, ou les solitaires, Œuvres complètes*, t. IV, Pléiade, 1969, pp. 916-917)。

(415) ヴァレリーの『旧詩帖』所収の「セミラミスの歌」第一九聯後半二行の引用(前半二行は三八・断章7を参照)。女王セミラミスといえども支配者の矜持を保つには、ヘーゲルの主人と従僕の弁証法にもとづき、自身が軽蔑する愚昧な民に依存するしかない。前行のナポレオンの新兵が抑圧者たるナポレオンに傾倒する心理の裏返しといってよい。セミラミスはアッシリアの伝説によると、女神と人間のあいだに生まれるも砂漠に遺棄され、鳩に養われ、牧者の長に育てられる。アッシリア王ニヌスと結婚し、王の死後、権謀術数に長けた美しくも無慈悲な女王として、バビロンに壮麗な都を築き、空中庭園を造らせた(『ヴァレリー詩集』鈴木信太郎訳、岩波文庫、一九六八年、二七八—二七九頁)。

(416) パスカル(一六二三―六二)の有名な断章「考える葦」への言及か。「人間は一本の葦にすぎない。自然界でもっともかよわい。だが、それは考える葦だ。この葦を粉砕するのに全宇宙が武装するまでもない。殺すには、蒸気のひと吹き、水のひと雫でたりる。だが、宇宙が人間を粉砕するときでさえ、人間は自身を殺すものよりも気高い。人間は自身が死ぬことを、自身にたいする宇宙の優越を知っているが、自然はなにも知らないのだから」(ブランシュヴィク版『パンセ』断章三四七)。

(417) 悪魔によるイエスの試みについては(35)を参照。

三六　巨獣

(418) 「巨獣」とは「議会や法廷や軍隊やその他の大規模の集会につどう大勢の群衆」(『国家』四九二b―c)が体現する社会である(「プラトンにおける神」IV-2 84-88)。自身もその微小な構成要素である巨獣(社会)からこうむる影響は、意識にのぼらない。まれに意識にのぼっても自己欺瞞によって瞬時に隠蔽される。この無意識の共犯関係が巨獣への抵抗をむずかしくする。(277)を参照。

(419) 「男女の貴顕 les princes, les princesses」については(59)を参照。

(420) 「ドン・ファン」については一五・断章3と(188)を参照。

(421) グリム童話の「ガチョウ番の娘」(KHM 89)では、遠国の王子と結婚する旅の途上、王女は小間使いに脅されて衣服をとりかえる。王子は王女の衣服をまとった小間使いとの婚礼の準備を進めるが、賢明な父の老王が下女に身をやつした王女の正体をみぬき、王子はめでたく本物の花嫁と結婚する。

(422) 真の実在であるイデア界との比較では迷妄にすぎぬ「洞窟」であっても、内部にとどまるかぎり、内部をぼんやり照らす焔も内部を移動する工作物も現実であるから、囚徒の見ている壁に現実の影を投げかけ、その壁に現実の音を響かせる。洞窟からの脱出は個人にかぎられる((66)(106)(148)を参照)。

(423)「洞窟」を脱出してもそのままイデア界にとどまることは許されず、各人が順番にふたたび仲間の囚徒のもとに降りていき、彼らを導かねばならない。薄闇のなかに戻っても、イデア界の真・善・美を熟視したのであるから、万事において正しい識別ができるからだ(プラトン『国家』五二〇c)。

(424)「植物／営生的なもの」または「植物／営生エネルギー」については(85)参照。

(425)「ヨハネ福音書」一七章九節でイエスは「わたしはこの世界のためには祈らない」と明言する。

(426)「ルカ福音書」四章六節で、悪魔はイエスに、自身は全世界の権威と栄光を掌握しているのみならず、自身の意にかなう者に分け前をあたえる権限をも有していると豪語する。

(427) リシュリュー(一五八五—一六四二)はルイ一三世治下の枢機卿と宰相を兼任する聖俗の最高権力者。王個人や王家をこえる近代的な国家装置たるフランスの国威高揚を追求し、「国家理性《レゾン・デタ》」を最優先の指導原理とした(「ヒトラー主義の起源をめぐる考察」II-3 173-174)。

(428) 生命維持にとどまらぬ人間的な営為を支える「補足エネルギー」については(85)(369)を参照。

(429) 三一三年のミラノ寛容令を境に、キリスト教は弾圧されるべき邪教から公認宗教、さらにはローマの国家宗教へと転身する。無神論の巨獣が受洗して宗教的な巨獣となった、とヴェイユは考える。「キリスト教がローマ文化から隔離されていたなら、後者の影響は前者の影響によってかなり相殺されていたであろう。不運にも、ローマはキリスト教と数世紀後に養子縁組をし、公認宗教として従属諸国に押しつけたあげく、盟約によってこれを穢した。さらに不運は重なり、キリスト教発祥の地〔イスラエル〕がキリスト教におのれの聖典を継承させた。その聖典たるや、残虐行為や支配欲、敗れた敵あるいは敗れる定めの敵への非人間的な侮蔑、そしてローマ精神とみごとに一致する力の崇拝であふれ返っている。このように歴史の偶然が二度まで重なった結果、ヘブライ的かつローマ的という二重の伝統が、二千年にわたってキリスト教の神的な霊感を圧殺してきた」(「ヒトラー主義の起源をめぐる考察」II-3 212-213)。一六・断章19と(228)(368)を参照。

(430)　伝説によればローマの建国の祖アエネアスはギリシア軍に滅ぼされたトロイアの残党とされる。アエネアスがイタリア半島に落ちついた約二百年後、ローマ創建の双子ロムルスとレムスが誕生する(リウィウス『ローマ建国史』第一巻)。一方、ヘブライ人は奴隷の境遇を逃れるためにモーセに率いられてエジプトを脱出し、ヤハウェの導きで、カナン(パレスティナ)の先住民を滅ぼして定住した。

(431)　「職業」と「美徳」の関係については一一・断章3と(122)を参照。

(432)　「マタイ福音書」六章二節。

(433)　「隠れたところにいます神」については(67)(80)を参照。

(434)　「一九四〇年七月」は、第二次大戦時のドイツ軍によるフランス北部占領、政府のヴィシー移転、第三共和政憲法廃止、新憲法制定、ペタンのフランス国首席就任の一連の敗戦処理をさす。

本断章の「もはや実存しえぬもの……」に、深刻な存続の危機に脅かされる母国への悲痛な想念が読みとれる。

(435) 「ルカ福音書」七章四七節。

(436) 自然な愛着の対象となりうる「国《ペイ》」については(23)を参照。

(437) ヴェイユの戯曲『救われたヴェネツィア』への言及(245)を参照。

三七　イスラエル

(438) ローマとイスラエルがキリスト教におよぼした影響については(368)(429)を参照。

(439) バビロン捕囚(前五八六—前五三七頃)とはユダヤの上層部(王侯貴族、祭司、役人、軍人等)のバビロンへの強制移住をさす。この時期、高度な文明をもつ異国に囚われたユダヤ人集団は、自己の宗教的アイデンティティを死守すべく、律法的規定にもとづく祭儀形態を確立し、申命記史書、預言書、祭司文書の成分化に着手した。

(440) ダニエルは聡明で敬虔なユダヤ人預言者。捕囚期はバビロン王に、その後はペルシア王に重用される(「ダニエル書」)。アベルはアダムとエヴァの息子で牧夫。神に嘉される供物を捧げるが、嫉妬した兄で農夫のカインに殺される(「創世記」四章)。エノクは旧約偽典の黙示文学「エノク書」の神話的主人公で、義人の誉れ高く、その死は確認されていない。ノアは家族と動物たちを方舟に乗せて大洪水を生きのび、新人類の始祖となる(「創世記」六、九—一〇章)。メルキセデクはエルサレムの伝説的な王(「ヨシュア記」一〇章)にして大祭司(「創世記」一四章)だが、新約ではキリストの予型とされる(「ヘブライの信徒への手紙」五章)。「ヨブ記」の主人公ヨブは過酷な苦難にも信仰を失わなかった。ヴェイユによれば旧約聖書の大半の登場人物は不純である。アブラハム、ロト、イサク、ヤコブ、その子ヨセフ、モーセ、ヨシュア、サミュエル、サウル、ダヴィド、ソロモンも例外ではなく、殺人、近親姦、密通、裏切り、残虐行為などの穢れをまぬかれていない（VI-3 279-297）。

(441)「地上の楽園」とは前三〇〇〇年頃にセム語民族が移住したカナン地方をさす。前二〇〇〇年にはカナン人（北西セム語を話す人びとの総称）による都市国家群が成立していたが、前一三世紀にモーセの後継者ヨシュア率いるイスラエル軍に滅ぼされる（「民数記」一三章、「ヨシュア記」五章）。

(442)「教導する神」は、実子たる選民イスラエルを愛と笞で教え導く父なる神として表象される（「ヘブライの信徒への手紙」一二章）。

(443)「異端審問」と「宗教裁判」は厳密には区別される。後者は各司教区に属する権限であり、起源も明確ではない。一一八四年の教皇令により、カタリ派の脅威に対処する責務を司教自身に負わせる「異端審問所」が実質的に創設される。一二一六年、ドミニコ会、フランチェスコ会等の托鉢修道会が教皇直属の「異端審問官」に任命される。司教区からも世俗権力からも独立し肥大化した権限は、一四年間で二〇〇〇人を処刑したスペインの異端審問官トマス・デ・トルケマダ（一四二〇―九八）のごとき酷薄な弾劾者を生むこともあった（ギー・テスタス／ジャン・テスタス『異端審問』安斎和雄訳、文庫クセジュ、一九七四年、一一―一二、一八―一九、八六―八九頁）。(345)を参照。

(444)「イスラエル」は現実のユダヤ民族とは区別される、旧約聖書に登場する半神話的・半歴史的な部族をさす。ヴェイユの語彙では宗教的な「巨獣」の別名と考えてよい。

(445) ヤコブの末子ヨセフについては「創世記」三七—五〇章でその生涯が語られる。父ヤコブの寵愛を独占するヨセフは嫉妬した兄たちにエジプトに売りとばされるが、ファラオの信頼を得て立身出世し、落ちぶれて頼ってきた自分の一族を厚遇する。自民族には法外な特権を確保する一方で、飢饉に苦しむエジプト農民の土地を片端から買いあげ、彼らをファラオの奴隷とするなどの辣腕を振るった。

(446) 「本質において王」とは、社会的・物理的に微小であっても、アルキメデスの梃子の支点のごとく適切な位置を占めるならば枢要な役割をはたすという意味(三八・断章5を参照)。

(447) モーセはエジプトの王女の養子として育てられるが、同胞のヘブライ人を笞打つエジプト人を殺し、罰せられるのを怖れてエジプトの地を逃げだす(「出エジプト記」二章)。ヨシュアは目的を遂げずに斃れたモーセの遺志をついでカナンを攻略すると、「聖絶《ヘーレム》」と呼ばれる敵の皆殺しを命じ(「ヨシュア記」六章一七節)、ユダヤ民族をカナンに住まわせた。カナンの主要都市エリコの難攻不落の城塞(考古学上の定説ではヨシュアの攻撃のはるか昔に廃墟と化していた)を、戦士たちに角笛を吹かせて崩壊させた逸話は黒人霊歌《スピリチュアル》でも有名(「ヨシュア記」六章)。

(448) 「巨獣」としてのイスラエルについては(228)(368)(429)を参照。

(449) ヤハウェがアブラハムの子孫に与えたとされる「約束の地」カナン(「創世記」一二章六—七節)の諸部族を破って意気盛んなアブラム(のちのアブラハム)も、サレム(イェルサレムとも)の王で「いと高き神の祭司」メルキセデクには十分の一税を献上して臣従を示し、メルキセデクから祝福をうける(「創世記」一四章一八—二〇節、「ヘブライの信徒への手紙」七章一—四節)。

(450)「イザヤ」は旧約聖書の「イザヤ書」の筆者とされる前八世紀の南ユダの預言者。「イザヤ書」全六六章中、史実のイザヤに帰せられるのは三九章までで、四〇―五五章は前六世紀のバビロン捕囚期に書かれた「第二イザヤ」、五六―六六章は前六―五世紀の「第三イザヤ」の作とされる。ヴェイユがしばしば言及する第二イザヤの「苦難の僕」(五三章)は、キリスト教神学において苦しみをつうじて黙々と贖罪をはたすメシア表象を提供した。

(451)「イザヤ書」六章九―一〇節の要約。イザヤ(第一イザヤ)は神から離れたユダヤの民の罪を弾劾し、改悛をうながすが、大国アッシリアが勢力を拡大するなか、自暴自棄に陥る民の姿に絶望する。やがて民の救済の希望を失い、「民を頑迷にするため預言せよ、との逆説的な使命の成就を悟り、歴史の表から姿を消す」(『岩波　キリスト教辞典』大貫隆他編、岩波書店、二〇〇二年、八〇頁)。

(452)「創世記」二八―二九章で、ヤコブ(別名イスラエル)は母リベカの兄ラバンの妹娘ラケルと結婚するために七年働いたのに、騙されて姉娘レアと結婚させられる。結婚式の翌日、ヤコブが抗議すると、ラバンはもう七年働けばラケルとも結婚させると答える。この古典的なベッドトリックをヴェイユは「売春」つまり「原初の穢れ」と呼んでいるのか。それとも、姉妹が夫に自分の召使の女を差しだしてまで夫の愛情を競いあうさまをさしているのか(「創世記」三〇章)。あるいはユダヤ民族をさすとみなされたイスラエルは、夫ヤハウェを裏切ってカナンの豊饒神バアルに走った「姦淫の女」(「ホセア書」一章二節)である。これが「原初の穢れ」なのか。

(453)「ホセア書」一二章二―四節。アブラハム、イサク、ヤコブとつづく三代は「族長」と呼ばれ、後代のイスラエル一二部族の祖先とされる。とりわけイスラエルの別名を有するヤコブは直接的な祖先といってよい。ヴェイユは「創世記」の記述にしたがってヤコブの行状を列挙する。「無慈悲な脅迫によって長子権を、虚言と詐取によって父の祝福を手にする。ラバンの家畜を詐取する。(……)天使との格闘、脱臼した腿、ヤコブは跛行する」(VI-3 283)。

(454)「根こぎ」はルネサンスに端を発する病だとヴェイユは主張する。ルネサンスはギリシア精神の復活、ついでローマ精神の復活教育であり、この第二段階でキリスト教の変貌が生じ、近代的な意味での祖国愛《パトリオティスム》が生まれた(『根をもつこと 上』「根こぎと国民」二〇六―二〇七頁、V-2 228)。より深刻なのは大衆教育の堕落だ。「閉じられた環境で生成され、あまりに多くの欠陥がありしかも真理にまったく意を払わない現代の文化から、まだそこにかろうじて残っていた純金を大衆化の操作によって拭いさったうえで、学びたいと願う哀れな人びとの記憶のなかに、ひからびた残滓を親鳥がひな鳥に口移しで餌を与えるように押しこむことを意味する」(同書、「労働者の根こぎ」六九頁、V-2 145-146)にいたったからである。

(455)本断章のあとに、オック語地方にみられた都市《シテ》にたいする市民の、正統な領主にたいする封臣の超本性的な愛が語られる(三八・断章4を参照)。しかるにフランス大革命は、力ずくで過去との断絶をもたらすことで、愛の対象をも消滅させた。「かくてフランスには、過去への愛ではなく過去とのかつてない暴力的な断絶に礎をおく愛国心という逆説が生まれた」(『根をもつこと上』「根こぎと国民」一五八頁、V-2 201)。

三八　社会の調和

(456)グリム童話の「雪白姫」(KHM 53)で雪に滴った血については(244)を参照。継母の手を逃れて雪白姫は七人のこびとの家にたどりつく。第一のこびとの椅子に坐り、第二のこびとの皿から食べ、第三のこびとのパンをとり、第四のこびとの温野菜を食べ、第五のこびとのフォークで突っつき、第六のこびとのナイフで切り、第七のこびとのコップから飲んで、雪白姫はきわめて微小な痕跡を残す。

(457)「社会的なものを超越する微小」の比喩については三七・断章4と(446)を参照。

(458)ストア派のゼノン(前三三五—前二六三)によると、賢者は自由人で、悪しき者は奴隷である。「賢者たちはたんに自由人であるばかりではなく、また王者でもある」(ディオゲネス・ラエルティオス『ギリシア哲学者列伝　中』加来彰俊訳、岩波文庫、一九八九年、第七巻第一章一二二、二九九頁)。

(459)驕りたかぶる勝者はしばしば力を恃んで不正をおかし、無慈悲な振舞いにおよびやすく、ゆえに正義の女神は勝者の陣営にとどまりえない、という論理。出典不詳。

(460)ヴェイユは均衡状態を破壊する相互懲罰の宿命《ネメシス》を語るアナクシマンドロスの一節を仏訳して引用する。「諸事象は無限定な物質に発して生起し、諸事象の破壊は、必然にのっとって、この無限定な物質への回帰により成就する。諸事象は、おのれの不正ゆえに、時間の秩序にのっとって、互いに互いの懲罰と贖罪とをこうむりあうからだ」(「プラトンにおける神」IV-2 103)。

(461)プラトン『ゴルギアス』五〇八aのギリシア語の引用。この前後をヴェイユ訳で引用する。「きみは賢いにもかかわらず、まったく注意を払っていない。幾何学的平等が神々のあいだでも人間たちのあいだでも大いなる力を有することに、気づいていないのだからね。なにかことにおよぶにあたっては、ひたすらより多くの量を獲得することに汲々としている。それはね、きみが幾何学を等閑にしているからだよ」(「プラトンにおける神」IV-2 104)。「幾何学的平等」については(271)を参照。

(462) プラトン『ゴルギアス』五〇八aによれば、天と地、神々と人間をむすびつけているのは友愛や秩序、節制や正義であるがゆえに、この宇宙《コスモス》は秩序《コスモス》とも呼ばれる。

(463) ヴァレリーの『旧詩帖』所収の「セミラミスの歌」第一九聯前半二行の引用((415)を参照)。

(464) 社会の別名たる「巨獣」については(277)(278)(418)(429)を参照。

(465) 「オック語文明圏」については(345)(368)を参照。

(466) 『政治家』はプラトンの後期対話篇。法が遵守されていて、国家の同意なく暴力的な改革が断行されないという条件が守られるなら、君主政、寡頭政、民主政の順に望ましい。君主が発揮すべきは、雑多な資質をそなえた人びとを秩序だった総体にまとめあげる調整能力である(三〇五e—三一一c)。

(467) この後に、インドにおけるアーリア族(『リグ・ヴェーダ』によると、先住民ダーサ族とダスユ族に勝利)、ギリシアにおけるヘレネス族(広域の植民市の先住民と混血)のように、複数民族の混淆が繁栄をもたらす例が言及される(VI-3 266)。

(468) 「légitimité」には法との整合性という意味の「合法性」、君主や支配者の「正当性」「正統性」の二通りの意味がある。

(469) この直後に、過去や未来との継続性を断たれた敗者がかりそめの宗教に慰めを求め、第一世代には無理でも敗者の第二世代が勝者に自身の合目的性を投影するなど、隷従をやわらげる例がつづく。「だが、敗者が合目的性を投影する日がきたとしても、法もしくは君主の権威を正当に身におびた個人にではなく、集団もしくは民族に合目的性をみいだすという事実のゆえに、みずからを貶めてしまう。さらに、その合目的性が起源なき過去の奥にまではとどかぬという事実によっても」（VI-3 269）。

(470)「まさにかく在るもの」については(153)を参照。

(471)一九世紀の大工業の躍進のせいで「生産力はある種の宗教を司る神へとなりあが」り、マルクスですらこの時代精神の影響をまぬかれえず、「人間の意志と、世界内で作用して人間を勝利へと導くとおぼしき神秘的な意志とが、奇しくも合致するという信念」に屈してしまった、とヴェイユはマルクスの唯物史観の破綻を指摘する（『自由と社会的抑圧』「マルクス主義の批判」二〇―二一頁、II-2 36）。

(472)『自由と社会的抑圧』は、生産性の永続的向上というマルクス主義的仮説を、ラマルクの内在的進化になぞらえて批判する。「マルクスはなぜ生産力が増大するのかを一度も説明しない。この神秘的な傾向をなんの例証もなく認めるがゆえに、マルクスは自身で思いたがるほどダーウィンには似ておらず、環境への適応という生物の不可解な傾向のうえに生物学の全体系を基礎づけるラマルクに似ているのだ」（『自由と社会的抑圧』「マルクス主義の批判」一九頁、II-2 35）。

(473)閉鎖系におけるエントロピー理論に類する法則が精神的な事象をも支配する、とヴェイユは考えていた。「われわれは自身にまさるなにかの影響をこうむるのでなければ、よりすぐれた存在にはなりえない」（「オック語文明の霊感はどこにあるか」IV-2 415）。

(474)ヴェイユ自身も人民戦線政府側の義勇兵として参加した一九三六年のスペイン内戦への言及。第一インタナショナルがマルクス派とバクーニン派に分裂したときも、カタロニアの全国労働連合(CNT)は無政府主義者《アナキスト》の盟主バクーニンを支持した。自発的な労働者の共同体《コミューン》と労働組合《サンディカ》による革命を説き、党や組織主導の「上からの革命」を拒否したCNTの姿勢に共感したヴェイユは、マルクス主義統一労働党(POUM)に接触するも、前線での危険な任務を与えられないと知るや、CNTの領袖のひとりドゥルーティ率いる分隊に合流する。

(475)「われわれが過去を想いうかべようとしても無駄で、知性はいくら努力しても無力なのだ。過去は、知性の領域や、その力のおよぶ範囲の埒外《らちがい》にあり、われわれには想いも寄らない物質的対象(その物質的対象がわれわれにもたらす感覚)のなかに隠れている」(プルースト『失われた時を求めて 1』「スワン家のほうへ I」吉川一義訳、岩波文庫、二〇一〇年、一一〇頁)。この「物質的対象」とは紅茶に浸したマドレーヌ菓子をさす。菓子のかけらを口に含んだ瞬間に、純粋な過去と現在とを瞬時にむすびつける奇蹟的な絆を直観し、「無情の幸福感と現実感」を味わう。これといわば対をなす考察が最終巻「見出された時 I」の随所に認められる。主人公はマドレーヌの味を現在および過去の瞬間において同時に感じることで、現在と過去の同一性を経由して、逆説的に時間の外に身をおき、事物の本質を享受する境地にいたる。ヴェイユのプルースト評価は限定的である。いわく、プルーストの作品は「方向のさだまらぬ魂の状態を描く試みの分析」であり、「あるいは想起、あるいは美の効能によって、永遠が時間をつらぬいて予感される、そういう瞬間に」、善がほんの一瞬あらわれては消える(『シモーヌ・ヴェイユ選集 III』「文学の責任について」三四頁、IV-1 71-72)。

(476) ヴェイユによれば、「現代の全体主義」(ナチズムやスターリニズム)が「一三世紀のカトリック全体主義」(カタリ派を迫害した異端審問)の劣化であるように、「世俗的フリーメーソン精神」

（宗教性を失った友愛団体への帰属意識）は「ルネサンスの人文主義《ユマニスム》」（キリスト教もギリシア精神も失った復古趣味）の劣化にすぎない。

(477)「内的序列」とは、たとえばヴェイユが一二世紀のオック語地方や初期近代のスペインに実在したと主張する、正統な領主にたいして臣民が自由な矜持を失わずに受諾しうるものだ。個人の内的な参与が不可欠という意味で、同意と尊敬をともなわずとも成立する外的な約束ごとにすぎぬ「社会序列」とは異なる（『根をもつこと　下』「根づき」一三六―一三七頁、V-2 336）。

三九　労働の神秘

(478) スピノザのこの引用については(400)を参照。

(479) ヘーゲルの「主人と従僕の弁証法」については(403)(415)を参照。

(480) ヴァレリーの「エウパリノス」は冥界のソクラテスと弟子パイドロスとの対話篇。パイドロスの伝える建築家エウパリノスの主張によると、互いに相手が理解できず疎遠になった身体と魂も、均衡のとれた美しい建造物のなかではひとつになれる。「この二つが、わたくしの芸術の材料によって、互いに協議し理解し合いますように！」（桑原武夫・河盛好蔵責任編集『アラン・ヴァレリー』「エウパリノス」中公バックス、一九八〇年、四一二―四一四頁）。

(481)「文化／教養《キュルチュール》」と訳した「culture」は「自然 nature」との対語で、ラテン語「耕す colere」「耕作・教化 cultura」に由来し、「耕作」「栽培」を意味した。その後、人間性を「耕す」意味の「文化／教養」へと敷衍される。

(482) 一九世紀末のドレフュス事件を機に各地で設立されたフランスの「民衆大学」は、教育の機会を奪われてきた労働者に社会学や経済学などの技術的・実践的学問を無償で提供し、経済的・精神的自立をうながす拠点となった。労働者教育の眼目とは「労働者にたんなる訓練ではなく、技術の十全な理解を与えて肉体労働に相応の尊厳を返し、労働の媒介により知性を世界と接触させて知性にその本来の対象を与えることだ」とヴェイユは総括する(「展望　われわれはプロレタリア革命に向かっているのか」II-1 277)。「ソクラテス方式」とは、権威主義的で一方向的な知識の伝達ではなく、双方向的な弁証術《ディアレクティケー》にもとづき学習者自身に発見させる教育法をさす。

(483) パスカルは自分を苦しめる持病の試練を嘆くのではなく、むしろ病によって信仰が深まることを願う「病の善用を神に求める祈り」を書いた。同様に、労働の苦しみを知っている人間こそが、労働にたいする嫌悪を善用する方法論を開発すべきだという意味だろう。

(484) 「植物的な反応」については(85)を参照。

(485) 「労働にたいする嫌悪」と「時間」の関係については(220)(318)を参照。

(486) 「グレゴリオ聖歌」については二八・断章5を参照。

(487) ヴェイユの念頭にあるのは、プラトン『ティマイオス』二七d—二八aの造物主《デミウルゴス》による宇宙《コスモス》の創造であろう。造物神は自己に同一の範型《モデル》を注視しつつ「完全に美しいなにか」を完成させる(「プラトンにおける神」IV-2 124-125)。存在と美の充溢をそなえたこの範型は、記号にすぎぬ象徴とは質的に異なる((176)を参照)。

(488) 「かく在る」については(153)を参照。

(489) カント『判断力批判』は美のみが「目的なき合目的性」を充足しうることを、美を「合目的性が目的の表象によらずに或る対象において知覚される限りにおいて、この対象の合目的性の形式」(『判断力批判 上』篠田英雄訳、岩波文庫、一九六四年、一二九頁)という定義で表明する。

(490) マルクスの考える宗教とは、悲惨な現実にたいする民衆の不満を来世への希望で慰撫し、現実社会の改革から民意をそらす機能をはたす「民衆の阿片」である(『マルクス・コレクション I』「ヘーゲル法哲学批判 序説」中山元他訳、筑摩書房、二〇〇五年、一五八頁)。ヴェイユはマルクス主義そのものが革命幻想によって「阿片としての慰め」で民衆を堕落させたと批判する(『自由と社会的抑圧』「自由な社会の理論的展望」八一頁、II-2 71-72)。

(491) 「エフェソの信徒への手紙」四章二二節。キリストとの出逢いにより「古い人間」が死んで「新しい人間」が生きるという死と復活の修辞。

(492) 「行為の結実に頓着せず、なすべき義務をなせ」と諭す『バガヴァッド・ギーター』の言葉への示唆(二章四七—四八節、三九頁)。(127)(128)を参照。

(493) インド社会の四種姓《ヴァルナ》を最初に列挙したとされる『リグ・ヴェーダ』一〇・九〇によると、巨大な原人プルシャが祭祀のなかで分割されて、口はブラーフマナ(バラモン、祭司)、両腕はラージャニアまたはクシャトリア(王族・武人)、両腿はヴァイシア(庶民)、両足はシュードラ(奴婢)となった。各種姓には固有の義務《ダルマ》があり、他の種姓の義務の実践は厳禁であるが、「行動の実りを放棄して行動する」ことは第四種姓のシュードラにも実践できる。ヴェイユはシュードラの苦行者を殺すラーマ王の行為(『ラーマーヤナ』第七巻「ウッタラ・カーンダ」)を是認する。クシャトリアたるラーマには精神性を追求するシュードラの逸脱を罰する義務があるからだ(VI-1 326-327)。

訳者あとがき

ティボン版『重力と恩寵』(Simone Weil, *La Pesanteur et la grâce*, Librairie Plon, 1947 [1948])はシモーヌ・ヴェイユ(一九〇九―四三)の著作のなかでもっとも読まれているといってよい。ギュスタヴ・ティボン(一九〇三―二〇〇一)がヴェイユから託された「雑記帳《カイエ》」の断章を抜粋し、分類・編集し、表題を与えた。戦時下に三四歳で夭逝した無名にひとしい女性の遺著は、戦後まもない一九四七年に出版されるや、怯懦と妥協を許さぬ純粋さの希求、人類共通の運命たる不幸への共苦、なかんずく絶望的な状況にあっても絶望しない勇気の生きた証言として、敗戦と占領の記憶に深く傷ついていたフランスの人心をとらえた。主題別に構成された警句《アフォリスム》集の歯切れのよさも奏功してか、ティボン版『重力と恩寵』の人気は翳《かげ》りを知らず、その後、一九五〇年代に三巻の『カイエ』が揃い、やがてカミュ(一九一三―六〇)の肝いりで創設されたガリマール社の《希望叢書》から『根をもつこと』(一九四九)、『労働の条件』(一九五一)、

『ある修道士への手紙』(一九五一)、『ギリシアの泉』(一九五三)、『抑圧と自由』(一九五五)等の主著八冊がやつぎばやに刊行された。さらに一九八八年以降、ガリマール社から本格的な校訂版「シモーヌ・ヴェイユ全集」(全一六巻中一二巻が既刊)が刊行中の今日も、この状況はほとんど変わっていない。

ヴェイユがカミュに決定的な影響を与えたことはよく知られている。カミュが『根をもつこと』によせた序文はこう始まる。「彼女はまったくの無防備だったが、残虐さと低劣さには抵抗した。これはおなじことだ。なにも軽蔑しなかったが、軽蔑そのものは軽蔑した。彼女の著作を読むと気づかされる。この驚くべき知性が吸収できなかった唯一のもの、それは軽薄さだったのだと」(一九四九年六月)。カミュの親しい友人でもあった哲学者ジャン・グルニエ(一八九八―一九七一)によれば、「カミュの作品を解くふたつの鍵は《白鯨》神話とシモーヌ・ヴェイユの思想」である。カミュが戦後に創刊した月刊文芸誌『エンペドクレス』に、ヴィクトル・クラストル(一九〇三―一八三)は記事「シモーヌ・ヴェイユ」(一九四九)をよせ、人間存在の虚無、人間知性の限界、不可知の神を驚くべき迫力で訴えたと多分に揶揄を交えつつ、ヴェイユをパスカルになぞらえた。ティボン版『重力と恩寵』そのものも、死後出版が著者の名をひろく一般に知らしめたという事情と相まって、幾度となくブランシュヴィク版『パンセ』に比べられてきた。

クラストルは、過剰なまでにデカルト的な明晰さを追求する一方で、限界点をこえるや必然へのスピノザ的帰順を説くヴェイユに興味をいだきつつも、執着の断念や自己無化の欲求に虚無主義《ニヒリスム》の兆候を過って読みとった。欲望の解放を是とするシュルレアリストなら当然の反応かもしれない。とはいえ、当時の既刊二冊(『重力と恩寵』と『根をもつこと』)の緻密な読解にもとづき、ヴェイユのうちに極端な理想主義をわずらうアナキストの戯画だけでなく、「無《リアン》であることを自身の召命とした……純粋培養状態の神秘家」の資質をも認めた。一部のカトリックの識者による「ユダヤ人であるにもかかわらず」や「カトリック教徒ではないが」に類する、なぜか恩着せがましく優越感をちらつかせたしぶしぶの承認よりも、はるかにいさぎよく正鵠を射た評価といってよい。じっさい、「カトリック的」な主題が前面に押しだされたティボン版が出版されると、カトリック側から烈しい賛否両論が巻きおこった。十字架による贖《あがな》い、苦しみによる浄化、力の拒否、弱者への共苦をキリスト教の本質とみなし、貧しく虐げられた人びとの友であったキリストに倣って、蔑まれた不幸な人びとの境遇を自分も生きようとした点で、ヴェイユは「真のキリスト者」(第二ヴァティカン公会議以降の表現を借りるならば「匿名のキリスト者」)であった。だが、信仰の核をなす秘蹟や教義・伝承の理解がいかにも自己流で、マニ教徒やカタリ派顔負けの烈しさで旧約聖書の神ヤハウェを弾劾し、社会制度としてのカトリック教会に内在する党派性への嫌悪を理由に、指導司祭の受洗の勧めをかたくなに拒んだ姿勢は傲慢に思われた。

一方、生前のヴェイユを知っていた左翼の人びとは『重力と恩寵』を読んで驚愕した。おおむね悪い意味で。この世界の現実の悪を糺《ただ》し、社会の仕組を変えるのが、まっとうな人間のはたすべき使命である。悪をひたすら注視し甘受することで、悪を苦しみに変えて純化せよなどといった提言は、「プチブル的精神主義に先祖返り」した革命家崩れの戯言に思えた。ヴェイユが寄稿していた革命サンディカ系の『プロレタリア革命』誌は、ヴェイユの友人がよせた本書の書評の掲載を拒否した。ヴェイユの哲学的・時事的知見について、一九五〇年の記事「シモーヌ・ヴェイユ」で「同世代で並ぶものなき知性」と絶讃したアラン(一八六八—一九五一)も、『重力と恩寵』には否定的な判断をくだした。「スピノザについてすべてを凌駕する註釈」を書きえた教え子の転向にとまどい、自己無化や欲望の否定といった語句にまとわりつく抹香臭さに閉口したのか。アランのようにヴェイユを高く評価していた人びと、学生時代の友人たち、労働組合の仲間や革命運動家の同志たちでさえ、あるいはよく知っていると思っていたからこそ、『重力と恩寵』のなかにまったく異質な思考の片鱗を認めて当惑し、ときに苛立った。ある者には「転向」、ある者には「衰弱」、ある者には「挫折」、ある者には「裏切り」と映った。

だがヴェイユは変わっていない。『重力と恩寵』で展開される言説は、革命の迷走と戦争の現実との対峙によって鍛えられた決意表明なのだ。どこまでも意志的であろうとするがゆえにすぐれてデカルト的であり、愛にみちた必然の受容を説くがゆえにすぐれてストア的でもある。変革にむけた創意工夫も過酷な運命への愛のいずれも疎《おろそ》かにされていない。岩となって立ちはだかる困難から逃げはしない。人智を尽くして解決策を探る。たとえ乗りこえがたいと判明しても岩から眼をそらせはしない。この覚悟は敗北主義とは無縁である。社会的な次元においても、いや、社会的な次元においてこそ、救いは異なる次元に求めねばならぬことを、ながらく労働運動や社会改革の活動にかかわってきていよいよ思いを強くしたのだ。「超越的なもの、超本性的なもの、真に霊的なものの領域に入りこんではじめて、人間は社会的なものを凌駕できる。それまでは事実上、どうあがいても社会的なものは人間にとって超越的でありつづける」(『重力と恩寵』三六・断章6)。

人間には社会のほかに生きるべき次元はない。そして社会的なものは例外なく力の支配下にある。しかし同次元にとどまって悪をもって悪を制するなら、もっぱら悪を再生産して終わる。ヴェイユは断言する。「力の犠牲者は生起する暴力に責任はないのだから、彼らの手に力をゆだねるならば、これを正しく行使するはずだと信じる。これが〈革命〉の幻想である。しかるに、聖性にかぎりなく近づいた者は例外だが、犠牲者もまた加害者とおなじく力の穢れに染まっている。剣の柄にある悪は切先にも伝わる。かくて力の頂点に据えられ変化に酔いしれた犠牲者は、前任者とおなじかそれをうわまわる悪行に走り、ほどなく失墜する」(『重力と恩寵』三八・断章24)。

工場における労働者、戦場における兵士、占領下における民衆の抑圧には、力のメカニスムが様相を変えて作用する。人間の生命を奪って死せるモノに変える物理的な暴力も、息の根こそ止めぬままに生ける屍に変える心理的な暴力も、さらにはより緩慢に捉えがたく精神を蝕《むしば》んでいく言葉の暴力も、結局は選ぶところがない。一九四〇年六月のドイツ軍によるパリ陥落、ヴェイユの首都脱出と南下とともに始まる「カイエ」には、戦争と関連づけられた「力」の考察、母国存亡の危機、近現代ヨーロッパの普遍的規範であった諸価値の崩壊とその原因、あらたなる再生の可能性をめぐる問いがあふれでる。近代以降の西欧世界が失った叡智の再発見、あるいは再構築。この主題が「力」の主題とむすびつくとき、語り口に悲壮さが加わる。なぜなら占領下の人心の荒廃によって母国のアイデンティティが揺らぎ、国としての存続さえ危ぶまれた時期とかさなるからだ。なかでも痛切な哀惜の念をもって喚起されるのが、聖俗のそれぞれの中央集権化をめざすローマ教皇とフランス国王が結託して壊滅させた一三世紀の南仏のオック語文明であるのは偶然ではない。当時フランスではなかったかの地に奇蹟のごとく花開いた文明は、愛を征服欲とは無縁の純粋な願望とみなし、心情の強度ではなく感情の純粋さを愛した吟遊詩人とカタリ派の揺籃たりえたが、力の猛攻に堪えうる城塞とはなりえなかった。

力の支えなき文明に未来はなく、往々にして過去さえも抹殺される。跡形もなく殲滅させられた都市や文明のために涙を流す者がいるだろうか。みずから亡命の身であったヴェイユは、都市と魂の、まったき死からの新生を説く。「みずからの根を断たねばならない。樹木を切り倒し、それで十字架を作り、日々、この十字架を担わねばならない。／社会的にも植物としても自身の根を断つこと。／あらゆる地上の祖国《パトリ》から自身を追放すること。／かかる仕打ちを外部から他者に加えるのは、脱‐創造の代替《エルザッツ》であり、非実在《イレエル》を生みだす。／だが自身の根を断つときは、より多くの実在《レエル》を求めているのだ。／自我《モワ》であってはならない。だが、集団的自我である〈われわれ《ヌー》〉はさらによくない。／都市《シテ》はわが家にいる感覚を与える。／流謫の地にあっても、わが家にいる感覚をもつこと」（『重力と恩寵』九・断章34）。自身のためには死せる木（十字架)と地上の祖国からの追放を求め、ひとのためには力の脅威にさらされた都市を死守する。ひとたび破壊されるや他をもっては代替できない。その持続により現在と未来を、過去を現在へとつなぎ、生ける時間を完成させる。時間を措いて人間を地上につなぐものがあろうか。

これらの断章は、『自由と社会的抑圧』や『根をもつこと』の一部に挿入されても違和感がない。それでもアランをはじめヴェイユの友人や仲間の多くが、さらに後年は少なからぬ数の研究者が、おそらく内容以上に形式に違和感をおぼえた。生前に雑誌に発表された多くの記事や論考、出版を念頭に執筆された『自由と社会的抑圧』や『根をもつこと』のどれも警句の形式をとっていない。「カイエ」が断片集であるのは当然だ。後日、まとまった論考に発展させるための原案を書きとめた備忘録なのだから。ヴェイユはヴァレリーの詩にみられるギリシア建築のごとき堅牢な構成の美を愛していた。この構成への愛はアランからうけついだものだ。断片集のままの出版は考えなかっただろう。それでも『重力と恩寵』をふたつの主著『自由と社会的抑圧』と『根をもつこと』と併せて読めば、形式の相違にもかかわらず三者をつらぬく同質性は疑いえない。『重力と恩寵』がヴェイユの思想の一角を構成することはあきらかだ。

ガブリエル・マルセル(一八八九—一九七三)は一九四九年の『重力と恩寵』の書評

で、「自身の血で書かれたかと思える言葉」の力に驚嘆しつつも、「高潔にして過激、良識を欠き、ときに愚かしく、しかし凡庸さとは無縁」の「アンティゴネーの妹」に讃嘆と当惑のあいなかばする反応をみせた。だが、ヴェイユが倣おうとしたキリストも「ときに愚かしく」はなかったか。群衆にも弟子にも身内にも見棄てられ、みじめな罪人として刑場で憎悪と嘲りの標的となり、一瞬にせよ、その心に真空が、神の不在が生まれるほどに、孤独な死を迎えたのだから。ヴェイユが自身を投影したアンティゴネーも「愚かしく」はなかったか。国家理性を体現する権力者に逆らい、神の掟を守ろうとしたのだから。必然的にキリストもアンティゴネーも無残な死をとげる。飢えた猛獣の徘徊する闘技場《アレーナ》に放りこまれた殉教者は幸せだったが、社会的威信の後ろ楯もなく十字架で息たえたキリストは不幸だった。生き埋めにされて暗闇のなかで苦しみながら死んでいったアンティゴネーも不幸だった。「愛の狂気／愚かしさ《フォリー》」ゆえに落ちこむ慰めなき不幸にこそ、ヴェイユは美の神秘を認める。「神の不在は、完全無欠の愛をもっとも驚嘆すべきかたちで証する。だからこそ純然たる必然、あきらかに善とは異なる必然はこれほどまでに美しいのだ。／キリストは磔刑における臨終の瞬間に神に見棄てられる。いかなる愛の深淵が両者を分かつことか」(『重力と恩寵』一八・断章3)。

必然とはこの世における神の不在であって、悪ではない。ただし、抜きがたく自身の利害・好悪・価値にしたがい判断する人間の感受性は、必然をしばしば悪と同定する。さらに悪と苦しみをも混同する。判断をゆがめる原因はなにか。特定の対象に貼りつく執着である。執着を生むのは自己を宇宙の中心とみなす遠近法だ。ゆえにヴェイユは執着の断念を混沌から解放される唯一の方途とみた。守銭奴のアルパゴンは宝の小箱を奪われて絶望する。ならば宇宙そのものを自分の宝とすればよい。杖が盲人にとっての手であるように、全宇宙が自分にとっての身体となればよい。執着の断念とは禁欲ではなく自由への第一歩である。歪みのないまなざしで世界をみつめる人間に、どこまでも神を欠く世界はその壮絶な美しさを啓示する。磔刑の瞬間にあらわになる必然は美しい。それは断末魔のキリストと神をむすぶ愛の深さであり、愛する者どうしを分かつ懸隔でもある。「被造物と神とのあいだには、ありとあらゆる段階の懸隔がある。神の愛が不可能となる懸隔もある。物質、植物、動物。そこでは悪が充溢し、おのずから破壊される。神の無辜《むこ》を映す合わせ鏡たる悪は、もはや存在しない。われわれは愛がかろうじて可能な地点にいる。たいへんな特権である。両者をつなぐ愛は懸隔に比例するからだ」(『重力と恩寵』一五・断章38)。

ギリシアの叙事詩や悲劇もまた、不死なる存在と死すべき存在とを分かつ愛の深淵を描きだす。ヴェイユによれば、古代ギリシアに固有の霊的な召命とは、必然の本質と善の本質とがいかに異なるかを知り、人間の悲惨と神の完全性とを分かつ隔たりを注視することであった。この注視はギリシアにおいて絶望ではなく仲介の概念を生んだ。あの比類なき芸術、詩、哲学、ギリシア人が創始したとされる幾何学、天文学、力学、物理学、生物学、それらすべては架け橋だった。架け橋は目的ではない。仲介である。向こう側へ渡るための手段にすぎない。これを真に理解するなら、離脱への一歩をふみだせる。人間はなにかを善だと思うから執着する。手段にすぎぬと知りながら執着はできない。この世界に純粋な善はない。すべては仲介なのだから。愛すべきものがない、これこそ神の愛の証である。

この脈絡で「どうしようもなく神を欠く、そのかぎりにおいて、この世界は神そのものである」(『重力と恩寵』一二・断章3)を読むなら、神の不在と必然と善とがすべて同義語だとわかる。愛の極北におかれた被造物にとって、これ以外に愛の対象はありえない。このような愛しかたをする人間が少数でも存在するなら、世界は確実に変わるにちがいない。「われに支点を与えよ。世界を押しあげてみせよう」とアルキメデスはいった。ヴェイユは十字架を天秤とみなし、キリストの身体を支点とみた。ただし、その脆《もろ》くうち砕かれた軽い身体が質量において自身をはるかに凌駕する宇宙を押しあげるには、支点が「世界と世界ならざるものとの交叉点」(『重力と恩寵』一九・断章9)に、そのかなたでは神の愛がもはや不可能となるような限界点に位置せねばならない。ゆえに断末魔のキリストはモノの一歩手前にあった。そこがもっとも神から遠い地点なのだ。それでも愛することをやめぬなら、懸隔は祝福となる。

一九四一年六月、パリを出て一年がすぎたころ、ヴェイユはドミニコ会士のジョゼフ＝マリ・ペラン師(一九〇五—二〇〇二)を介してティボンと知りあう。師が手紙で頼んでくれた。ユダヤ系フランス人に公職を禁じる「ユダヤ人排斥法」で哲学の教職を失った「若いユダヤ人女性の極左派の闘士」が、農家に住みこみで働きたいと希望しているが、ティボンの家で預かってもらえないかと。若くしてほとんど失明するも司祭となり、戦時下でナチスとヴィシー政府に迫害された政治犯やユダヤ人を匿い、逃亡の手助けをしていたペラン師は、ヴェイユを守ろうとした。非占領地域の農家の手伝いといっても、身元の保証がなければ雇ってもらえない。かといってヴェイユが諦めるはずもない。放っておくとなにをしでかすかわからない。そこで選ばれたのが、フランス南東部のアルデシュ県で代々農業を営むティボンの家族だった。ティボンはカトリック教会の内部刷新を訴えつつも、古き良きフランス的伝統を愛する保守派である。左翼選良《エリート》の洗練された言説や、都会人が吐露する大地へのロマン派的な郷愁には、農民らしい不信をいだいていた。一三歳で学校教育を終えるが、独習で古典語を含む複数の言語を修得し、幅広い教養を身につけ、農作業のかたわら練りあげた思索の結実を雑誌に発表していた。本人も『重力と恩寵』の「序文」で認めているように、自然の性向からいえば「都会育ちの左翼知識人」とは気が合いそうにない。それでも両人は労働と対話を通じて打ち解けていく。ヴェイユはティボンの家族から農作業の手ほどきをうけた一か月を、「愛しあう三人（ティボン、妻イヴェット、ティボンの父）が住まうあのサン・マルセルの家」を、おりにふれてなつかしく思いだした。

すでにヴェイユは学士論文「デカルトにおける科学と知覚」で、デカルトが自己と世界の認識においてコギトがはたす役割を労働――とりわけ水夫や農夫といった自然のなかで働く人間の営為――に割りあてていた。「一瞬の閃《ひらめ》きにおいて、自身の感覚するものから自身をひき剝がす精神は、自身のうちに立てこもり、行動に打ってでる。嵐のなかで梶棒をあやつる舵手、鎌をふるう農夫は、「われ思う、ゆえにわれ在り」がその一連の概念をひきつれて表明するのとおなじやりかたで、おのれ自身を知り、世界をも知るにいたる。労働者はすべてを知っている」。かくて特権的労働者たる舵手や農夫は、みずからの直観と行動によって、大自然の諸力に拮抗する。ヴェイユは学士論文で明文化し、工場労働によって経験的に追認した、労働と真理とのゆるぎなき盟約を信じて疑わなかった。伝統的な小規模農作業と自立した哲学的営為を両立させてきたティボンが、この盟約のみごとな体現者と映じたとしてもふしぎはない。

ティボンもこれら貴重な「カイエ」の受託者としての責任と正当性、および自身の編集による『重力と恩寵』刊行の正当性とを弁明する必要をおぼえていた。ヴェイユがニューヨークへの途上で寄港した北アフリカのカサブランカで投函した手紙(一九四二年五月)を、『重力と恩寵』に附した「序文」で引用する。「個人的な調子で書かれた手紙」をあえて引用するのも、「ヴェイユ自身が本書の出版の意義を説き、正当性を述べているから」だと。ティボンはこれに先立つヴェイユへの手紙のなかで、託された「カイエ」のなかにティボン自身が考えていたことと、これほど明晰ではないにせよ漠然と予感していたことの両方をみいだしたと告げていた。これにヴェイユは答えている。「であるなら、それらはあなたに属するものです。あなたのなかで変容をとげて、いつの日か、あなたの著作のなかで姿を現わすことを願っています。いかなる思想にせよ、わたしではなく、あなたと運命をともにするほうが、あきらかに好ましいのですから」と。これはティボンへの信頼の表明であると同時に、ヴェイユの持論である真理の匿名性の表明でもある。真理は所有になじまない。霊感として個人の精神におりてきて、詩や思想として具象化するが、個人の所有物ではない。古代や中世の作者不詳の芸術作品や詠み人知らずの歌が、あるいは無理数や素数といった数学の概念が、私的所有の概念になじまないように。

死の約一か月まえ、病床のヴェイユはニューヨークの母に手紙を書いた。自分には「ひとに伝えるべき純金の委託物がある」が、「同時代の人びとをとくと観察すればするほど、だれもこれを受けとってくれまいとの確信を強くするにいたった」と。重要なのはこれにつづく一節である。「この委託物はひとつの塊になっています。なにかが加わっても、残りのものと一体をなします。この塊は大きくなるほどに、密度も増していくのです。小分けにして配るわけにはいかないのです」。おのれの思想に真理の断片が含まれていると考えるのは傲慢だろうか。いや、むしろ知的謙遜といってもよい。真理がいかなる器に宿るかは問題ではないのだから。自分の名前の冠された最初の著作がどのような形態をとるかなど、ヴェイユには知る由もなかった。知っていたらどうしたか、という問いにはむろん意味がない。ティボンはヴェイユの信頼に自分の流儀で応えた。みずからが得手とする短い断章で構成された警句集のかたちで、いうならばきわめてフランス的伝統にのっとった形式で、ヴェイユの「カイエ」を世に知らしめた。ティボン版『重力と恩寵』を読まなければ、若き日のミシェル・セール(一九三〇―)が「暴力という決定的な問題」に開眼し、海軍将校から哲学者へと転身することもなく、後年、『文芸フィガロ』(一九八八)で「わたしの人生にこれほどの影響をおよぼした哲学者はほかにいない」と、ふり返ることもなかったかもしれない。

凡例に記したように、本校訂版では、表題、三九の主題の分類と順序、および各断章の区切や順序は、基本的にティボン版『重力と恩寵』に拠った。そのさい、すべての断章を「カイエ」の当該箇所(本書巻末の略号対照表参照)と照合し、ティボン版との異同を逐一確認した。その結果、少なからぬ数の断章に段落・順序・区切・表記・構成等のさまざまな移動や変更が認められた。よって、ティボン版の敷いた形式・表題・三九の主題分類という軌道《レール》に乗って走りながらも、ヴェイユの「カイエ」をかたわらにおいて参照し、ときにわずかに、ときには大きく軌道からはみだして、そのつど軌道を微修正してきた。修正の規準は単純かつ自明。ヴェイユの思考が正確に反映されているかに尽きる。ところが実践はそれほど単純でも自明でもない。ヴェイユの意図に完全に忠実な「復元」は不可能である。ただ、ティボンの編集上の操作(省略・加筆その他)によって、意味や抑揚《ニュアンス》にあきらかな変化が生じたと思われる箇所は、当該の「カイエ」に準じて復活・削除・差換え等の復元をおこない、本文の分量は二割近く増えた。

ティボン版の最大の特徴は、おそらく反復による煩雑さを避け、読みやすさに配慮したせいだと思われるが、読者になじみのない概念や主題を割愛し、しばしば前後の脈絡や中途の部分が省略されることだ。古典や哲学関連の引用、他文明や他宗教への言及が省略される傾向がある。省略型は六種類に大別できる。

㈠プラトンやギリシア悲劇を中心とするギリシア古典
㈡エジプト、メソポタミア、インド、中南米の古代神話を含む古今東西の民間伝承
㈢種々のウパニシャッド、『バガヴァッド・ギーター』、道教、禅仏教等の東方の宗教
㈣オック語文明圏の叙事詩、吟遊詩人の抒情詩、カタリ派の異端
㈤デカルト、スピノザ、カント、ヘーゲル等の哲学的言説
㈥その他

反復や頻出をのぞき、基本的には復活させる方針で臨んだ。

㈠から㈤の省略された雑多な印象を与える主題の多くは、ヴェイユの思想の中枢をなす「力」にかかわる。プラトンの巨獣は社会的威信が個人におよぼす力を、ホメロスは傲慢な勝者の転落と敗者の物象化をまねく力を描きだす。古今東西の神話や民間

伝承の多くは力を主題とする。東方の宗教によれば力の行使の抑制こそが真の力である。吟遊詩人やカタリ派は純粋さへの愛ゆえに力を拒否する。そして力がすぐれて哲学的な主題であるのは言を俟たない。ヴェイユは母国の霊的再生の糸口を非中央集権的・非西欧的なものに求めて、㈠から㈤で言及した古今東西の厖大な文献を渉猟した。一方、ティボンは主としてフランスの、それもカトリックの読者を念頭に、これら非西欧的な言及を大幅に圧縮した。編者の意図がどうであったにせよ、ティボン版『重力と恩寵』が、非西欧的・非キリスト教的な要素を削減して西欧的・キリスト教的な色調を相対的に強め、異教的・哲学的な言及を抑制して正統的・宗教的な抑揚《ニュアンス》を相対的に高めた事実は否めない。

思想の萌芽や断片や霊感の詰めこまれた「カイエ」は、一義的には自分のための覚書だから、記述は単刀直入で、略記も多い。ヴェイユには時間がなかった。もともと頑健ではないうえ、過労と焦燥で健康は蝕まれていった。事実、マルセイユを出帆して一五か月後には異国の地で亡くなる。書かねばならぬことは多く、文字どおり寝る間も食べる間も惜しんでペンを走らせた。思考の軌跡、論文の要旨、概念集、読書記録、備忘録、古典の抜粋、引用や数式が、強固な意志を反映する美しい小さな文字に結晶する。使われるのはフランス語にかぎらない。ギリシア語、ラテン語、ドイツ語、英語、オック語、イタリア語が入り混じる。『バガヴァッド・ギーター』のサンスクリット語の写しも。断章間の飛躍や断絶も少なくない。行間を読まねばならないが、読みやすくはない。紙に押しつけられたペン先から、ひとつの思想がまさに生まれいでようとする。そっけなく粗削りだが、力づよい思考の息づかいが聞こえてくる。思想が生まれる現場に立ちあうのは、スリリングな読書体験である。

本校訂版では、できるだけ忠実な復元によってこの体験の再現を試み、読者の便宜を考え、各断章に番号を振り、通し番号の訳註を附した。ときにはあえて微妙な解釈にまでふみこんだ。これらすべての作業は、ヴェイユが残そうとした「純金の委託物」を可能なかぎり「ひとつの塊」として読者に差しだすために、訳者の責任でおこなった。「カイエ」の表紙に描かれた奇妙ないたずら書き(カバー絵)を眺めていて、ふと思った。頁のうえに焼けるように熱い思考の痕跡を残した書き手は、三十を少しすぎたばかりの若いひとだったのだと。

ティボン版『重力と恩寵』には既訳がある。㈠シモーヌ・ヴェーユ『重力と恩寵』(シモーヌ・ヴェーユ著作集Ⅲ)渡辺義愛訳、春秋社、一九六八年(新装一九九八年)、㈡シモーヌ・ウェーユ『愛と死のパンセ』野口啓祐訳、南窓社、一九六九年、㈢シモーヌ・ヴェイユ『重力と恩寵』田辺保訳、講談社文庫、一九七四年(ちくま学芸文庫、一九九五年)の三種類である。私事ながら、野口啓祐先生は学部時代の、渡辺義愛先生は大学院時代の訳者の指導教授である。ふたりの恩師と田辺保先生には有形無形の多くを負っている。ここに記して三人の先達には心からの感謝の意を表したい。岩波書店文庫編集部の清水愛理氏には、今回もまた緊張と刺戟にみちた指摘をいただいた。本校訂版がヴェイユの生きた思想に近づこうとする読者の一助となるなら、訳者として望外の歓びである。

二〇一七年二月

略号対照表

訳註に使用した「シモーヌ・ヴェイユ全集」(全16巻, ガリマール社)の略号は以下の通り.

I　初期哲学論集(哲学・文学)
Œuvres complètes, Tome I, *Premiers écrits philosophiques*, Gallimard, 1988.

II-1　哲学・政治論集：労働組合運動(1927-1934)
Œuvres complètes, Tome II, Volume 1, *Écrits historiques et politiques*, L'engagement syndical (1927-juillet 1934), Gallimard, 1988.

II-2　哲学・政治論集：労働就労・革命との決別(1934-1937)
Œuvres complètes, Tome II, Volume 2, *Écrits historiques et politiques*, L'expérience ouvrière et l'adieu à la révolution (juillet 1934-juin 1937), Gallimard, 1991.

II-3　哲学・政治論集：戦争にむけて(1937-1940)
Œuvres complètes, Tome II, Volume 3, *Écrits historiques et politiques*, Vers la guerre (1937-1940), Gallimard, 1989.

IV-1　マルセイユ論集：哲学・科学・宗教・政治・社会
Œuvres complètes, Tome IV, Volume 1, *Écrits de Marseille*, (1940-1942) Philosophie, science, religion, questions politiques et sociales, Gallimard, 2008.

IV-2　マルセイユ論集：霊感と文明：ギリシア，インド，オック

Œuvres complètes, Tome IV, Volume 2, *Écrits de Marseille*, (1941-1942) Grèce – Inde – Occitanie, Gallimard, 2009.

V-2　ロンドン・ニューヨーク論集：『根をもつこと』

Œuvres complètes, Tome V, Volume 2, *Écrits de New York et de Londres*, (1943) L'Enracinement, Gallimard, 2013.

VI-1　雑記帳《カイエ》1

Œuvres complètes, Tome VI, Volume 1, Cahiers (1933-septembre 1941), Gallimard, 1994.

K1	Cahiers 1	1933-1935, 1938?	67-137
NI	Notes intimes		138-146
Ki1	Cahiers inédits 1	sept 1940-	153-189
Ki2	Cahiers inédits 2	-jan 1941	193-211
K2	Cahiers 2	jan-sept 1941	219-283
K3	Cahiers 3		287-380
PCN	Petit Carnet Noir	1941, 1942	396-405

VI-2　雑記帳《カイエ》2

Œuvres complètes, Tome VI, Volume 2, Cahiers (septembre 1941-février 1942), Gallimard, 1997.

K4	Cahiers 4	sept-22 oct 1941	59-156
K5	Cahiers 5	oct-nov 1941	163-278
K6	Cahiers 6	dec 1941-jan 1942	283-407
K7	Cahiers 7	jan-fév 1942	413-501
PCG	Petit Carnet Grenat	10-20 sept 1941	505-514

VI-3　雑記帳《カイエ》3

Œuvres complètes, Tome VI, Volume 3, Cahiers (février 1942-juin 1942), Gallimard, 2002.

K8	Cahiers 8	fév-mars 1942	39-150
K9	Cahiers 9	10-29 mars 1942	155-241
K10	Cahiers 10	30 mars-15 avril 1942	247-317
K11	Cahiers 11	15-26 avril 1942	323-372
K12	Cahiers 12	26 avril-7 juin 1942	379-427

VI-4　雑記帳《カイエ》4

Œuvres complètes, Tome VI, Volume 4, Cahiers (juillet 1942-juillet 1943), Gallimard, 2006.

K13	Cahiers 13	avril 1942-NY sept 1942	75-158
K14	Cahiers 14	NY début-mi oct 1942	163-204
K15	Cahiers 15	NY mi oct-20 oct 1942	209-237
K16	Cahiers 16	NY oct 1942	243-305
K17	Cahiers 17	NY fin oct-10 nov 1942	311-356
K18	Cahiers 18	Lon. 15 déc 1942-août 1943	361-396

VII-1　手紙：家族　*Œuvres complètes*, Tome VII, Volume 1, Correspondance familiale, Gallimard, 2012.

＊以下の 4 巻は未刊行.

III　詩篇・戯曲「救われたヴェネツィア」

Œuvres complètes, Tome III, *Poèmes et Venise sauvée*, Gallimard.

V-1：ロンドン・ニューヨーク論集：政治・宗教論

Œuvres complètes, Tome V, Volume 1, *Écrits de New York et de Londres*, (1943) Questions politiques et religieuses, Gallimard.

VII-2　手紙：その他　*Œuvres complètes*, Tome VII, Volume 2, Correspondance générale, Gallimard.

VII-3　手紙：その他　*Œuvres complètes*, Tome VII, Volume 3, Correspondance générale, Gallimard.

重力《じゅうりょく》と恩寵《おんちょう》　シモーヌ・ヴェイユ著

2017年3月16日　第1刷発行
2024年7月5日　第7刷発行

訳　者　冨原《とみはら》眞弓《まゆみ》

発行者　坂本政謙

発行所　株式会社 岩波書店
〒101-8002 東京都千代田区一ツ橋 2-5-5

案内 03-5210-4000　営業部 03-5210-4111
文庫編集部 03-5210-4051
https://www.iwanami.co.jp/

印刷・三秀舎　カバー・精興社　製本・松岳社

ISBN 978-4-00-336904-3　　Printed in Japan

読書子に寄す

――岩波文庫発刊に際して――

岩波茂雄

真理は万人によって求められることを自ら欲し、芸術は万人によって愛されることを自ら望む。かつては民を愚昧ならしめるために学芸が最も狭き堂宇に閉鎖されたことがあった。今や知識と美とを特権階級の独占より奪い返すことはつねに進取的なる民衆の切実なる要求である。岩波文庫はこの要求に応じそれに励まされて生まれた。それは生命ある不朽の書を少数者の書斎と研究室とより解放して街頭にくまなく立たしめ民衆に伍せしめるであろう。近時大量生産予約出版の流行を見る。その広告宣伝の狂態はしばらくおくも、後代にのこすと誇称する全集がその編集に万全の用意をなしたるか。千古の典籍の翻訳企図に敬虔の態度を欠かざりしか。さらに分売を許さず読者を繋縛して数十冊を強うるがごとき、はたしてその揚言する学芸解放のゆえんなりや。吾人は天下の名士の声に和してこれを推挙するに躊躇するものである。このときにあたって、岩波書店は自己の責務のいよいよ重大なるを思い、従来の方針の徹底を期するため、すでに十数年以前より志して来た計画を慎重審議この際断然実行することにした。吾人は範をかのレクラム文庫にとり、古今東西にわたって文芸・哲学・社会科学・自然科学等種類のいかんを問わず、いやしくも万人の必読すべき真に古典的価値ある書をきわめて簡易なる形式において逐次刊行し、あらゆる人間に須要なる生活向上の資料、生活批判の原理を提供せんと欲する。この文庫は予約出版の方法を排したるがゆえに、読者は自己の欲する時に自己の欲する書物を各個に自由に選択することができる。携帯に便にして価格の低きを最主とするがゆえに、外観を顧みざるも内容に至っては厳選最も力を尽くし、従来の岩波出版物の特色をますます発揮せしめようとする。この計画たるや世間の一時の投機的なるものと異なり、永遠の事業として吾人は微力を傾倒し、あらゆる犠牲を忍んで今後永久に継続発展せしめ、もって文庫の使命を遺憾なく果たさしめることを期する。芸術を愛し知識を求むる士の自ら進んでこの挙に参加し、希望と忠言とを寄せられることは吾人の熱望するところである。その性質上経済的には最も困難多きこの事業にあえて当たらんとする吾人の志を諒として、その達成のため世の読書子とのうるわしき共同を期待する。

昭和二年七月

《哲学・教育・宗教》〔青〕

- ソクラテスの弁明・クリトン　プラトン　久保勉訳
- ゴルギアス　プラトン　加来彰俊訳
- 饗宴　プラトン　久保勉訳
- テアイテトス　プラトン　田中美知太郎訳
- パイドロス　プラトン　藤沢令夫訳
- メノン　プラトン　藤沢令夫訳
- 国家　全二冊　プラトン　藤沢令夫訳
- プロタゴラス ―ソフィストたち　プラトン　藤沢令夫訳
- パイドン ―魂の不死について　プラトン　岩田靖夫訳
- アナバシス ―敵中横断六〇〇〇キロ　クセノポン　松平千秋訳
- アリストテレス　ニコマコス倫理学　全二冊　高田三郎訳
- アリストテレス　形而上学　全二冊　出隆訳
- アリストテレス　弁論術　戸塚七郎訳
- アリストテレース詩学・ホラーティウス詩論　松本仁助・岡道男訳
- 物の本質について　ルクレーティウス　樋口勝彦訳
- エピクロス ―教説と手紙　出隆・岩崎允胤訳

- 生の短さについて　他二篇　セネカ　大西英文訳
- 怒りについて　他二篇　セネカ　兼利琢也訳
- エピクテトス　人生談義　全二冊　國方栄二訳
- 人さまざま　テオプラストス　森進一訳
- マルクス・アウレーリウス　自省録　神谷美恵子訳
- 老年について　キケロー　中務哲郎訳
- 弁論家について　全二冊　キケロー　大西英文訳
- キケロー書簡集　高橋宏幸編
- 平和の訴え　エラスムス　箕輪三郎訳
- 方法序説　デカルト　谷川多佳子訳
- 哲学原理　デカルト　桂寿一訳
- 情念論　デカルト　谷川多佳子訳
- パンセ　全三冊　パスカル　塩川徹也訳
- スピノザ　神学・政治論　全二冊　畠中尚志訳
- 知性改善論　スピノザ　畠中尚志訳
- スピノザ　エチカ（倫理学）　全二冊　畠中尚志訳
- スピノザ　国家論　畠中尚志訳

- スピノザ往復書簡集　畠中尚志訳
- デカルトの哲学原理 ―附 形而上学的思想　スピノザ　畠中尚志訳
- スピノザ　神・人間及び人間の幸福に関する短論文　畠中尚志訳
- モナドロジー　他二篇　ライプニッツ　谷川多佳子・岡部英男訳
- 市民の国について　全二冊　ヒューム　小松茂夫訳
- 自然宗教をめぐる対話　ヒューム　犬塚元訳
- エミール　全三冊　ルソー　今野一雄訳
- 人間不平等起原論　ルソー　本田喜代治・平岡昇訳
- ルソー　社会契約論　桑原武夫・前川貞次郎訳
- 言語起源論 ―旋律と音楽的模倣について　ルソー　増田真訳
- ディドロ　絵画について　佐々木健一訳
- 道徳形而上学原論　カント　篠田英雄訳
- 啓蒙とは何か　他四篇　カント　篠田英雄訳
- 純粋理性批判　全三冊　カント　篠田英雄訳
- カント　実践理性批判　波多野精一・宮本和吉・篠田英雄訳
- 判断力批判　全二冊　カント　篠田英雄訳
- 永遠平和のために　カント　宇都宮芳明訳

プロレゴメナ	カント 篠田英雄訳
学者の使命・学者の本質	フィヒテ 宮崎洋三訳
シュライエルマッハー 独白	木場深定訳
ヘーゲル 政治論文集 全二冊	金子武蔵訳
哲学史序論 —哲学と哲学史	ヘーゲル 武市健人訳
歴史哲学講義 全二冊	ヘーゲル 長谷川宏訳
法の哲学 —自然法と国家学の要綱	ヘーゲル 上妻精・佐藤康邦・山田忠彰訳
学問論	シェリング 西川富雄・藤田正勝監訳
自殺について 他四篇	ショウペンハウエル 斎藤信治訳
読書について 他二篇	ショウペンハウエル 斎藤忍随訳
知性について 他四篇	ショーペンハウエル 細谷貞雄訳
不安の概念	キェルケゴール 斎藤信治訳
死に至る病	キェルケゴール 斎藤信治訳
体験と創作 全二冊	ディルタイ 柴田治三郎・小牧健夫訳
眠られぬ夜のために 全二冊	ヒルティ 草間平作・大和邦太郎訳
幸福論 全三冊	ヒルティ 草間平作・大和邦太郎訳
悲劇の誕生	ニーチェ 秋山英夫訳

ツァラトゥストラはこう言った 全二冊	ニーチェ 氷上英廣訳
道徳の系譜	ニーチェ 木場深定訳
善悪の彼岸	ニーチェ 木場深定訳
この人を見よ	ニーチェ 手塚富雄訳
プラグマティズム	W・ジェイムズ 桝田啓三郎訳
宗教的経験の諸相 全二冊	W・ジェイムズ 桝田啓三郎訳
日常生活の精神病理	フロイト 高田珠樹訳
純粋現象学及現象学的哲学考案 全二冊	フッセル 池上鎌三訳
デカルト的省察	フッサール 浜渦辰二訳
愛の断想・日々の断想	ジンメル 清水幾太郎訳
ジンメル宗教論集	深澤英隆編訳
笑い	ベルクソン 林達夫訳
道徳と宗教の二源泉	ベルクソン 平山高次訳
時間と自由	ベルクソン 中村文郎訳
ラッセル教育論	安藤貞雄訳
ラッセル幸福論	安藤貞雄訳
存在と時間 全四冊	ハイデガー 熊野純彦訳

学校と社会	デューイ 宮原誠一訳
民主主義と教育 全二冊	デューイ 松野安男訳
我と汝・対話	マルティン・ブーバー 植田重雄訳
アラン 幸福論	神谷幹夫訳
アラン 定義集	神谷幹夫訳
天才の心理学	E・クレッチュマー 内村祐之訳
英語発達小史	H・ブラッドリ 寺澤芳雄訳
日本の弓術	オイゲン・ヘリゲル述 柴田治三郎訳
ことばのロマンス —英語の語源	ウィークリー 寺澤芳雄・出淵博訳
ヴィーコ 学問の方法	上村忠男・佐々木力訳
国家と神話 全二冊	カッシーラー 熊野純彦訳
天才・悪	ブレンターノ 篠田英雄訳
人間の頭脳活動の本質 他一篇	ディーツゲン 小松摂郎訳
プラトン入門	R・S・ブラック 内山勝利訳
反啓蒙思想 他二篇	バーリン 松本礼二編
マキアヴェッリの独創性 他三篇	バーリン 川出良枝編
ロシア・インテリゲンツィヤの誕生 他五篇	バーリン 桑野隆編

- 論理哲学論考　ウィトゲンシュタイン　野矢茂樹訳
- 自由と社会的抑圧　シモーヌ・ヴェイユ　冨原眞弓訳
- 根をもつこと　全二冊　シモーヌ・ヴェイユ　冨原眞弓訳
- 重力と恩寵　シモーヌ・ヴェイユ　冨原眞弓訳
- 全体性と無限　全二冊　レヴィナス　熊野純彦訳
- 啓蒙の弁証法　―哲学的断想　M・ホルクハイマー　T・W・アドルノ　徳永恂訳
- ヘーゲルからニーチェへ　十九世紀思想における革命的断絶　全二冊　レーヴィット　三島憲一訳
- 統辞構造論　付『言語理論の論理構造』序論　チョムスキー　福井直樹　辻子美保子訳
- 統辞理論の諸相　方法論序説　チョムスキー　福井直樹　辻子美保子訳
- 快楽について　ロレンツォ・ヴァッラ　近藤恒一訳
- 古代懐疑主義入門　判断保留の十の方式　J・アナス　J・バーンズ　金山弥平訳
- ニーチェ　みずからの時代と闘う者　ルドルフ・シュタイナー　高橋巖訳
- フランス革命期の公教育論　コンドルセ他　阪上孝編訳
- フレーベル自伝　長田新訳
- 旧約聖書　創世記　関根正雄訳
- 旧約聖書　出エジプト記　関根正雄訳
- 旧約聖書　ヨブ記　関根正雄訳

- 旧約聖書　詩篇　関根正雄訳
- 新約聖書　福音書　塚本虎二訳
- 文語訳　新約聖書　詩篇付
- 文語訳　旧約聖書　全四冊
- キリストにならいて　トマス・ア・ケンピス　大沢章　呉茂一訳
- 聖アウグスティヌス　告白　全二冊　服部英次郎訳
- アウグスティヌス　神の国　全五冊　服部英次郎　藤本雄三訳
- 新訳　キリスト者の自由・聖書への序言　マルティン・ルター　石原謙訳
- キリスト教と世界宗教　シュヴァイツェル　鈴木俊郎訳
- 水と原生林のはざまで　シュヴァイツェル　野村実訳
- コーラン　全三冊　井筒俊彦訳
- エックハルト説教集　田島照久編訳
- ムハンマドのことば　ハディース　小杉泰編訳
- 新約聖書外典　ナグ・ハマディ文書抄　荒井献　大貫隆　小林稔　筒井賢治　編訳
- 後期資本主義における正統化の問題　ハーバーマス　山田正行・金慧訳
- シンボルの哲学　―理性、祭礼、芸術のシンボル試論　S・K・ランガー　塚本明子訳

- ジャック・ラカン　精神分析の四基本概念　全二冊　ジャック＝アラン・ミレール編　小出浩之　新宮一成　鈴木國文　小川豊昭　訳
- 精神と自然　生きた世界の認識論　グレゴリー・ベイトソン　佐藤良明訳
- 人間の知的能力に関する試論　全二冊　トマス・リード　戸田剛文訳
- 開かれた社会とその敵　全四冊　カール・ポパー　小河原誠訳

《東洋思想》〔青〕

易経 全二冊　高田真治・後藤基巳訳
論語　金谷治訳注
孔子家語　藤原正校訳
孟子 全二冊　小林勝人訳注
老子　蜂屋邦夫訳注
荘子 全四冊　金谷治訳注
新訂 孫子　金谷治訳注
荀子 全二冊　金谷治訳注
韓非子 全四冊　金谷治訳注
史記列伝 全五冊　司馬遷／小川環樹・今鷹真・福島吉彦訳
春秋左氏伝 全三冊　小倉芳彦訳
塩鉄論　曾我部静雄訳註
千字文　小川環樹・木田章義注解
大学・中庸　金谷治訳注
仁学 ―清末の社会変革論　譚嗣同／西順蔵・坂元ひろ子訳注
章炳麟集 ―清末の民族革命思想　西順蔵・近藤邦康編訳
梁啓超文集　岡本隆司・石川禎浩・高嶋航編訳
マヌの法典　田辺繁子訳
ガンディー 獄中からの手紙　森本達雄訳
ウパデーシャ・サーハスリー ―真実の自己の探求　シャンカラ／前田専学訳

《仏教》〔青〕

ブッダのことば ―スッタニパータ　中村元訳
ブッダの真理のことば・感興のことば　中村元訳
般若心経・金剛般若経　中村元・紀野一義訳註
法華経 全三冊　坂本幸男・岩本裕訳注
日蓮文集　兜木正亨校注
浄土三部経 全二冊　中村元・早島鏡正・紀野一義訳註
大乗起信論　宇井伯寿・高崎直道訳注
臨済録　入矢義高訳注
碧巌録 全三冊　入矢義高・溝口雄三・末木文美士・伊藤文生訳注
無門関　西村恵信訳注
法華義疏 全二冊　聖徳太子／花山信勝校訳
往生要集 全二冊　源信／石田瑞麿訳注
教行信証　親鸞／金子大栄校訂
歎異抄　金子大栄校注
正法眼蔵 全四冊　道元／水野弥穂子校注
正法眼蔵随聞記　懐奘編／和辻哲郎校訂
道元禅師清規　大久保道舟訳注
一遍上人語録 ―付 播州法語集　大橋俊雄校注
南無阿弥陀仏 ―付 心偈　柳宗悦
蓮如上人御一代聞書　稲葉昌丸校訂
日本的霊性　鈴木大拙／篠田英雄校訂
新編 東洋的な見方　鈴木大拙／上田閑照編
大乗仏教概論　鈴木大拙／佐々木閑訳
浄土系思想論　鈴木大拙
神秘主義 キリスト教と仏教　鈴木大拙／坂東性純・清水守拙訳
禅の思想　鈴木大拙
ブッダ最後の旅 ―大パリニッバーナ経　中村元訳
仏弟子の告白 ―テーラガーター　中村元訳
尼僧の告白 ―テーリーガーター　中村元訳

ブッダ神々との対話 —サンユッタ・ニカーヤI　中村元訳

ブッダ悪魔との対話 —サンユッタ・ニカーヤII　中村元訳

禅林句集　足立大進校注

ブッダが説いたこと　ワールポラ・ラーフラ　今枝由郎訳

ブータンの瘋狂聖 ドゥクパ・クンレー伝　ゲンドゥン・リンチェン編　今枝由郎訳

梵文和訳 華厳経入法界品　梶山雄一 丹治昭義 津田真一 田村智淳 桂紹隆 訳注

《音楽・美術》〔青〕

ベートーヴェンの生涯　ロマン・ロラン　片山敏彦訳

音楽と音楽家　シューマン　吉田秀和訳

レオナルド・ダ・ヴィンチの手記　全二冊　杉浦明平訳

ゴッホの手紙　全三冊　硲伊之助訳

ロダンの言葉抄　高村光太郎訳　高田博厚 菊池一雄編

ビゴー日本素描集　清水勲編

ワーグマン日本素描集　清水勲編

河鍋暁斎戯画集　山口静一 及川茂編

葛飾北斎伝　飯島虚心　鈴木重三校注

ヨーロッパのキリスト教美術 —十二世紀から十八世紀まで　全二冊　エミール・マール　柳宗玄 荒木成子訳

近代日本漫画百選　清水勲編

蛇儀礼　ヴァールブルク　三島憲一訳

セザンヌ　ガスケ　與謝野文子訳

日本洋画の曙光　平福百穂

映画とは何か　全二冊　アンドレ・バザン　野崎歓 大原宣久 谷本道昭訳

漫画 坊っちゃん　近藤浩一路

漫画 吾輩は猫である　近藤浩一路

ロバート・キャパ写真集　ICPロバート・キャパ・アーカイブ編

北斎 富嶽三十六景　日野原健司編

日本漫画史 —鳥獣戯画から岡本一平まで　細木原青起

世紀末ウィーン文化評論集　ヘルマン・バール　西村雅樹編訳

ゴヤの手紙　全二冊　大高保二郎 松原典子編訳

丹下健三建築論集　豊川斎赫編

丹下健三都市論集　豊川斎赫編

ギリシア芸術模倣論　ヴィンケルマン　田邊玲子訳

堀口捨己建築論集　藤岡洋保編

《法律・政治》〔白〕

- 人権宣言集 — 高木八尺・末延三次・宮沢俊義 編
- 新版 世界憲法集 第二版 — 高橋和之 編
- 君主論 — マキアヴェッリ／河島英昭 訳
- フィレンツェ史 全二冊 — マキァヴェッリ／齊藤寛海 訳
- リヴァイアサン 全四冊 — ホッブズ／水田洋 訳
- 法の精神 全三冊 — モンテスキュー／野田良之・稲本洋之助・上原行雄・田中治男・三辺博之・横田地弘 訳
- 教育に関する考察 — ロック／服部知文 訳
- 完訳 統治二論 — ジョン・ロック／加藤節 訳
- 寛容についての手紙 — ジョン・ロック／加藤節・李静和 訳
- キリスト教の合理性 — ジョン・ロック／加藤節 訳
- ルソー 社会契約論 — 桑原武夫・前川貞次郎 訳
- アメリカのデモクラシー 全四冊 — トクヴィル／松本礼二 訳
- リンカーン演説集 — 高木八尺・斎藤光 訳
- 権利のための闘争 — イェーリング／村上淳一 訳
- 近代人の自由と古代人の自由・征服の精神と簒奪 他一篇 — コンスタン／堤林剣・堤林恵 訳
- 民主主義の本質と価値 他一篇 — ハンス・ケルゼン／長尾龍一・植田俊太郎 訳
- 外交談判法 — カリエール／坂野正高 訳
- 危機の二十年 —理想と現実 — E・H・カー／原彬久 訳
- ザ・フェデラリスト — A・ハミルトン、J・ジェイ、J・マディソン／斎藤眞・中野勝郎 訳
- アメリカの黒人演説集 —キング・マルコムX・モリスン 他 — 荒このみ 編訳
- モーゲンソー 国際政治 —権力と平和 全三冊 — 原彬久 監訳
- ポリアーキー — ロバート・A・ダール／高畠通敏・前田脩 訳
- 現代議会主義の精神史的状況 他一篇 — カール・シュミット／樋口陽一 訳
- 政治的なものの概念 — カール・シュミット／権左武志 訳
- 第二次世界大戦外交史 全二冊 — 芦田均
- 憲法講話 — 美濃部達吉
- 日本国憲法 — 長谷部恭男 解説
- 民主体制の崩壊 —危機・崩壊・再均衡 — ファン・リンス／横田正顕 訳
- 憲法 — 鵜飼信成

《経済・社会》〔白〕

- 政治算術 — ペティ／大内兵衛・松川七郎 訳
- 国富論 全四冊 — アダム・スミス／水田洋 監訳・杉山忠平 訳
- 法学講義 — アダム・スミス／水田洋 訳
- コモン・センス 他三篇 — トーマス・ペイン／小松春雄 訳
- 経済学における諸定義 — マルサス／玉野井芳郎 訳
- オウエン自叙伝 — ロバアト・オウエン／五島茂 訳
- 戦争論 全三冊 — クラウゼヴィッツ／篠田英雄 訳
- 自由論 — J・S・ミル／塩尻公明・木村健康 訳
- 大学教育について — J・S・ミル／竹内一誠 訳
- 功利主義 — J・S・ミル／関口正司 訳
- イギリス国制論 全二冊 — バジョット／遠山隆淑 訳
- ユダヤ人問題によせて ヘーゲル法哲学批判序説 — マルクス／城塚登 訳
- 経済学・哲学草稿 — マルクス／城塚登・田中吉六 訳
- 新編輯版 ドイツ・イデオロギー — マルクス、エンゲルス／廣松渉 編訳・小林昌人 補訳
- マルクス エンゲルス 共産党宣言 — 大内兵衛・向坂逸郎 訳
- 賃労働と資本 — マルクス／長谷部文雄 訳
- 賃銀・価格および利潤 — マルクス／長谷部文雄 訳
- マルクス 経済学批判 — 武田隆夫・遠藤湘吉・大内力・加藤俊彦 訳
- マルクス 資本論 全九冊 — エンゲルス 編／向坂逸郎 訳
- トロツキー わが生涯 全二冊 — 森田成也・志田昇 訳

空想より科学へ —社会主義の発展— エンゲルス 大内兵衛訳
帝国主義論 全二冊 ホブスン 矢内原忠雄訳
帝国主義 レーニン 宇高基輔訳
国家と革命 レーニン 宇高基輔訳
ローザ・ルクセンブルク 獄中からの手紙 秋元寿恵夫訳
雇用、利子および貨幣の一般理論 全二冊 ケインズ 間宮陽介訳
シュムペーター 経済発展の理論 全二冊 塩野谷祐一 中山伊知郎 東畑精一訳
シュムペーター 経済学史 —学説ならびに方法の諸段階— 中山伊知郎 東畑精一訳
租税国家の危機 シュムペーター 木村元一 小谷義次訳
日本資本主義分析 山田盛太郎
恐慌論 宇野弘蔵
経済原論 宇野弘蔵
資本主義と市民社会 他十四篇 大塚久雄 齋藤英里編
共同体の基礎理論 他六篇 大塚久雄 小野塚知二編
ユートピアだより ウィリアム・モリス 川端康雄訳
社会科学と社会政策にかかわる認識の「客観性」 マックス・ヴェーバー 富永祐治 立野保男訳 折原浩補訳
プロテスタンティズムの倫理と資本主義の精神 マックス・ヴェーバー 大塚久雄訳

職業としての学問 マックス・ウェーバー 尾高邦雄訳
社会学の根本概念 マックス・ヴェーバー 清水幾太郎訳
職業としての政治 マックス・ヴェーバー 脇圭平訳
古代ユダヤ教 全三冊 マックス・ヴェーバー 内田芳明訳
宗教と資本主義の興隆 —歴史的研究— 全二冊 トーニー 出口勇蔵・越智武臣訳
世論 全二冊 リップマン 掛川トミ子訳
鯰絵 —民俗的想像力の世界— C・アウエハント 小松和彦・中沢新一・飯島吉晴・古家信平訳
贈与論 他二篇 マルセル・モース 森山工訳
国民論 他二篇 マルセル・モース 森山工編訳
ヨーロッパの昔話 その形と本質 マックス・リュティ 小澤俊夫訳
独裁と民主政治の社会的起源 —近代世界形成過程における領主と農民— 全二冊 バリントン・ムーア 宮崎隆次 森山茂徳 高橋直樹訳
大衆の反逆 オルテガ・イ・ガセット 佐々木孝訳

《自然科学》〔青〕

ヒポクラテス医学論集 國方栄二編訳
科学と仮説 ポアンカレ 河野伊三郎訳
ロウソクの科学 ファラデー 竹内敬人訳
種の起原 全二冊 ダーウィン 八杉龍一訳

自然発生説の検討 パストゥール 山口清三郎訳
完訳ファーブル昆虫記 全十冊 山田吉彦 林達夫訳
科学談義 T・H・ハックスリ 小泉丹訳
メンデル 雑種植物の研究 岩槻邦男 須原準平訳
アインシュタイン 相対性理論 内山龍雄訳・解説
相対論の意味 アインシュタイン 矢野健太郎訳
アインシュタイン 一般相対性理論 小玉英雄編訳・解説
自然美と其驚異 ジョン・ラバック 板倉勝忠訳
ダーウィニズム論集 八杉龍一編訳
ニールス・ボーア論文集1 因果性と相補性 山本義隆編訳
ニールス・ボーア論文集2 量子力学の誕生 山本義隆編訳
ハッブル 銀河の世界 戎崎俊一訳
パロマーの巨人望遠鏡 全二冊 D・O・ウッドベリー 関正雄 湯澤博 成相恭二訳
生物から見た世界 ユクスキュル クリサート 日高敏隆 羽田節子訳
ゲーデル 不完全性定理 林晋 八杉満利子訳
日本の酒 坂口謹一郎
生命とは何か —物理的にみた生細胞— シュレーディンガー 岡小天 鎮目恭夫訳

ウィーナー サイバネティックス ―動物と機械における制御と通信　池原止戈夫・彌永昌吉・室賀三郎・戸田巌訳

熱輻射論講義　マックス・プランク　西尾成子訳

コレラの感染様式について　ジョン・スノウ　山本太郎訳

20世紀科学論文集 現代宇宙論の誕生　須藤靖編

高峰譲吉文集 いかにして発明国民となるべきか　鈴木淳編

相対性理論の起原 他四篇　廣重徹　西尾成子編

岩波文庫の最新刊

ゲルツェン著／金子幸彦・長縄光男訳

過去と思索(一)

人間の自由と尊厳の旗を掲げてロシアから西欧へと駆け抜けたゲルツェン(一八一二—一八七〇)。亡命者の壮烈な人生の幕が今開く。自伝文学の最高峰。(全七冊)

〔青N六一〇-二〕 **定価一五〇七円**

ゲルツェン著／金子幸彦・長縄光男訳

過去と思索(二)

逮捕されたゲルツェンは、五年にわたる流刑生活を余儀なくされた。「シベリアは新しい国だ。独特なアメリカだ」。二十代の青年は何を経験したのか。(全七冊)

〔青N六一〇-三〕 **定価一五〇七円**

復本一郎編

正岡子規スケッチ帖

子規の絵は味わいある描きぶりの奥に気魄が宿る。最晩年に描かれた画帖『菓物帖』『草花帖』『玩具帖』をフルカラーで収録する。子規の画論を併載。

〔緑一三-一四〕 **定価九二四円**

ハインリヒ・マン作／今井 敦訳

ウンラート教授

あるいは一暴君の末路

酒場の歌姫の虜となり転落してゆく「ウンラート(汚物)教授」を通して、帝国社会を諧謔的に描き出す。マレーネ・ディートリヒ出演の映画『嘆きの天使』原作。

〔赤四七四-一〕 **定価一二二一円**

……今月の重版再開……

揖斐 高訳注

頼山陽詩選

〔黄二三一-五〕 **定価一一五五円**

魯迅作／竹内 好訳

野草

〔赤二五-一〕 **定価五五〇円**

定価は消費税 10% 込です　　2024. 5

岩波文庫の最新刊

太宰 治作
晩年

〈太宰治〉の誕生を告げる最初の小説集にして「唯一の遺著」、『晩年』。日本近代文学の一つの到達点を、丁寧な注と共に深く味わう。(注・解説＝安藤宏)
〔緑九〇-八〕 定価一一三三円

山根道公編
遠藤周作短篇集

遠藤文学の動機と核心は、短篇小説に描かれている。「イヤな奴」「その前日」「学生」「指」など、人間の弱さ、信仰をめぐる様々なテーマによる十五篇を精選。
〔緑二三四-二〕 定価一〇〇一円

バルザック作／西川祐子訳
「人間喜劇」総序・金色の眼の娘

「人間喜劇」の構想をバルザック自ら述べた「総序」。近代文学の重要なマニフェストであり方法論に、その詩的応用編としてのエキゾチックな恋物語を併収。
〔赤五三〇-一五〕 定価一〇〇一円

ヘルダー著／嶋田洋一郎訳
人類歴史哲学考 (四)

第三部第十四巻―第四部第十七巻を収録。古代ローマ、ゲルマン諸民族の動き、キリスト教の誕生および伝播を概観。中世世界への展望を示す。
〔青N六〇八-四〕 定価一三五三円

……今月の重版再開……

ウィース作／宇多五郎訳
スイスのロビンソン (上)

定価一一五五円
〔赤七六二-一〕

ウィース作／宇多五郎訳
スイスのロビンソン (下)

定価一一〇〇円
〔赤七六二-二〕

定価は消費税 10% 込です　2024.6